우리는 헤어짐에
얼마나 서투른가

일러두기

1. 이 책의 맞춤법과 인명, 지명 등의 외래어 표기는 국립국어원의 규정을 바탕으로 했습니다. 다만 국내 출간된 번역서가 있는 경우 해당 도서의 표기를 따랐으며, 규정에 없는 경우는 현지음에 가깝게 표기했습니다.
2. 본문에 언급된 단행본은 『 』, 작품명은 「 」, 영화 제목은 〈 〉로 표기했습니다.
3. 부가 설명은 본문 안에 괄호 처리했으며, 원어 및 인명은 본문 안에 병기로 처리했습니다.
4. 옮긴이 주는 괄호 안에 줄표를 두어 표기했습니다. (— 옮긴이 주)

이별과 포기의 순간을 인정하고 건강한 내면을 갖추는 방법에 대하여

우리는 헤어짐에 얼마나 서투른가

주디스 바이올스트 지음 | 오혜경 옮김

NECESSARY
LOSSES

빌리버튼 billy button

행복을 위해
우리가 떠나보내야 할 것들

　　워싱턴 정신분석연구소에서 연구원생으로 있는 동안 나는 소아정신병원의 조수로, 정서적 장애를 겪는 사춘기 아이들의 글짓기 교사로 일했다. 그 후에는 성인들의 심리를 상담하고 정신을 치료해주는 병원에서 치료사로 일했는데, 그때 모든 사람들이 인생이 주는 상실감 때문에 몸부림치고 있다는 것을 알게 되었다.

　　'상실'이라는 단어를 보면 무엇이 떠오르는가? 대개 사랑하는 사람과의 이별이나 죽음을 떠오를 것이다. 그러나 우리는 그보다 훨씬 빈번하게, 삶의 광범위한 영역에서 상실을 경험하고 있다. 실제로 우리의 삶은 떠남과 버려짐이라는 변화의 연속선상에 있으며, 변화를 겪을 때마다 끊임없이 현실의 많은 것들과 이별한다. 특히 의식적, 무의식적으로 꿈이나 기대, 자아의 일부분과도 이별하는데, 이렇게 작성된 상실의 목록은 생각보다 아주 길다.

이제 나이가 들어 예전보다 쇠약해진 나는 내 생애를 수놓았던 수많은 상실의 기억들을 천천히 되짚어보았다. 엄마가 우리를 떠나는 데서 느끼는 상실, 엄마의 사랑이 나만의 것일 수 없다는 데서 오는 상실, 형제나 친구, 동료 그리고 남편 혹은 아내 등 모든 인간관계에는 결점이 있을 수밖에 없다는 데서 오는 상실. 그 밖에 꿈이나 환상이 충족될 수 없다는 현실에서 느끼는 상실, 나이가 들고 젊음을 잃어가는 데서 오는 상실, 불멸하는 존재가 될 수 없다는 데서 오는 상실 등 우리는 끊임없이 상실을 겪을 수밖에 없는 현실적인 제약 속에 살아가고 있다.

우리는 모두 상실로 인해 마음의 상처를 입는다. 불가피한 현실이다. 특히 열정적으로 어떤 대상에 헌신할 때 더 큰 상처에 노출될 수밖에 없다. 하지만 그 상처들을 고스란히 떠안고 살아가야만 하는 것은 아니다. 상처를 떠나보내고 놓아주는 과정을 거치면서 오히려 우리는 정신적 성장을 얻을 수도 있다.

이 책에서 전하고자 하는 바도 그것이다. 상처를 잘 떠나보

냄으로써 좀 더 성숙한 자아를 형성할 수 있다. 우리는 평생 포기하면서 성장한다. 타인에 대한 깊은 애착을 포기하고, 자신의 소중했던 부분들을 포기하고, 꿈속이나 친밀한 관계에서 절대로 가지지 못할 것, 절대로 되지 못할 존재 등을 마음속에서 내려놓는다.

　나는 삶을 이해하는 핵심적인 단어가 '상실'이라고 생각한다. 상실을 어떻게 이해하고 어떻게 다루는가에 따라 삶은 달라질 수 있다. 이 책을 쓰면서 '상실'에 대해 많은 학자나 작가들의 도움을 받았다. 심리학자뿐만 아니라 시인이나 소설가, 철학가들의 이야기도 상실을 이해하는 데 큰 보탬이 됐다. 나아가서 여자, 엄마, 딸, 아내, 자매, 친구로 살아온 나 자신의 개인적인 경험에서도 많은 것들을 취할 수 있었다. 그 밖에도 이 책의 내용과 관련하여 많은 사람들의 이야기를 들었다. 주택융자금이나 치주질환, 사람 사이의 감정 문제, 아이들의 장래 문제, 사랑, 이별, 죽음에 대해 걱정하고 있는 다양한 사람들을 만났다. 그들과의 인터뷰를 통해서 그들뿐만 아니라 나 자신의 마음도 다시 들여다볼 수 있는 소중한 기회를 얻었다.

　이 책은 총 4장으로 나뉜다. 엄마와 분리되면서 겪는 최초의 상실에서 시작하여 금지되고 불가능한 것에 굴복하면서 겪는 상실, 꿈을 포기하는 데서 오는 상실, 그리고 인생의 후반부에 들어서서 맛보는 상실 등 인생 전반에 걸쳐 경험하는 모든 상실의 체험들을 총망라하고자 노력했다.

　어쩔 수 없이 고통스러울 수밖에 없는 체험이지만, 잘 파헤쳐 보면 이러한 상실이 성장과 얼마나 긴밀하게 연결되어 있는지도 깨달을 수 있다. 그 후 상실을 대하는 우리 각자의 태도에도 변화가 생길 것이다. 상실을 새로운 시각으로 바라보며 상실에서 지혜를 얻기 시작할 것이다.

주디스 바이올스트

"불안은 고통스럽다. 우울증도 고통스럽다. 어쩌면 상실을 경험하지 않는 것이 가장 안전할지도 모른다. 그렇다면 상실을 맛보지 않을 방법은 없을까? 엄마가 나를 떠나지 못하도록 할 수는 없다. 죽음이나 이혼도 피할 도리가 없다. 그렇다면 어떻게 상실의 고통으로부터 자신을 방어할 수 있을까?"

1장

왜 우리가 아닌 나인가?

"진정한 자기 자신이 되고자 하는
몸부림보다 더한 고통은 없다."

– 예브게니 비노쿠로프

사랑의 분열

– 엄마와의 유대에서 배우는 '사랑받을 자격'

삶은 상실과 함께 시작된다. 신용카드나 직장 또는 자동차 같은 것도 없이 우리는 무작정 자궁으로부터 쫓겨난다. 칭얼거리며 매달리는 무력하고 젖비린내 나는 아기들이 바로 우리 자신이다.

엄마들은 세상의 위험으로부터 우리를 보호해준다. 이 세상에 아기가 엄마를 원하는 것보다 더 강한 욕구는 없다. 아기에게는 엄마가 꼭 필요하다. 변호사나 주부, 파일럿, 작가 같은 어른들도 가끔은 엄마를 원한다.

하지만 언제까지나 엄마와 공생할 수는 없는 노릇이다. 우리는 자라면서 서서히 엄마로부터 떨어져 나와야 한다. 외적으로는 혼자 설 수 있고 내적으로는 자신이 별개의 존재라고 느낄 수 있을 때까지, 엄마로부터 분리되는 연습을 해야만 한다. 그 과정에서 필연적으로 상실감이 뒤따르지만, 이를 통해 얻는 정신적인 성장이 고통을 상쇄시켜주기도 할 것이다.

그러나 만약 우리가 너무 어리고 두렵고 무력해서 미처 준비가 안 되었는데 엄마가 떠난다면 어떻게 할까? 그로 인한 상실과 분리의 대가는 감당하기 어려울 정도로 혹독할지도 모른다. 그럼에도 엄마로부터 반드시 떨어져야 하는 시기가 있다.

한 남자아이가 병원 침대에 누워 있다. 아이는 겁에 질린 채 고통스러워한다. 아이는 큰 화상을 입었다. 누군가 아이에게 알코올을 끼얹고 불을 지르는, 상상조차 하기 힘든 일을 저지른 것이다. 아이는 울면서 엄마를 찾는다. 그런데 사실 아이의 몸에 불을 지른 사람은 바로 그 아이의 엄마다! 그럼에도 아이는 오직 엄마만을 찾는다. 엄마가 해를 입히는 사람이든 보살펴주는 사람이든 상황은 달라지지 않는다. 폭탄이 터지는 상황에서도 아이는 엄마와 떨어져 안전한 곳에 있는 것보다 엄마에게 안겨 함께 있는 것을 더 행복하다고 느낀다.

엄마라는 존재 자체가 아이에게는 '안전'을 의미한다. 엄마를 잃을지도 모른다는 두려움은 우리가 태어나서 최초로 경험하는 공포다. 정신분석학자 위니코트Donald Winnicott 는 아기가 엄마 없이 존재한다는 것은 사실상 불가능하며, "아기처럼 의존적인 존재는 없다"고 말한다. 보살펴주는 존재가 없으면 우리는 엄청난 고통에 빠지며, '분리불안'이라는 증상에 시달릴 수도 있다.

하지만 누구나 언젠가는 엄마와 분리되어야 한다. 엄마는 일하러 갈 수도 있고 시장을 보거나 동생을 낳으러 갈 수도 있다. 그럼에도 아기는 자신이 필요로 할 때 엄마가 곁에 있어주지 않으면 곧바로 엄마로부터 버림받았다고 생각한다.

엄마가 자신만의 삶을 살 때 우리는 두 가지를 배운다. 하나는 우리가 버림받았다는 것이고, 다른 하나는 우리도 엄마처럼 자신의 삶을 가져야 한다는 것이다. 그러나 미처 엄마와 떨어질 준비가 되지 않은 상태에서 엄마가 곁에 없다면 어떻게 될까? 잠깐씩 엄마가 우리 곁을 떠난다 하더라도 우리는 살아남는다. 하지만 엄마의 부재는 우리에게 두려움을 가르쳐주며, 그 두려움은 훗날의 삶에 큰 흔적을 남길 수 있다.

만약 아주 어린 시기, 특히 생후 6년 이내에 엄마와 오랫동안 떨어져 지내야 한다면, 우리는 몸에 기름을 끼얹고 불을 지르는 것과 맞먹는 정서적 상처를 입을 수 있다. 그 고통은 상상을 초월한다. 치유는 더디고 어렵다. 이때 얻은 손상은 목숨을 앗아갈 정도는 아니더라도 영구적으로 지속될 수 있다.

셀레나는 매일 아침 아들이 학교에 가고 남편이 출근하면서 아파트 현관문이 쾅 닫힐 때마다 고통을 느꼈다.

"저는 외롭고 버림받은 느낌에 옴짝달싹할 수가 없어요. 다시 나를 추스르는 데 몇 시간이나 걸리지요. 가족이 돌아오지 않으면 어떻게 해요?"

셀레나의 과거로 거슬러 올라가보자. 1930년대 말 독일, 셀레나가 태어난 지 6개월쯤 되었을 무렵부터 그녀의 엄마는 가족의 생계를 꾸리기 위해 안간힘을 써야 했다. 유대인인 엄마는 식량을 배급받기 위해 매일 집을 나섰다. 엄마는 사정이 너무나 절박했기 때문에 어린 셀레나를 홀로 아기침대에 가둬놓은 채 우유병을 물리고 나갈 수밖에 없었다. 몇 시간이 지나 돌아오면 아이는 울다 지쳐 잠들어 있었고 얼굴에는 눈물 자국이 말라붙어 있었다.

셀레나를 아는 사람들은 어릴 때의 그녀를 조용하고 착한 아이였다고 기억한다. 지금 당신이 그녀를 만난다면 재치 있고 명랑하며 행복한 사람으로 자랐다고 생각할지도 모른다. 그러나 그녀는 분명히 어린 시절의 상처를 안고 있다.

"저는 모험을 좋아하지 않아요. 저는 익숙하지 않은 모든 것에 겁이 나요."

셀레나는 쉽게 우울해지는 성향을 갖고 있다. 미지의 대상에 대해서는 자주 공포를 느낀다. 그녀는 자신의 '최초 기억'에 대해서도 이렇게 말한다.

"혹시 무슨 일이 일어나지 않을까 하고 불안에 떨던 기억, 그게 최초의 기억이에요!"

그녀는 또 과중한 책임을 맡는 것도 두려워한다.

"누군가가 항상 저를 돌보아줬으면 좋겠어요."

그렇더라도 지금까지 셀레나는 좋은 엄마, 성실한 아내로 생활을 잘 꾸려왔다. 어느 날 문득 찾아온 그 변화만 없었다면 말이다. 평소 그녀는 아침마다 몸의 통증을 느끼며 깨어나곤 했지만, 오랫동안 자신의 병명을 찾을 길이 없었다. 그러다가 갑자기 그녀는 알아차리고 말았다. 자신을 괴롭히고 있는 실체는 다름 아닌 '분노'의 감정이었다.

"엄청난 분노였어요. 사기라도 당한 것 같았죠!"

처음에 셀레나는 자신의 생각을 받아들일 수가 없었다.

"6백만 명의 유대인이 죽어가는 와중에 고작 엄마가 곁에 없는 고통을 겪었을 뿐인데, 왜 저는 살아남은 것에 그냥 감사하며 지낼 수 없을까요?"

셀레나의 사례가 알려진 후, 심리연구가들은 엄마를 상실하면서 치르는 아이들의 호된 대가에 대해 많은 연구를 하기 시작했다. 연구 결과는 다음과 같다.

엄마로부터 떨어져 지낸 아이는 특정한 분리 반응을 보이며, 그런 반응은 엄마를 다시 만난 후에도 한참 동안 지속될 수 있다. 식사와 수면에 장애가 생기며, 대소변을 가리는 능력도 무뎌지고, 심지어는 구사할 수 있는 어휘의 수까지 줄어든다. 생후 6개월밖에 안 된 아이도 그냥 칭얼거리고 슬퍼하는 정도가 아니라 심각한 우울증에 빠질 수 있다. 그리고 열거한 증상 외에도 '분리불안'이라 일컫는 고통스러운 느낌에 빠지기도 한다. 분리불안에는 엄마가 사라졌을 때 혼자 남은 아기가 느끼는 두려움, 엄마와 있을 때 엄마를 다시 잃을지도 모른다는 불안이 모두 포함된다.

생후 6개월 정도면 아기는 엄마의 이미지를 머릿속에 그릴 수 있다. 아기는 엄마를 분명하게 기억하고, 엄마를 원하며, 엄마가 곁에 없다는 사실 때문에 고통스러워한다. 아기는 사라져버린 엄마만이 채워줄 수 있는 욕구에 휩싸이고, 뼛속까지 사무치는 무력감과 결핍을 느낀다.

일단 아이가 엄마를 따르기 시작했다면 아이는 엄마가 잠깐만 곁에 없어도 그것을 영구적인 상실로 느낀다. 3세는 되어야 아이는 엄마가 지금은 곁에 없더라도 곧 돌아올 것이라는 사실을 이해할 수 있다.

그러나 그렇더라도 아이가 엄마를 기다리는 시간은 마치 영원처럼 길게 느껴질 것이다. 나이가 어릴수록 시간의 흐름이 더디게 느껴지는 경향이 있다. 아이들은 어른보다 시간이 천천히 간다고 느낀다. 그러므로 아이들은 엄마로부터 잠시 떨어져 있더라도 엄청난 슬픔에 휩싸일 수 있다.

엄마가 없어졌을 때 아이는 저항, 절망 그리고 무심함이라는 일련의 반응을 일으킨다. 아이를 엄마로부터 떼어내서 낯선 사람들 사이에 데려다 놓았다고 해 보자. 아이는 그런 환경을 견딜 수 없다. 아이는 울며 악을 쓰고, 사라진 엄마를 미친 듯이 찾아다닐 것이다. 하지만 시간이 지나도 엄마가 돌아오지 않으면 아이의 저항은 절망으로 변한다. 그리고 아이는 소리 없는 그리움에 빠지게 된다.

정신분석가 안나 프로이트Anna Freud가 관찰한 한 남자아이의 이야기를 보자.

2차 세계대전 당시 생후 3년 6개월 된 남자아이가 영국 햄스테드의 한 고아원으로 보내졌다. 고아원에서 아이는 자주 이렇게 말했다.

"엄마가 코트를 입히고 바지를 입히고 지퍼를 올려줄 거예요. 그다음에는 꼬마요정 모자를 씌워서 나를 데려갈 거예요."

날이 갈수록 아이가 입는 옷의 가짓수는 계속 늘어났다. 누군가 같은 이야기를 반복하지 말라고 타이르자, 그제야 아이는 말하는 것을 멈췄다. 하지만 계속 입술을 달싹거렸다. 여전히 자신에게는 그 이야기를 하고 있는 것이었다.

나중에 아이는 소리 내어 말하는 대신에 요정 모자를 쓰고 코트를 입고 지퍼를 올리는 등의 몸짓을 반복했다. 다른 아이들이 장난감을 가지고 놀거나 게임을 하거나 노래를 지어내느라고 바쁠 때 아이는 다른 아이들의 놀이에는 전혀 관심 없이 한쪽 구석에 서서 비극적인 표정으로 손과 입술을 움직이고 있었다.

우리는 '사라진 엄마'가 다시 나타났을 때, 아이가 기뻐하면서 엄마 품으로 뛰어들 것이라고 짐작한다. 그러나 실제로는 그렇지 않다.

놀랍게도 많은 아이들, 특히 4세 미만의 아이들은 돌아온 엄마와 거리를 둔 채, 무표정한 얼굴로 차갑게 대한다. "이 아줌마는 도대체 누구야?"라는 듯한 태도를 보인다. 이렇게 사랑의 감정을 접는 반응을 '무심함detachment'이라고 한다. 엄마가 곁에 없으면, 아이는 엄마에 대한 정이 더 깊어지는 것이 아니라 마음이 얼어붙고 만다.

만약 어린 시절에 부모 중 한 사람이 안정적으로 곁에 있어주지 않는 상태가 지속된다면 어떤 일이 일어날까? 정신분석학자인 셀마 프레이버그Selma H. Fraiberg는 앨러미다 카운티에서 소송을 제기했던 16세 소년의 이야기를 들려준다. 소년은 16년간 15곳의 위탁가정을 전전하면서 '피해'를 입었다고 주장하며 50만 달러의 보상을 요구했다. 그 아이가 말하는 '피해'란 무엇일까? 아이는 "뇌에 남겨진 상처"라고 대답한다.

정치풍자가 아트 부치월드Art Buchwald의 이야기를 들어보자. 아트는 유머 감각이 풍부한 사람이지만, 그의 과거에는 이런 일이 있었다.

아트는 갓난아기일 때 엄마를 잃었다. 세 딸과 어린 아트는 아빠 손에서 자라게 되었다. 아빠는 아이들을 돌봐줄 안전한 거처를 구하고 일주일에 한 번씩 성실하게 아이들을 찾아가는 '주말 아빠'로 살아갔다. 그러나 그러는 동안 아트는 다른 사람과는 절대로 깊은 관계를 맺지 않겠다고 결심했다. 일찌감치 마음의 문을 닫은 것이다. 아트는 16세가 될 때까지 뉴욕에 있는 위탁가정 7곳을 전전하며 지냈다. 처음 살았던 집에서는 제7안식일 예수재림교를 믿었다. 그는 당시를 이렇게 회상한다.

"그 집에서는 늘 지옥과 천벌 이야기를 했고 토요일마다 교회에 가야 했어요. 그 와중에 아버지는 일요일마다 코셔 음식(유대교의 율법에 따라 유대인이 먹는 정결한 음식 — 옮긴이 주)을 가지고 찾아오셨지요. 무척 혼란스러운 삶이었습니다."

그다음에는 브루클린에 있는 가정으로 들어갔다가 히브리 고아 수용소에서 살게 되었다. 이후 아트는 또 다른 가정을 전전했고, 16세가 되어서야 친아버지의 집으로 돌아갈 수 있었다. 하지만 그는 곧장 가출해 해병대에 지원했다. 그는 군대에 가서야 처음으로 누군가의 보살핌을 받는다고 느낄 수 있었다.

그는 미소 뒤에 자신을 숨기는 방법도 배웠다. 자신이 환하게 미소를 지으면 사람들이 더 잘 대해준다는 사실을 금방 터득했던 것이다. "그래서 저는 괜히 웃는 얼굴을 하고 다녔지요."라고 그는 덤덤하게 말했다.

그러나 해병대에서 복무를 마치고 작가로 성공하여 유명세를 타던 30대 중반, 마침내 그는 미소 뒤에 숨어 있던 자신의 솔직한 모습을 발견하고 말았다. 그는 자신도 모르게 파괴하고 공격할 대상을 찾아다녔고, 더 이상 분노를 제어할 수 없게 되었다.

"모든 사람들이 제가 성공했다고 생각했지만, 정작 저 자신은 그런 생각이 들지 않았습니다. 누군가의 도움이 아주 절실하게 필요했어요."

무언가 바로잡아야 할 때가 왔다는 사실을 깨달은 아트는 정신분석을 받기로 결심했다. 그리고 자신의 삶에 지속적으로 그림자를 드리우고 있는 어린 시절을 다시 돌아보았다. 그는 자신이 어쩌다 외톨이가 되었고, 아무도 신뢰할 수 없게 되었는지를 생각했다. 그는 또 자신이 분노를 느끼는 까닭에 대해서도 고민했다. 그리고 마침내 "아버지에게 분노를 느끼는 것은 죄가 아니다. 내가 알지도 못하는 어머니에게 분노하는 것도 그다지 터무니없는 일은 아니다"라는 사실을 이해할 수 있게 되었다.

아트는 정신분석치료를 통해 자신의 뇌에 깊숙이 각인된 상처들을 하나씩 밝혀 나갔다. 그리고 그 상처들을 알고자 노력했다. 이제 아트는 자신의 뇌에 남겨진 상처들을 대체로 이해한다.

이처럼 어린 시절에 부모와의 심각한 분리를 경험하면, 뇌에 정서적인 상처가 남을 수 있다. 우리는 엄마와의 유대를 통해 자신이 사랑받을 자격이 있다는 것을 배운다. 그뿐만 아니라 타인을 사랑하는 방법도 배운다. 이러한 최초의 애착이 지속되지 않는다면 우리는 온전한 인간이 될 수 없다.

'애착'은 어린 개체를 안전하게 보존하려는 생물학적 기능을 말한다. 아기 침팬지는 엄마 곁에 붙어 있음으로써 자기를 위협하는 포식동물들로부터 보호받는다. 인간의 아기들도 엄마에게 가까이 있음으로써 위험으로부터 보호받는다. 생후 6개월에서 8개월 사이에 아기들이 엄마와 특별한 애착을 형성한다는 사실에 대한 전문가들의 의견은 대체로 일치한다. 이때 안정적으로 애착이 형성되어야 건강한 자아를 발달시킬 수 있다.

누구나 어릴 때 부모로부터 분리되는 상황을 겪는다. 사실상 분리는 아주 자연스러운 인격 형성의 한 과정이다. 대부분의 정상적인 분리는 아이의 뇌에 그다지 상처를 남기지 않는다. 즉 안정적이고 사랑해주는 관계를 배경으로 일어나는 분리는 심각한 문제를 일으키지 않는다.

그러나 갑작스러운 분리로 부모와의 애착이 순조롭게 형성되지 못하면 아이는 심리적 타격을 입는다. 아이는 살아가는 동안 자신의 욕구를 충족시켜줄 타인을 만나지 못할 것이라고 여긴다. 또한 타인에 대한 믿음조차 갖기 힘들다. 반대로 아이는 버림받을 것을 예상하기 때문에 목숨 걸고 누군가에게 매달릴지도 모른다. "날 떠나지 말아요. 당신이 떠나면 난 죽을 거야."라면서 말이다. 또한 배신당할 것을 예상하기 때문에 모든 결점에 집착한다. "거봐, 난 당신이 믿을 수 없는 사람이라는 것을 알고 있었어." 거부당할 것을 예상하기 때문에 지나친 요구를 하고,

그 요구가 응답받지 못할 것이라는 생각에 미리 분노한다.

어릴 때 부모와 자연스러운 애착관계를 형성하지 못하고 큰 상실감을 경험하면 어른이 된 후에도 여러 가지 부작용을 겪을 수 있다. 그런 사람은 중년이 되어 가족의 죽음, 이혼, 실직을 겪을 때 무력해지고 절망하고 분노하는 어린아이처럼 심각한 우울증을 겪을 수 있다.

불안은 고통스럽다. 우울증도 고통스럽다. 어쩌면 상실을 경험하지 않는 것이 가장 안전할지도 모른다. 그렇다면 상실을 맛보지 않을 방법은 없을까? 엄마가 나를 떠나지 못하도록 할 수는 없다. 죽음이나 이혼도 피할 도리가 없다. 그렇다면 어떻게 상실의 고통으로부터 자신을 방어할 수 있을까?

'정서적 무심함'이 한 가지 방어기제로 작동할 수 있다. 우리가 어떤 사람을 좋아하지 않는다면 좋아하는 사람을 잃는 일도 일어나지 않는다. 엄마를 원하는데 그 엄마가 자꾸 곁에 없으면 아이는 엄마를 사랑하고 필요로 하는 것이 너무나 고통스럽다는 사실을 배운다. 그래서 아이는 이후 맺는 인간관계에서도 거의 아무것도 투자하지 않고 요구하지 않으면서 마치 바위와 같이 무심해지고자 한다.

'다른 사람을 돌보아야겠다는 강박적인 욕구'가 나타날 수도 있다. 그런 사람은 자신보다는 다른 사람을 열성적으로 돕는다. 그리고 친절하게 봉사를 하면서 오래된 자신의 무력감을 달래고, 자기가 세심하게 보살피는 사람과의 일체감도 경험한다.

'자율성'을 얻는 것 또한 분리의 고통으로부터 자신을 보호하는 기제다. 즉 자신의 생존 가치를 타인의 사랑에서 찾고자 하지 않는 것이다. 그런 사람은 속으로는 무력하고 예민한 어린아이이면서도 겉으로는 독립적인 성인인 것처럼 행동한다. 이와 같이 어린 시절의 때 이른 분리로 인한 상실감은 우리 안에 평생토록 머물면서 여러 가지 결과를 낳을 수 있다.

메릴린 로빈슨Marilynne Robinson의 소설 『하우스키핑Housekeeping』에는 우울한 여주인공이 상실의 위력을 숙고하는 장면이 나온다. 그녀는 "엄마가 나를 두고 떠나면서 내게 기다림과 기대라는 습관을 심어주었다. 그래서 나는 지금까지도 항상 어떤 결핍감 속에 숨 쉬며 살고 있다."라고 말한다. 그녀는 엄마와의 불안정한 분리가 심리적 손상을 낳을 수 있다는 점을 재차 상기시켜준다.

보호받고 싶다는
갈망

- '분리라는 감옥'으로부터의 탈옥

삶에서 피할 수 없는 일상적인 분리를 겪기 전까지, 우리는 엄마와 '공생상태'였다. 그것은 이상적인 상태, 경계가 없는 상태, 내가 당신이고 당신이 나이며 엄마가 나인 상태로 서로 조화롭게 스며들어 뒤섞인 상태이자 외로움과 죽음의 위협으로부터 안전하게 보호받는 상태다. 그것은 더없는 행복이다.

자궁 속에서 우리는 엄마와 탯줄로 연결되어 있었다. 엄마와 생물학적으로 한 몸이 되어서 최초로 완전한 유대감을 맛봤다. 자궁 밖에 나와서도 우리는 얼마간 엄마와 완벽하게 결합되어 있다는 착각을 하며 만족스러웠다.

정신분석학자들은 우리가 어린 시절을 그리워하는 까닭을 여기에서 찾는다. 우리는 분리 이전, 즉 엄마와 완벽하게 공생관계를 이루었던 시절에 대한 향수를 무의식적으로 간직하고 있다. 물론 그 시절에 누렸던 행복이나 그 시절로부터 분리되어 나올 때의 고통은 기억하지 못한다. 그러나 분명한 것은 한때 우리가 그런 상태를 누렸지만, 어쩔 수 없이 떠나올 수밖에 없었다는 점이다. 그리고 그 후로도 성장하는 과정에서 끝없이 사랑하는 대상과 분리되어야 하는 잔인한 게임을 되풀이한다는 것이다.

낙원을 잃어버리고, 떠나고, 놓아주어야 하는 것. 우리는 그 낙원을 기억하지 못하지만 결코 부정할 수도 없다. 우리는 낙원과 실낙원을 인정한다. 화합, 완전함, 깨질 수 없는 안전, 조건 없는 사랑을 알고 있으며 그런 완전함이 되돌릴 수 없이 부서져버린 때가 있었음을 인정한다. 종교나 신화, 동화와 판타지 속에서 우리는 그러한 시절을 간접 경험하기도 한다.

분리 이전의 상태, 즉 '공생상태'를 회복시키려는 노력은 건강한 것일 수도 있고 병든 것일 수도 있다. 현실로부터 도피하려는 행위일 수도 있고 세상을 확장해 보려는 노력일 수도 있다. 의도적일 수도 있고 무의식적일 수도 있다. 섹스, 종교, 자연, 예술, 약물, 명상, 심지어는 달리기를 통해서도 우리는 경계를 허물어보려고 애쓴다. 분리라는 감옥을 탈출하려고 끊임없이 노력하며 이따금 성공하기도 한다.

예를 들어 섹스를 하다가 체험하는 절정의 순간처럼 어느 순간에 자신이 다시 공생의 상태로 되돌아갔음을 깨달을 때가 있다. 실제로 정신분석학자인 로버트 박은 오르가슴이 자아의 순간적인 소멸을 통해서 엄마와 아이의 합일 상태를 되살릴 수 있는 수단이라고 말한다. 엄마를 찾겠다고 연인과의 잠자리에 드는 사람은 거의 없다. 그러나 섹스를 하면서 분리된 자아가 소멸된다고 느낄 수 있다. 우리가 섹스를 통해 쾌락을 느끼는 이유도 여기에 있다. 섹스를 통해 우리는 생애 최초로 경험했던 합일 상태를 무의식적으로 경험한다.

그러나 섹스가 자아를 소멸시키는 유일한 방법은 아니다. 우리를 '나'라는 경계 너머의 합일 상태로 데려다줄 수 있는 방법에는 여러 가지가 있다. 내 경우에는 치과에서 의자에 앉아 마취약에 기분 좋게 취했을 때 종종 그런 체험을 한다. 어떤 사람들은 자연을 통해서 이를 체험하기도 한다. 그런 순간에는 인간과 자연 사이에 가로막힌 벽이 허물어진다. 자연은 우리로 하여금 때로 개별화의 고독을 벗어나서 만물과 합일하는 의식으로 되돌아가게 해준다. 그러나 땅, 하늘, 바다에서 이런 일체감을 한 번도 체험하지 못하는 사람들도 있다. 예를 들어 영화배우 우디 앨런Woody Allen은 "나는 자연과 별개다."라고 당당하게 주장했다. 그러나 어떤 사람들은 자연을 보는 것뿐 아니라 자연 속에 머무르면서, 즉 잠시 동안 '세계를 감싸는 광활한 조화'의 일부분이 됨으로써 위안과 기쁨을 찾는다.

때로는 위대한 예술도 보는 사람과 보이는 대상 사이의 경계를 허문다. 소설가 애니 딜러드Annie Dillard는 그런 체험을 '순수한 순간들'이라고 표현한다.

이러한 일체감을 재현할 수 있는 특별한 종교적인 체험들도 있다. 종교적인 계시가 너무나도 분명하게 영혼을 꿰뚫어서 "영혼이 제정신을 되찾았을 때는 자신이 하나님 안에, 하나님이 자신 안에 있었다는 사실을 절대로 의심할 수 없게 되었다"고 성 테레사는 고백한다.

다양한 초월 체험을 통해 신비적인 합일에 이르는 것은 가능하다. 신비적인 합일은 자아를 소멸시킨다. 그런 합일이 일어나는 곳이 남녀 사이든, 인간과 우주 사이든, 인간과 예술작품 사이든, 인간과 신 사이든, 그것은 엄마와의 유대에서 느꼈던 바다와 같은 느낌을 짧고 절묘한 순간에 되찾아준다. 엄마와 아이의 유대 속에서는 나, 우리, 너를 찾을 수 없다. 절대적 하나 안에서는 구분이 없기 때문이다.

그렇지만 우리는 여전히 정신병자와 성자, 감상에 빠진 미치광이와 진정한 종교인을 구분하려고 한다. 우리는 약물이나 술이 일으키는 우주적인 합일의 느낌이 온당한 것인지 의문을 제기하며, 미사에 빠져들어 몰아의 경지에서 찬란한 즐거움을 맛보았다고 주장하는 이교도를 의심한다.

다시 말해 사람들이 신흥종교에 영원히 빠지는 것은 곤란하지만 잠깐씩 그림에 빠지는 것은 괜찮다고 여긴다. 우리는 상습적인 대마초 흡연자가 취한 상태로 이해하는 신보다는 성 테레사의 신성한 체험을 더 높이 인정한다. 우리는 또한 건강한 성인의 성생활과 혼자 남겨지는 것이 두렵다는 이유로 매달리는 섹스를 구분하려고 한다.

섹스를 통해서 엄마를 찾으려는 남자들도 있다. 한 남자 환자는 "미친 생각을 하고 있는" 자신의 모습을 발견할 때마다 매춘부를 찾아가서 해결했다. 그는 여자에게 돈을 주고 자신이 "여자의 몸에 녹아 들어간다"고 느낄 때까지 안아달라고 함으로써 "미친 증세"를 해소할 수 있었다고 말했다.

때로는 누군가와 합쳐지는 것이 단순히 '유아기적 공생'에 지나지 않는 경우도 있다. 이때 그것은 그저 누군가에게 매달려서 무력한 유아기로 되돌아가려는 절박한 시도일 뿐이다. 삶이 온통 지배당할 정도로 공생단계에 고착되는 것은 우리가 정서적으로 병들었다는 증거다.

이러한 공생상태가 최악에 이르면 극도로 흥분하고 겁에 질리며 분노한다. 사랑보다는 증오를 느끼기도 한다. 그것은 "나는 그녀와 살 수가 없다"는 느낌이다. "그녀는 나를 숨 막히게 하지만 그런 그녀가 존재해야 나도 존재하고 생존할 수 있다"는 느낌이다. 최악의 상태에서는 친밀함을 견딜 수 없는 동시에 분리되어서 존재하는 것도 불가능하다고 여긴다. 이쯤 되면 심각한 정신병이다.

C는 서른 살의 매력적이고 천진한 여성이다. 그녀는 열두 살이 될 때까지 엄마와 함께 잤다. 결혼은 인내심이 많고 다정다감한 남자와 했다. 결혼한 후에도 C는 친정 아파트의 위층에 신혼집을 마련했다. 엄마는 딸의 집안일을 도맡아 하면서 그녀의 삶을 돌봐줬다. C는 더 좋은 집으로 이사를 가려고 하다가도 덜컥 겁이 났다. 그러면 엄마와 떨어져 살아야 하기 때문이다. C는 엄마와의 이별이 두려워서 집을 옮기지 못한다.

C는 '공생 신경증 symbiotic neurosis 환자'로 볼 수 있다. C와 엄마는 C가 태어날 때부터 서로에게 상당히 의존하는 공생관계를 유지해왔다. 아무리 모녀간의 합일이 행복을 준다고 하더라도, 그것을 영원히 지속시키려다가는 나중에 심각한 문제를 야기할 수 있다.

정신분석학자인 해롤드 시얼스는 이를 다음과 같이 설명한다.

"우리는 어느 시점에 이르면 나라는 개체의 정체성을 발달시키려 한다. 이때 우리는 유독 반항적인 경향을 보이는데, 이는 자신만의 정체성을 발달시키는 데 엄마와 나누었던 일체감이 오히려 방해된다고 느끼기 때문이다."

하지만 대개는 일체감을 되찾고 싶다는 갈망을 느끼고, 이를 절대로 포기하지 않으려 한다. 그렇다, 누구나 일체감을 원한다. 그리고 꼭 미친 사람이 아니더라도 어떤 사람들의 경우에는 이런 바람이 삶을 은밀히 지배하여 모든 중요한 관계에 영향을 미치기도 한다.

매력적인 두 남자에게 동시에 청혼받은 한 여성이 있다. 그녀는 어느 한쪽을 선택해야 하는 입장에 놓였다. 어느 날 그녀는 그중 한 남자와 저녁을 먹으러 나갔다. 그런데 그가 엄마처럼 음식을 한 숟가락 떠서 자기 입에 넣어주는 게 아닌가. 그녀는 더 이상 망설이지 않고 그 남자를 선택했다. 유아기적 욕구를 만족시켜주겠다는 그 남자의 강력하고도 암묵적인 약속이 그 자리에서 그녀의 우유부단함에 종지부를 찍게 한 것이다.

이는 스미스 박사가 진료했던 한 환자의 이야기다.

"저는 어딘가에 모든 것을 저 대신 해줄 사람이 있을 것 같다고 느끼며 살았습니다. 동화 속 마술처럼 제 모든 욕구를 채워주고 전혀 노력하지 않아도 제가 원하는 것을 가질 수 있도록 보살펴줄 그 누군가가 있을 것 같았지요. 저는 이런 상상이 배경에 깔리지 않은 삶을 살아본 적이 없습니다. 과연 그런 환상 없이 살아갈 수 있을지도 모르겠고요."

유아의 환상을 가지고 살아가는 것은 성장을 거부하는 신경증적인 양상일 수 있다. 그러나 일체감을 느끼고 싶은 갈망, 가끔씩 타인과 자아의 구분을 멈추고 싶은 갈망, 어린 시절 엄마와 하나가 되었던 것과 비슷한 정신적 상태를 되찾고 싶은 갈망 자체는 비정상적이거나 바람직하지 않은 것이 아니다. 타인과 분리된 고독 속에서 살아가는 우리는 일체감을 맛보면서 잠시나마 휴식을 얻을 수 있기 때문이다.

때로는 '자아가 발달하기 전의 단계'로 되돌아가는 것이 오히려 자아에게 도움이 되는 퇴행일 수 있다고 말하는 학자들도 있다. 이를 통해 우리의 정서가 더욱 풍부해지고 향상된다는 것이다.

『일체감의 추구 The Search for Oneness』라는 책에서 세 심리학자는 일체감 체험이 줄 수 있는 유익함에 대해 매우 흥미로운 주장을 한다. 그들은 조현병 환자에게 일체감의 환상을 유도하면, 그들이 좀 더 개선된 방식으로 행동하고 사고할 수 있다고 말한다. 즉 일체감의 갈망이 충족되지 못해서 정신병이나 여러 문제 행동이 일어나는 것이라면, 환상 속에서나마 보살핌과 보호를 받고 싶다는 갈망을 충족시켜줌으로써 유익한 효과가 나타날 것이다. 그렇다면 정신적 문제를 해결하기 위해서는 환상 속에서라도 갈망이 충족되도록 하는 것이 좋다. 그런데 어떻게 하면 그럴 수 있을까?

앞선 책의 저자들은 '엄마와 나는 하나다'라는 '역하 메시지'를 통해서 일체감의 환상이 일어날 수 있다고 이야기한다. '역하 메시지'란 아주 짧게 비춰주는 메시지를 말한다. 메시지를 보는 사람이 보았다는 의식조차 할 수 없을 만큼 금방 눈앞에서 사라지는 메시지 말이다. 저자들은 대체로 역하 메시지를 통해 긍정적인 변화를 이끌어낼 수 있다고 주장한다.

예를 들어보겠다. 두 집단의 비만 여성들이 다이어트 상담 프로그램에 참여했다. 두 집단 모두 체중 감량에 성공했다. 그러나 일체감을 전달하는 역하 메시지에 노출되었던 집단이 그렇지 않았던 집단보다 살을 더 많이 뺐다.

또 다른 예를 보자. 기숙시설에서 치료를 받는 문제 청소년들이 독해력 테스트를 치르게 했다. 그리고 그들의 점수를 전해에 얻었던 점수와 비교해 보았다. 집단 전체의 점수가 향상되었지만 일체감 메시지에 노출되었던 청소년들의 점수가 그렇지 않았던 아이들에 비해 최고 4배까지 더 향상되는 결과를 보였다.

금연 프로그램이 끝나고 한 달 후에 얼마나 많은 사람들이 여전히 금연을 하고 있는지 점검해 보았다. 역하 메시지에 노출되었던 사람들의 금연 성공 수치는 67퍼센트였는데, 그렇지 않은 사람들의 수치는 12.5퍼센트에 불과했다.

'엄마와 나는 하나다'라는 역하 메시지가 미래의 치료로 자리 잡을 것이라고 속단할 필요는 없다. 역하 메시지를 받아야만 삶에서 일체감을 체험할 수 있는 것은 아니다. 우리는 침대에서, 교회에서, 박물관에서, 모든 경계가 무너지는 예상치 못했던 순간에 평생 바라왔던 일체감을 맛볼 수 있다. 이렇게 순간적으로 융합되면서 스쳐가는 충족이 우리의 자아감을 위협하기보다는 오히려 심화시켜줄 수 있는 은혜로운 체험이 된다.

어쩌면 자아는 다른 대상과 융화되는 과정에서 오히려 '소멸에 대한 불안'을 느낄 수도 있다. 사랑이나 열정 속에서 자신을 포기하는 것, 자신을 내놓는다는 것이 득보다는 실처럼 느껴질 수도 있다. 사람이 어떻게 그토록 넋이 빠지고 통제력을 잃을 수 있는가? 그러다가 혹시 나 자신을 잃어버리는 것은 아닌가? 우리는 불안에 압도당해서 어쩌면 스스로 장벽을 칠지도 모른다.

그러나 우리는 대체로 근원적인 일체감에서 오는 행복을 되찾고 싶어 한다. 즉 엄마와의 완벽한 유대에서 맛본 절정의 상태를 절대로 포기하지 못하는 것이다. 누구나 완전했던 자신이 불완전해졌다는 무의식적인 느낌을 가지고 살아간다. 원초적인 일체감이 단절되는 것은 필연이지만, 그러한 단절은 치유될 수 없는 상처로 남아서 인류 전체의 운명을 괴롭힌다. 그리고 '실낙원에 대한 향수'는 우리가 꾸는 꿈, 우리가 지어내는 이야기라는 형태를 통해서 끈질기게 우리의 삶을 에워싼다.

자아 확장의
여러 단계

– 생애 첫 번째 긴 여행 '분리, 연습, 재접근, 합일'

'공생관계'는 행복하다. 그럼에도 우리는 자꾸만 엄마로부터 떨어져 나온다. 자아로 분리되고자 하는 욕구는 엄마와 영원히 융화되고자 하는 욕구만큼이나 절박하기 때문이다. 그리하여 자신이 먼저 엄마와의 결별을 주도하기도 한다.

이 나무는 자라고 싶으면서도
여전히 싹이고 싶다
커가면서도
틀이 잡히는 운명으로부터 달아난다

시인 리차드 윌버Richard Wilbur는 성장을 노래한 「떡잎들Seed

Leaves」이라는 시에서 공생과 분리 사이를 오가는 우리의 갈증을 이야기한다. 그리고 그도 일체감의 욕구를 분명히 인정하지만 "그보다 더 강렬한 욕구가 우리를 밖으로 밀어낸다."라고 말한다. 그것은 바로 분리된 자아가 되려는 몸부림이다.

궁극적으로 분리란 물리적인 성질이 아니라 내면의 지각과 관련된 것이다. 분리는 내가 너와 다른 존재라는 깨달음에서 비롯된다. 그것은 우리를 제한하고 가두고 규정하는 경계를 인정하는 것이다. 분리는 자아의 핵심과 연관되어 있어서 옷처럼 마음대로 수선하거나 벗어버릴 수 없다.

자아의 분리는 갑작스러운 계시를 통해 이루어지는 게 아니다. 자아는 서서히 분리의 과정을 겪는다. 시간을 두고 진화한다.

대개 생후 첫 4년 동안 우리는 어느 정도 예측할 만한 분리와 개별화의 단계를 거치면서 평생의 가장 중대한 모험을 시작한다. 공생에서 분리의 상태로 가는 여행길에 용감하게 나서는 것이다. 익숙한 것을 떠나 미지로 향하는 인생의 모든 여행은 바로 이 첫 여정을 반영한다.

정신분석학자인 마거릿 말러Margaret S. Mahler는 분리의 경험이 시작되는 첫 순간을 '심리적 탄생psychological birth'이라고 표현한다. 심리적 탄생은 생후 5개월쯤 시작된다. 이 단계에서 우리는 '방금 알에서 깬 듯한' 경계 태세를 보인다. 그리고 엄마뿐만 아니라 세상 전체가 자신의 경계 밖에서 보고 만지고 즐기기 위해 존재한다는 인식이 싹트면서, 엄마의 몸으로부터 떨어져 나오기 시작한다.

다음 단계는 생후 9개월쯤 나타난다. 이때는 우리가 기어서 엄마로부터 떨어져 나왔다가 다시 엄마라는 풍요로운 기지에서 정서적인 보급을 받기 위해 되돌아가는 대담한 '연습의 시기'다. 바깥세상은 무서운 곳이다. 하지만 기거나 걷는 능력도 연마해야 하고, 바깥세상에는 탐험하고 싶은 것들도 많다. 그러므로 이 세계를 포기할 수는 없다. 우리는 피곤해지면 기댈 수 있는 곳, "엄마가 여기 있으니까 넌 괜찮아."라고 용기를 북돋워주는 곳으로 되돌아갔다가 다시 세상 밖으로 기어 나온다. 따뜻한 엄마가 곁에 있어주는 한, 우리는 물리적 세계와 자아 사이를 왕성하게 확장시켜나갈 수 있다.

우리는 걷기 시작할 때 다시 변화를 겪는다. 걷는다는 것은 더 많은 세상과 만날 수 있다는 가능성을 내포한다. 걷기 시작할 무렵 전능함과 거만함에 도취될 수도 있다. 우리는 이 시기에 굉장한 나르시시스트가 된다. 탐색하는 모든 것의 주인이 되며, 대담한 모험가가 된다.

만약 이 시기에 왕처럼 환희에 가득 차서 제대로 탐험을 즐겼다면, 어른이 된 지금도 우리 안에 그 시절의 왕이 살아 있을 것이다. 지금의 우리는 여러 가지 제약에 둘러싸여 있지만, 이따 금씩 그 시절의 자아도취와 경이감을 접할 때가 있다.

걷는 연습은 결코 쉽지 않다. 여러 위험에 노출되어 있기도 하다. 하지만 나아가는 일에 너무나 열중해 있어서 그것을 잘 알아차리지 못한다. 멍이 들고 피를 흘리면서도 자꾸만 더 연습 하고 싶어 한다. 그리고 걷고 뛰고 오르고 넘어지고 일어서면서 거의 엄마를 잊어버린 듯 보인다.

그렇다면 우리는 정말 엄마를 잊어버린 것일까? 아니다. 사 실 엄마는 항상 주변 어딘가에 맴돌고 있어서 언제든 손만 뻗으 면 붙잡을 수 있다. 그래서 우리는 그토록 우쭐대며 걸어 다닐 수 있는 것이다. 엄마는 우리가 걷기에 몰두할 수 있도록 해주 는 원동력이다. 그럼에도 우리는 엄마를 부속품처럼 생각해버 린다.

생후 18개월 정도 되면 우리는 엄마로부터 분리된다는 것이 어떤 것인지 그 의미를 파악하는 능력이 생긴다. 이때가 되면 비로소 우리는 작고 연약하고 무력한 두세 살짜리 아이가 자신 이라는 것을 알아차린다. 그리고 혼자 서기 위해서 치러야 하는 힘든 대가에 직면한다.

이렇게 상상해 보라. 팽팽한 줄 위에서 날렵하게 줄타기를 하 다가 갑자기 아래를 내려다보는 순간, 아래에 그물이 없다는 사실을 발견한다. "엄마야! 어떡해!" 세상의 왕이라는 착각은 그 순간 힘을 잃는다. 이때 그물은 곧 엄마다. 우리는 언제나 엄마라는 그물이 펼쳐져 있다고 착각을 했던 것이다. 그물이 치워지면 안전하다는 감각도 사라진다.

그럼에도 불구하고 우리는 계속해서 분리의 과정으로 나아가야 할까? 처음에 우리는 '홀로서기'의 즐거움을 맛보며 의기양양하였다. '자율성'을 획득한 것이다. 그런데 자율성이 위협을 동반한다는 것을 알아차렸을 때, 우리는 어떻게 해야 할까? 다시 후퇴해야 할까, 아니면 혼자 일어서야 할까? 이 시기를 '재접근의 단계'라고 부른다. 우리는 이때 처음으로 합일과 분리를 조화시키려는 노력을 하게 된다.

'재접근 시기'의 첫 몇 주 동안 우리는 엄마에게로 되돌아간다. 소란스럽게 엄마의 관심을 요구한다. 엄마를 따르고 조르고 매혹시키려 한다. 분리로 인한 불안감을 떨쳐내기 위해서 엄마를 되찾으려고 노력하는 것이다.

그러는 한편 때때로 우리는 도움을 원치 않는다. 아니, 도움을 원하면서도 원하지 않는다고 하는 편이 더 정확하겠다. 모순에 사로잡힌 채, 꽉 붙잡으면서 밀쳐내고 쫓아가면서 도망친다. 자신이 전능하다고 주장하면서 자신의 무력함에 분노하고, 그런 과정에서 분리불안은 한층 심화된다. 지난날의 달콤한 일체감을 갈망하지만 그것에 빨려 들어갈까 봐 두려워한다. 엄마의 아이이기를 바라면서도 자기 자신이기를 원하는 우리는 매 순간 격렬한 기분 변화를 겪는다. 앞으로 나아갔다가 뒤로 물러서기를 반복하면서 변덕의 진수를 보여준다.

생후 24개월을 넘어갈 무렵이면 누구나 자신만의 방식으로 이런 재접근의 위기를 해결하기 시작한다. 스스로 적당한 거리를 발견한다. 엄마로부터도 편안하면서 심리적으로도 홀로 설 수 있는 거리를 발견함으로써 위기를 해결한다.

그런데 아이가 자신에게 의존할까 봐 먼저 아이를 밀쳐버리는 엄마도 있다. 이때 아이에게는 어떤 일이 일어날까? 또는 아이가 떠날 것을 두려워한 나머지 엄마가 떠나는 아이를 나쁜 사람처럼 대한다면? 그리고 아이가 자신의 길을 나설 때, 그 길을 무시무시한 위협의 세계라도 된다는 듯 놀라는 반응을 보인다면? 아이가 "상관 마, 난 어쨌든 탐험하러 갈 거야."라며 길을 나섰다가 넘어졌는데도 엄마가 아이를 일으켜 세워주지 않는다면 어떨까?

아이는 어떻게든 적응할 것이다. 항복하거나 견디거나 이길 것이다. 아이는 어떤 식으로든 해결 방법을 찾아내며, 해결 방법은 다른 경험들이 축적되면서 더욱 정교한 형태를 띠게 될 것이다.

하지만 '최초의 해결 방법'에는 아이가 어떤 사람이며 어떻게 성장해갈 것인지에 대한 많은 의미가 함축되어 있다. 물론 이러한 사항만으로 그 아이의 전부를 예측할 수 있다는 것은 아니다. 아이가 선천적으로 어떤 사람인가를 판단하는 것도 매우 중요하기 때문이다. 하지만 이 시기의 경험은 아이의 이후 삶에도 지속적으로 영향을 미친다.

생후 36개월이 지날 무렵 우리는 생애 첫 번째의 긴 여행, 즉 '분리, 연습, 재접근, 합일'의 전 단계를 끝낸다. 이러한 전 단계는 여러 차례의 반복을 통해서 점점 확고하게 정착되며, 마침내는 마지막 단계인 '열린 결말'로 다가간다. 마지막 단계는 가장 성숙한 단계로서, 이 단계에 이르기 위해서는 상당한 노력이 필요하다.

미성숙한 단계에서는 '때로 좋은 사람도 나쁜 사람이 될 수 있다'는 생각을 가질 수가 없다. 그래서 엄마와 자신에 대한 이미지도 두 가지로 분열되어 있다. 즉 완전히 좋은 자신이 있거나 완전히 나쁜 자신이 있고, 완전히 좋은 엄마가 있거나 완전히 나쁜 엄마가 있다. 완전히 좋은 엄마는 내가 원하는 모든 것을 해주지만 완전히 나쁜 엄마는 아무것도 해주지 않는다.

그런데 유아기를 지나서도 미성숙한 단계에 머물러 있는 사람들이 있다. 정도의 차이는 있지만 그 사람들은 대체로 흑백의 범주로 세상을 본다. 그들은 지나친 자기애와 지나친 자기 증오

사이를 오간다. 그들은 친구와 연인을 이상화하기도 한다. 그러다가 애인이나 친구의 결점(극히 정상적인 것임에도)이 보이면 그들을 자신의 삶 밖으로 내던져버린다. "당신은 완벽하지 않아. 나를 실망시켰어. 당신은 쓸모없는 인간이야."라면서 말이다.

이러한 극단적인 분열은 부모가 두 자녀를 각각 카인과 아벨로 키웠을 경우에도 나타난다. 그리고 연인이 마돈나가 아니면 창녀라고 취급하는 사람이나 반대를 참지 못하는 지도자도 마찬가지다. "네가 나를 따르지 않는다는 것은 나에게 대항하는 것이다."라고 생각한다.

유아기에는 극단적인 사고가 보편적이다. 아이들은 좋은 것을 지키기 위해서 나쁜 것을 피한다. 사랑하는 사람을 미워하게 될까 두려워서 자신의 분노를 억제하기도 한다. 그러나 충분한 사랑과 신뢰로써 우리는 모순을 품고 살아가는 방법을 배워야 한다. 선/악, 옳음/그름, 켜짐/꺼짐으로 이루어진 세상은 너무 단순하다. 소위 정상적이라고 하는 사람도 때로 분열적인 사고에 빠진다.

유아적인 흑백의 단순화를 포기하고 모호한 현실을 받아들이는 것도 우리가 겪어야 할 필연적인 상실이다. 우리가 놓아버리고 떠나와야 할 세계다. 이렇게 포기하는 과정을 통해서 우리는 몇 가지 소중한 것들을 얻을 수 있다.

우선 나를 버리고 떠나서 미웠던 엄마와 나를 곁에 꼭 붙잡아주는 엄마가 한 사람임을 이해할 수 있다. 비열하고 하찮은 아이와 착하고 훌륭하고 사랑스러운 아이가 하나의 자아상으로 통합되는 것이다. 우리는 한 사람의 일부분만 보는 것이 아니다. 멋지지만 한계가 있는 인간의 여러 양상을 본다. 그리고 증오와 사랑이 뒤섞여 있는 자아도 이해한다.

하지만 이런 과정에는 결코 '완성'이 없다. 우리는 평생에 걸쳐서 내면의 그림을 자르고 이어 붙이기를 계속한다. 그럼에도 불구하고 때때로 흑이나 백밖에는 볼 수 없을지도 모른다. 그리고 우리는 죽는 순간까지 '나'를 편집하고 있을 것이다.

나는
누구인가?

– 자아 정체감sense of identity 가지기

'나'라고 할 때 우리는 자아를 의식한다. 과거의 자아와 앞으로 되어갈 자아의 일부분을 의식하며, 나의 마음과 몸, 목표와 역할, 욕망과 한계, 감정과 능력이 뭉뚱그려진 나를 의식한다.

이 순간의 나는 국을 끓이거나 선거에 출마했거나 마라톤 경주를 하고 있을지도 모른다. 법정에서 현명하게 일을 처리하고 세탁소에서 무례하게 굴며 치과에 가면 겁에 잔뜩 질리는 사람일 수도 있다. 또한 이 모든 자신들과, 앨범에 들어있는 여섯 살짜리 아이의 얼굴과, 언젠가 가지게 될 환갑 노인의 얼굴이 나라는 단일한 정체성의 일부분임을 안다. 그 모두가 하나의 일관된 존재라는 사실을 우리는 안다.

나는 체험의 조각들로 이루어진다. 인정받는 기쁨의 체험, 모욕당한 후 분노하는 체험, 어린 시절의 모든 인간관계 체험이 통합되어 내가 형성되는 것이다.

어릴 때의 나는 엄마로부터 사랑과 보살핌을 받는 '나'라는 그림을 받아들여서 내면화한다. 그러면서 나를 사랑해주는 엄마의 다양한 특성들을 받아들인다. '동일시'가 일어나는 것이다.

동일시는 '나'가 형성되는 가장 핵심적인 한 과정이다. 동일시하기 때문에 나는 엄마처럼 드세면서도 신중하고 책을 좋아하게 된다. 동일시하기 때문에 나는 아빠처럼 꼼꼼하고 고집스러워진다. 동일시하기 때문에 그리고 나와 남편이 매일 샤워하는 습관이 있기 때문에 한때 잘 씻지 않던 아들들이 매일 샤워하는 습관을 가지게 된다.

최초의 동일시는 전체적이고 포괄적인 경향이 있다. 그러나 시간이 지나면서 우리는 부분적, 선택적인 동일시를 하게 된다. "나는 이런 면에서는 당신을 닮아가겠지만, 저런 점들은 닮지 않겠어."라고 생각하는 단계로 발전하는 것이다. 그래서 우리는 엄마, 아빠 또는 다른 어떤 사람의 복제인간이 아니라 개성을 지닌 한 사람이 되어 간다.

그러나 타인과 동일시했던 부분들도 점차 우리 안에서 변형된다. 우리는 모두 자아를 만들어내는 예술가다. 동일시의 단편과 조각들을 가지고 새롭게 독창적인 콜라주(화면에 종이, 그림, 사진 따위를 오려 붙여서 만드는 작품 ─ 옮긴이 주)작품을 만들어낸다.

우리가 동일시하는 사람들은 긍정적이든 부정적이든 언제나 우리에게 중요한 사람들이다. 그들을 향한 감정은 어떤 식으로든 강렬하다. 그리고 우리가 어떤 선생님이나 연예인을 모방하겠다고 의식적으로 결심하듯이 분명하게 기억하는 경우도 있지만 대부분의 동일시는 무의식적으로 일어난다.

대체로 우리는 몇 가지 이유 때문에 동일시를 한다. 상실에 대응하기 위해서 동일시를 하기도 한다. 죽은 사람의 옷차림, 억양, 버릇 등을 취함으로써 내면에서 그 사람을 존속시킬 때가 있다.

한 중년 남자는 콧수염을 길렀던 아버지가 돌아가시자마자 콧수염을 기르기 시작했다. 한 대학생은 심리학자였던 어머니가 돌아가신 후 전공을 행정학에서 심리학으로 바꿨다. 독실한 기독교 신자인 아내가 죽은 후 예배에 참석하기 시작한 남성도 있다.

대개 어린 시절의 동일시가 가장 영향력이 강하기 때문에 그 후에 일어나는 모든 동일시를 제한한다. 또한 사랑하거나 부러워하거나 모든 동일시를 제한한다. 사랑하거나 부러워하거나 존경하는 사람을 영구적 또는 일시적으로 동일시하지만, 분노하거나 두려워하는 대상과도 동일시할 수 있다.

공격적인 대상과 동일시하는 현상은 강하고 힘센 사람에게 통제당하면서 무력함과 좌절을 겪는 상황에서 일어난다. "네가 그들을 이길 수 없으면 그들 틈에 끼어라."라는 암묵적인 분위기 속에서 두려워하며 그 사람을 닮으려고 노력하는 것이다. 그러면서 그들이 상징하는 위험으로부터 자신을 보호하고 그들이 가진 힘을 얻을 수 있기를 원하게 된다.

테러리스트에게 유괴 당했던 상속녀 패티 허스트Patty Hearst(미국의 신문 재벌 윌리엄 허스트의 손녀 – 옮긴이 주)는 나중에 총기로 무장한 은행 강도로 돌아서기도 했다. 이렇게 '공격자와의 방어적인 동일시defensive identification with the oppressor'라는 기제를 통해서 학대받은 아동이 오히려 아동을 학대하는 어른으로 자라기도 한다.

동일시는 능동적일 수도 수동적일 수도 있으며, 대상을 사랑할 수도 증오할 수도 있고, 동일시를 통해 자신을 더 발전시킬 수도 퇴보시킬 수도 있다. 또한 어떤 사람의 충동, 감정, 양심, 업적, 기술, 스타일, 목표, 고통 등 모든 것에 동일시 될 수 있다. 남성이나 여성으로서의 성 동일시는 물론이고 종교나 직업, 계층과의 동일시도 가능하다.

성장하면서 우리는 이러한 동일시의 결과물들을 스스로 수정하고 조화롭게 맞춰나간다. 그 과정에서 버려야 할 자아도 생겨난다. 한때 자신이 갖고 있던 자아를 포기해야만 하는데, 이 또한 우리가 인생에서 반드시 겪어야 할 상실 중 하나다.

잘생기고, 스타일 좋고, 훌륭한 운동선수이면서 1년에 1백만 달러를 버는 부자, 위트 있는 바람둥이, 철학자, 자선사업가, 정치가, 전사 그리고 아프리카 탐험가이면서 작곡가에 성자까지 되는 것. 이것은 절대 불가능하다. 젊었을 때는 인간으로서 그렇게 다양한 성격을 지니는 것이 가능하다고 생각할 것이다. 그러나 그중 하나라도 실현하려면 나머지 성격들은 어느 정도 억제해야 한다. 자신의 가장 진실하고 강하고 깊은 자아를 추구하고자 하는 사람은 이 목록을 세심하게 검토하고 어떤 것을 구제할 것인지 선택해야 한다.

우리가 행하는 여러 가지 동일시를 어느 정도 조화시키지 못하면 극단적인 경우에는 '다중인격'이라고 불리는 정신착란에 빠질 수 있다. 그런 경우 서로 모순되는 자아들이 한 사람 안에 수시로 들락거리며 살게 된다. 실제로 우리 주위의 평범한 사람들 중에도 정도는 덜하지만 이러한 질환을 앓고 있는 이들이 있다.

한 남자는 이렇게 고백했다.

"내 안에는 두 명의 내가 있어요. 진정한 나는 그 모습을 드러내기를 끔찍이 두려워하고, 또 다른 나는 사회적인 요구에 순순히 응하고 있어요."

정신분석학자인 레슬리 파버Leslie Farbe는 "관심과 인정을 갈망하는 사람은 그것을 얻기 위해서 자신의 모습을 조작한다."라고 말한다. 그런 사람은 거짓된 자아를 중심으로 존재 전체를 쌓아

올리며, 그로 인해 나중에는 "비밀스럽고 사랑스럽지 못하며 정당하지 못한 자아" 때문에 고통과 수치심을 느낀다. 그뿐만 아니라 있는 그대로의 자신을 드러내지 못하거나 드러나는 모습대로 "존재하지 못하는 것" 때문에 큰 부담감을 느낀다.

물론 누구나 때때로 남들 앞에서 자신을 드러내는 데 서투를 수 있다. 또한 누구나 타인에게 좋은 인상을 주고 그들의 마음을 얻고 싶어 하며, 누구나 스스로를 적당히 속인다. 그렇지만 분명히 대부분의 사람들은 본래의 자아와 보이는 자아 사이를 연결하려고 노력할 것이다. 그런 연결이 끊어진다면 우리가 세상에 보여주는 자아는 가짜 자아일 수밖에 없다.

위니코트에 의하면 진정한 자아를 형성하기 위해서는 최초로 경험하는 관계, 즉 엄마와 아이 사이의 관계 형성 과정이 매우 중요하다고 한다. "네 있는 그대로의 모습이 너야. 네가 지금 느끼고 있는 것이 네 감정이야."라고 엄마는 아이에게 분명히 말해줄 필요가 있다. 엄마는 어리고 연약한 아이에게 자신의 자아를 드러내도 안전하다는 것을 알려주어야 한다.

이런 장면을 상상해 보자. 우리가 장난감을 집으려고 손을 뻗치다가 엄마의 모습을 흘깃 볼 때, 우리는 허락이 아니라 그 이상의 무엇인가를 바라고 있다. 장난감을 가지고 싶다는 바람, 이 순간의 자연스러운 몸짓이 정말로 내 것이라는 확인을 받고 싶은 것이다. 내가 느끼는 것이 정말로 나의 느낌이라는 확인이 필요하다.

그 섬세하고 미묘한 순간에 엄마가 참견하지는 않지만 곁에 있어 주는 것만으로도 자신의 바람을 신뢰할 수 있게 된다. "그래, 난 이걸 원해. 맞아." 그러면서 새롭게 움트는 자아감을 굳히고 장난감을 향해서 손을 뻗칠 수 있다.

그러나 엄마가 우리 눈빛에 담긴 질문과 욕구를 잘못 읽고 반응하거나 우리의 욕구 대신 엄마의 욕구를 내세우면 우리는 자신이 느끼거나 행하는 것이 과연 진실한 것인지 믿을 수 없다. 엄마가 동조해주지 않으면 우리는 거부당하고 공격당했다고 느낀다. 그럴 때 우리는 거짓 자아를 형성함으로써 진정한 자아를 방어하려고 할지도 모른다.

이 거짓 자아는 고분고분하다. 그것은 자체적인 계획이 없다. "당신이 내게 되라는 것이 될게요."라는 태도다. 자연스러운 생장을 억제하려고 지지대를 댄 나무처럼 자아는 외부에서 가하는 힘에 따라 형태가 잡힌다. 이런 형태는 때로는 놀라울 정도로 매력적일 수도 있지만 진짜는 아니다.

우디 알렌의 영화 〈젤리그Zelig〉에서 남자 주인공 젤리그는 자아감이 너무나 부족해서 자신의 곁에 있는 사람을 따라 한다. 인정받고 호감을 얻기를 갈망하는 젤리그는 흑인, 중국인, 아메리카 원주민 추장, 나치당원, 야구 선수 등 어떤 사람과도 닮아

보일 수 있다. 젤리그는 언제나 자기와 함께 있는 사람들의 외양뿐 아니라 정신적인 특성까지도 받아들여서 그 사람이 된다. 그는 정신과 의사에게 "나는 아무도 아니에요. 난 아무것도 아니에요."라고 말한다. 젤리그의 실상은 '인간 카멜레온' 그 이상도 아닌 것이다.

건강하게 성장한다는 것은 타인의 인정을 받기 위해 자신의 진정한 자아를 버리지 않는 것이다. 차라리 인정받으려는 그 욕구를 포기할 수 있어야 한다. 그리고 건강하게 성장한다는 것은 자신을 방어하려고 자아를 분열시키지 않는 것이다. 자신의 좋은 자아와 나쁜 자아를 통합할 수 있어야 한다.

또한 과대망상을 포기하고 실제 자신에게 걸맞은 자아를 가질 수 있어야 하며, 정서적인 어려움에 부딪힐지라도 안정적인 자아를 유지할 수 있어야 한다. 한마디로 '자아정체감sense of identity'을 가지는 것, 이것이 건강한 성장이다.

자아정체감이란 시간이 흐르고 끊임없이 변화가 일어나더라도 자아의 진정하고 강한 부분은 변함없이 지속되는 느낌을 말한다. 외적인 모습이 아무리 달라지더라도 깊은 내면에서는 자아가 일정하게 유지될 때 자아정체감이 형성되어 있다고 볼 수 있다.

자아정체감에는 우리가 행하는 동일시의 특성도 포함된다. "나는 나다."라고 느끼는 내면의 개인적인 체험과 "그래, 너는 너다.”라는 다른 사람에 대한 인정이 모두 포함된다.

다른 사람으로부터 받는 이런 반응과 지원은 언제나 중요하지만 유아기에 특히 중요하다. 그 누구도 어렸을 때 '다른 사람'의 도움을 받지 않고는 '나'를 가질 수 없다. 누구나 처음에는 자신이 존재하도록 도와주는 엄마와 같은 존재가 필요하다. 우리의 욕구나 감정이 심장박동처럼 의심의 여지없이 자기 것이라는 확신을 세우도록 도와주는 엄마가 있어야 한다. 처음에 우리는 욕구를 스스로 충족시킬 수 없으며 심지어는 욕구가 무엇인지 인식조차 할 수 없다. 엄마의 존재는 우리로 하여금 그런 욕구를 인식하고 충족시키도록 도와준다.

우리는 자신의 욕구를 인정하고 자신의 감정이 자신의 것이라고 주장하면서 '자존감sense of our self being'을 가지기 시작한다. 자아를 의식하지 못하고 자아와 정체성 없이 존재하던 상태를 벗어나는 것이다.

이렇게 우리는 나만의 '나'를 만들고 발견하기 시작한다.

반복되는
사랑의 습관들

– 너와 작별하면서 시작되는 '성숙한 사랑'

엄마는 나에게 최초로 사랑을 알려주는 사람이다. 대체로 엄마는 조건 없이, 자기의 이익을 생각하거나 무엇인가를 기대하지 않으면서 나를 사랑해준다. 하지만 때로는 엄마도 지쳐 나를 원망하거나 불평하기도 한다. 엄마는 내가 아닌 다른 사람을 사랑하기도 하며, 항상 나를 사랑해주는 것도 아니다.

위니코트에 따르면, 그렇더라도 나는 엄마의 사랑을 완벽한 사랑으로 체험한다고 한다. 나는 엄마를 통해서 나의 꿈과 소망, 환상을 어느 정도 충족시킨다.

엄마는 사랑의 한계 역시 가르친다. 나는 엄마에게서 분리되어 나올 때 상처를 입는다. 그리고 이 과정에서 사랑은 때로 나를 실망시킨다는 사실과 때로는 내가 원하더라도 사랑을 얻을 수 없다는 사실을 배운다. 이렇게 얻은 교훈은 나중에 내가 다른 사람을 만났을 때 쓰인다. 상대의 어떤 점들을 포기하고 놓아버린다. 인간적인 사랑의 전제조건이 '상실'이라는 것을 받아들이게 된 것이다.

물론 누구나 이러한 성숙한 사랑을 할 수 있는 것은 아니다. 어떤 사람은 성숙한 애정 관계를 맺고 있는 것처럼 위장할 뿐, 여전히 무조건적인 사랑을 갈구한다. 그러다가 상대방이 자신의 욕구도 충족되기를 기대하면 분노한다.

유아는 사랑을 조화로운 것으로 체험한다. 엄마의 욕구와 내 욕구가 하나라고 여긴다. 그러다가 분리가 시작되면 엄마와 자신이 서로 다른 목적을 가지고 있다는 사실을 배운다. 비로소 '자신과 하나가 아닌 엄마mother-who-is-not-me'를 사랑하는 법을 익히기 시작하는 것이다.

성숙한 사랑의 방식은 '나와 너는 하나다'라는 공생관계에 있지 않다. 오히려 너로부터 나를 분리시키는 데서 성숙한 사랑은 시작된다. 그러나 성숙한 사랑은 성취하기가 쉽지 않다. 내가 아무리 성숙한 존재라 하더라도 사랑에 빠질 때는 엄마 품으로 돌아가고 싶은 바람을 함께 품는다. 우리는 엄마 품으로 되돌아가고픈 소망을 쉽사리 포기할 수 없다. 하지만 사랑은 받기만 하는 것이 아니라 불어넣을 수도 있는 무언가이다.

정신분석학자인 에리히 프롬Erich Fromm은 『사랑의 기술The art

of loving』에서 유아적인 사랑과 성숙한 사랑을 구분한다.

유아적인 사랑은 내가 사랑을 받기 때문에 나도 사랑한다는 원칙을 따른다. 성숙한 사랑은 나는 사랑하기 때문에 사랑한다는 원칙을 따른다. 미성숙한 사랑은 당신이 필요하기 때문에 당신을 사랑한다고 한다. 성숙한 사랑은 당신을 사랑하기 때문에 당신이 필요하다고 한다.

그러나 우리는 유아적인 단계를 거치지 않고는 성숙한 단계에 이를 수가 없다. 사랑이 무엇인지 알기 전에는 사랑을 할 수 없다. 그런데 그런 사랑은 유아기에 배울 수 있다.

증오도 마찬가지다. 증오를 모른다면 유아적인 사랑이나 성숙한 사랑도 논할 수 없다. 증오는 사람을 불편하게 하는 개념이다. 증오는 추악하고 영혼을 죽이는 독이 될 수도 있다. 더구나 다른 누구도 아닌 사랑하는 사람을 증오한다는 것은 훨씬 고약한 일이다. 프로이트Sigmund Freud는 "극히 드문 몇몇 경우를 제외하고는, 가장 다정하고 친밀한 애정관계에서도 약간의 적대감이 따른다."라고 말한다.

사랑은 흔히 증오와 함께하지만, 다들 그 사실을 인정하기를 꺼린다. 그러나 우리는 종종 그런 모습을 자신 안에서 마주할 때가 있다.

56

어느 날 빗속에서 남편을 20분이나 기다리다가 쫄딱 젖은 나는 진심으로 "당신, 죽여버리고 싶어!"라고 소리를 질렀다. 장 라신Jean Racine의 희곡에는 이런 대사가 나온다. "나는 당신을 너무나 깊이 사랑하는 나머지 증오하지 않을 수가 없소."

위니코트는 '엄마가 아기를 증오하는 이유 18가지'를 열거한 적이 있다. 이것을 본 대부분의 엄마들은 놀라서 "틀렸어요!"라며 우길 수도 있다. 위니코트는 아기를 잠재우면서 읊조리던 한 편의 자장가를 생각해 보라고 한다.

"나뭇가지가 부러지면 요람은 떨어지겠지. 요람도, 아기도 모두 떨어지겠지."

그는 이 가사가 그다지 호의적인 메시지는 아니라고 설득력 있게 지적했다. 실제로 그 가사는 다정함과는 무척 동떨어진 엄마의 감정 한 자락을 표현한다. 그리고 위니코트는 그런 감정을 느끼는 것도 괜찮다고 말한다.

위니코트는 '감상'은 좋지 않다고 말한다. 감상은 증오를 부정하기 때문에 해롭다는 것이다. 그런 부정은 자라나는 아이가 자신의 증오를 대면하고 참아내는 방법을 배우지 못하도록 막는다고 주장한다. '우리 부모님은 절대로 그렇게 끔찍한 감정을 품지 않으셨어. 그런데 나는 어떤 괴물이기에 이런 감정이 드는 것일까?'라고 생각할 수 있다는 것이다. 우리는 증오를 외면하기보다는 증오를 견디는 방법에 대해서 배우는 것이 낫다.

프로이트는 다음과 같이 말했다.

"이렇게 사랑과 증오를 한데 묶는 것은 감정적으로는 물론 이성적으로 생각해도 생소한 일이다. 그러나 자연은 이렇게 반대되는 것을 한 쌍으로 묶음으로써 사랑이 언제나 예민하고 생생하게 유지되도록 하였다."

또한 프로이트는 우리 무의식 속에 항상 증오와 같은 사랑을 죽이는 살인자들이 있다고 말한다.

한편 인간이 본질적으로 선한 존재라고 주장하는 사람들도 있다. 증오하거나 공격하는 것은 본성이 아니라 '반응'이라는 것이다. 증오, 분노, 적개심 등을 불러일으키는 원인은 다름 아닌 우리가 살고 있는 이 불완전한 세상이다.

어찌 됐든 핵심은 증오가 사랑과 뒤섞인 채 항상 남아 있다는 사실이다. 실제로 정신분석학자인 롤로 메이Rollo May 는 사랑과 증오가 성적인 것과 공격성, 창조적인 것과 파괴적인 것, 고귀한 것과 비열한 것을 모두 포함하는 악마적인 특성의 일부분이라고 주장한다. 메이가 이야기하는 악마란 "자신을 긍정하고 주장하고 영속시키고 증식하기 위한 충동이며, 모든 존재 안에 들어있는 힘"이다. 그것은 선과 악을 넘어서는 힘이다. 방향을 잡아주지 않으면 맹목적으로 교미하고 죽이도록 우리를 몰아갈 수 있는 힘이다. 또한 부정하면 우리를 무감각하고 반쯤 죽은 상태로 만들 수 있다. 하지만 자아에 통합시키면 모든 체험에 생기를 더해줄 수도 있다.

배우 리브 울만 Liv Ullmann은 자신에게는 언제나 '천사' 역할만 들어왔다고 말했다. "제 외모 때문이었죠." 그녀는 연극 리허설 중 경험한 특별한 순간에 대해서도 이야기했다. 극중 그녀는 혁명의 참혹함을 피해 도망가다가 엄마로부터 버림받은 아기를 발견했다. "나는 앉아서 아기를 다정하고 애처롭게 바라보아야 겠다고 생각했어요. 아기에게 노래를 불러주면서 말이지요." 그러나 감독은 그런 무거운 책임감을 느낄 법한 상황에서는 반대의 감정을 표현하는 게 좋으니 고귀하게 행동하지 말라고 조언했다. 그 상황을 의심하고 소극적으로 대처하려는 모습 말이다. 늘 여신처럼 굴 필요는 없다는 뜻이었다.

리브의 연기는 수정되었다. 리브는 아기를 안아 올렸다가 아기가 자신에게 방해가 된다는 것을 깨닫고 다시 내려놓는다. 그리고 멀어져 가다가 자꾸만 되돌아본다. 그러다 마지못해 돌아와 작은 꾸러미에 싸인 아이를 바라본다. 시선을 돌린다. 마지막으로 그녀는 체념한 듯 아기를 안아 들고 걷는다.

"어떤 상황이나 인물도 확실하게 선하거나 악하지 않을 때, 그때 진정으로 연기가 흥미로워지죠."

이것은 리브가 내린 결론이다.

리브는 "양면을 모두 보여주는 것, 내면의 갈등을 보여주는 것"이 얼마나 자신을 매혹하는 일이었는지 말했다. 리브는 이제 자신의 삶이나 예술 속에서 인간은 선해지려고 노력해야 하는 존재이며, 선에는 선을 선택하는 행위도 포함된다는 사실을 이해하게 되었다.

핵심은 우리가 사랑하는 배우자, 자녀, 부모, 가까운 친구를 증오할 수도 있다는 사실에 있다. '증오는 나와 관련이 없어'라는 태도는 우리의 정신적 에너지를 고갈시키고, 위험에 빠트릴 수 있다. 우리는 누군가를 진심으로 사랑한다면 못으로 그 사람의 눈을 찌르고 싶은 마음이 절대로, 절대로 들지 않는다고 배웠다. 하지만 그건 거짓말이다.

엄마는 사랑과 사랑의 짝인 증오에 대해서 우리에게 처음으로 가르쳐주는 사람이다. 그리고 아빠나 그 밖에 '두 번째 타인'이 그 교훈을 다듬어준다. 아빠는 우리를 '공생상태'로부터 끌어내서 세상 속으로 들어가게 하며 여성성을 보완하고 대조시켜 줄 수 있는 남성적인 모범을 제시한다. 그리고 '사랑하는' 또는 '사랑받는'이라는 말에 담긴 다른 의미를 가르쳐준다.

여기서 아빠도 아기와 어릴 때부터 강한 애착관계를 형성할 수 있다는 사실을 지적하겠다. 직접 젖을 먹일 수 없다는 점만 뺀다면 아빠도 엄마가 할 수 있는 모든 것을 할 수 있다. 아빠도 아기를 전적으로 돌보는 양육자가 될 수 있으며 어떤 아빠들은 실제로 그렇게 한다. 그렇지만 이 말이 곧 언제든 엄마와 아빠가 맞바꿀 수 있는 존재라는 뜻은 아니다.

보스턴 소아병원 의사인 마이클 요그먼Michael Yogman은 아빠도 아기의 정서적인 신호에 대해 엄마만큼 민감하고 능숙하게 반응하지만 몇 가지 중요한 예외들이 있다고 지적한다. 엄마와 아기 사이에 오가는 반응의 방식과 아빠와 아기 사이에 오가는 방식은 다르다는 것이다.

아빠는 몸을 많이 쓰며 자극을 많이 준다. 엄마는 말을 많이 하며 아기를 진정시킨다. 아빠는 아기를 돌보기보다는 놀아주는 일에 많은 시간을 쓴다. 아빠는 새로움, 흥분, 틀에 박힌 일상에서 벗어난 사건들을 아기에게 많이 제공하기 때문에 아기는 엄마와 있을 때보다 흥분된 상태로 이에 반응한다. 아기는 놀고 싶을 때 아빠를 더 찾으며, 스트레스를 받을 때는 엄마와 함께 있고 싶어 한다. 그리고 생물학적인 조건 때문에 아빠는 아이와 친밀함을 쌓는 데 엄마보다 더 많은 시간이 걸린다.

또한 요그먼 박사는 엄마와 아빠가 유아기에 "질적으로 다른 경험"을 우리에게 제공한다고 말한다. 엄마와 아빠의 역할은 서로 교환될 수 있는 것이 아니라 상반된다는 것이다. 그리고 아빠가 아기와 더 많이 관계를 맺을수록 유익하다는 사실을 지적하면서 그 이유를 "육아에 포함되는 생물학적인 구성요소가 여성보다 남성에게서 약하기 때문이다."라고 밝힌다.

저널리스트인 밥의 이야기를 들어보자.

오늘 아침 그의 아내는 "우리는 오늘 기분이 별로야."라고 딸인 어맨다에게 말했다. 그리고 "너는 11시부터 5시까지, 고작 6시간을 잤어."라고 덧붙였다. 밥은 아내의 말이 정말로 "우리는 오늘 별로 기분이 좋지 않아."라는 뜻이었다고 생각한다. 아내는 평소에도 '우리'라는 말을 자주 썼고 그녀는 어맨다와 자신도 종종 묶어서 생각한다. 밥도 어맨다를 사랑하지만, 그는 자신과 아이의 관계는 다르다고 생각한다. 밥의 마음속에서 어맨다와 그는 여전히 분리된 개인이다.

남자들의 태도가 개선되고 있는 이 시대에 다른 아빠들은 밥과 다를까? 당신이 남자라면 아마 사람 사이에는 절대로 좁힐 수 없는 거리가 있다고 여길 것이다. 최대한 노력을 해 보지만 그 거리는 절대로 좁혀지지 않을 것이다.

사회학자인 앨리스 로시Alice S.Rossi 박사도 "극소수 특정 부류의 여성을 제외하고는, 주된 양육자로서 엄마의 자리가 다른 사람으로 대체되지 않는다."라고 주장한다. 그리고 여기에는 타당한 '생물사회학적' 이유가 있다고 한다. 사냥과 수렵을 했던 원시시대에는 남자들이 일터로 나간 사이 여자들은 동굴에 남아 아이들을 길렀다. 이때 여자들은 남자보다 아이를 잘 기를 수 있는 능력이 발달했으며, 지금까지도 그 능력이 이어져온다는 것이다. 로시 박사는 호르몬 주기도 중요한 이유로 여긴다. 임신과 출산 등 신체적 변화 속에서 엄마는 특별한 생물학적 소질을 형성하게 되고, 이것이 누구보다 아기와 밀착된 관계를 맺게 해주는지도 모른다는 것이다.

이러한 사실들은 무엇을 의미할까? 이것은 한마디로 엄마와 아이 간의 남다른 애착관계는 긴 세월의 진화과정을 통해 물려받은 유산이라는 뜻이다. 그러므로 엄마는 우리에게 정서적으로 가장 중요한 부모의 위치를 차지할 수밖에 없다.

물론 아빠가 자녀의 초기 발달에 양육자로서 중요하지 않다는 의미는 아니다. 아빠도 중요하다는 사실에는 의문의 여지가 없다. 아빠는 엄마와 아이의 지나친 밀착관계를 방해함으로써 오히려 아이에게 유익한 영향을 미친다. 즉 아이의 자율성과 개별성을 촉진시키는 데 큰 역할을 담당한다. 또한 아빠는 아들에게 남성성을 가르치고 딸에게는 남성과 여성성을 분별하도록 가르친다. 그뿐만 아니라 아빠는 엄마가 없을 때, 아이들에게 확고한 사랑의 의미를 제공하는 또 다른 대상으로서도 중요한 역할을 한다.

아빠는 우리가 엄마에게 화가 났을 때, 그 화를 표현해도 안전하다고 느끼게 해주는 또 하나의 안식처로서 기능한다. 아빠가 있어서 우리는 증오해도 버림받지 않을 수 있다는 것을 배운다. 증오하면서도 여전히 사랑할 수 있다.

아빠는 우리가 엄마와 다시 합쳐지고 싶은 유혹에 저항해야 할 때, 그리고 잃어버린 낙원을 애도할 필요가 있을 때 의지할 수 있는 사람이다. 공생관계를 제대로 놓아버리지 않는다면 성장할 수 없다. 아빠는 관심을 기울이고 지원함으로써 그런 슬픔을 누그러뜨려주고 견딜 만하게 해준다.

정신분석학자인 스탠리 그린스펀Stanley Greenspan은 우리가 공생의 바다에서 허우적거릴 때 해변에서 지키고 있는 아빠의 모습을 그려준다. 그 그림 속 아빠는 우리가 기어올라와서 앞으로 나아갈 수 있도록 손을 내밀어준다.

배우 리브 울만은 아빠가 죽었을 때의 일을 회상하며 이렇게 말했다.

"당시에 엄마와 할머니는 누가 더 슬픈지 경쟁이라도 하듯이 소리를 지르고 울었어요."

회상하는 그녀의 목소리에서 분노가 묻어났다. 아빠가 죽었을 때 여섯 살이었던 리브에게는 슬퍼할 자격이 주어지지 않았다. 그녀의 슬픔은 누구로부터도 위로받지 못했다. 리브는 아빠의 죽음을 충분히 애도하지 못했다.

"아빠가 돌아가셨다는 것을 믿지 못했어요. 저는 아빠가 돌아오실 것이라고 생각해 하늘에 계신 아빠께 편지도 썼어요. 아빠 사진을 베개 밑에 깔고서 아빠를 만나러 긴 상상의 여행을 떠나기도 했어요."

리브는 스물한 살에 자신이 상상했던 아빠를 닮은 사람, 엄마가 말한 아빠와 흡사한 사람과 결혼했다. 하지만 몇 년 후 그녀는 영화감독 잉마르 베리만 Ingmar Bergman과 살기 위해서 남편을 떠났다.

"나는 지금껏 연인관계를 맺을 때 아빠에게 다가가려는 마음, 어린 시절의 공백을 채우고 싶은 마음, 그런 남자가 존재할 것이라는 믿음을 가졌어요. 그리고 나중에 그 남자가 내가 그렸던 남자가 아니라는 사실을 알게 되면 분노했지요."

그녀의 연인관계는 아직도 아버지에 대한 굶주림과 연관되어 있는 것이다.

우리는 어린 시절에 강렬한 열정을 체험하면서 사랑의 즐거움과 고통을 발견한다. 그리고 이때 얻은 교훈을 되풀이하며 살아간다. 리브 울만도 자주 "이런, 내가 또 이러고 있잖아!"라고 생각했을 것이다.

나는 늘 자신을 밀쳐내는 엄마 밑에서 자란 남자아이를 알고 있다. 그 아이의 엄마는 늘 "엄마 바빠!", "지금은 안 돼. 너 지금 엄마를 귀찮게 굴고 있어."라며 아이를 거부한다. 아이는 조르고 칭얼대고 화를 내며 잠긴 엄마의 침실 문에 발길질을 한다. 나는 그 모습을 보면서 20년이 지난 후에 그 아이가 여자들을 어떻게 대할지 걱정했다.

우리가 누구를 사랑하고 어떻게 사랑하는가는 무의식에 있던 이전 경험의 재탕이다. 같은 경험을 반복함으로써 고통을 겪더라도 우리는 여전히 그것을 되풀이하려고 한다.

소아과 의사이자 정치가인 벤저민 스폭 Benjamin Spock 박사는 자신의 여성 취향을 설명하면서 반복강박증적인 면모를 드러냈다.

"나는 언제나 엄격한 여자에게 끌렸습니다. 그러면 내가 그 엄격함을 이기고 그 여자를 매혹시킬 수 있으니까요."

스폭 박사는 몹시 비판적이고 까다로웠던 자기 어머니가 이러한 이상형의 모델이었다는 사실을 잘 알고 있었다. 그리고 그가 80대가 되도록 매력적인 남자로 남을 수 있었던 이유가 자기 어머니의 마음을 얻고 싶다는 바람 때문이었다고 설명했다.

"나는 성미가 부드러운 여자를 사랑하는 남자들을 보면 감탄하곤 했습니다."

그의 말에는 '그런 여자를 정복하는 것은 너무나 쉬워서 관심이 없다'는 암시가 들어 있다.

"나는 언제나 나를 특별한 사람으로 인정하면서도 또 한편으로 나에게 도전하는 사람이 필요했지요."

그의 첫 아내인 제인과 두 번째 아내인 메리 모건은 서로 아주 다르지만 이러한 타입의 변형이었다.

우리는 이전의 상황을 재현함으로써 과거를 되풀이한다. 예를 들면 프로이트가 상담한 여자 중에는 이런 여자도 있었다.

그녀는 세 번 결혼했는데, 결혼하자마자 배우자들이 중병에 걸렸다. 그래서 그녀는 남편들이 임종을 맞을 때까지 간호하는 힘든 상황을 세 번이나 되풀이했다.

우리는 과거를 되풀이하지 않으려고 의식적으로 노력할 때조차 과거를 되풀이한다. 부모의 전통적이고 가부장적인 결혼생활을 경멸해서 자신은 그렇게 살지 않을 것이라고 결심했던 한 여자가 결국 부모의 결혼생활을 되풀이하는 절망스러운 처지에 빠졌다는 사례도 있다.

'반복강박성향'은 왜 우리가 늘 친구에게 배신당하는지, 왜 어떤 사람은 늘 자기 제자에게 버림받는지, 왜 어떤 사람의 연애가 매번 같은 단계를 거치는지 설명한다. 프로이트는 이를 "박복한 운명에 쫓기거나 어떤 악마적인 힘에 씌운 듯이 보이는 사람들이 있지만, 사실 그들의 운명은 대체로 그들 자신이나 유아기의 영향력에 따라서 결정된다."고 말한다.

우리가 즐거웠던 과거를 현재로 가져오고 싶어 하고, 어린 시절의 기쁨을 되풀이하고 싶어 하고, 첫사랑과 닮은 사람을 사랑하려고 하는 것은 그럴 듯한 일이다. 엄마가 정말로 훌륭한 사람이었다면, 그 아들이 왜 엄마를 닮은 여자와 결혼하고 싶지 않겠는가? 굳이 변태적이고 노골적인 근친상간이 일어나지 더라도 모든 정상적인 사랑은 분명히 얼마간은 전이된 사랑의 기미를 띨 수밖에 없다.

좋은 것을 되풀이하는 성향은 이해할 수 있지만 고통을 일으키는 것을 되풀이하려는 강박적 성향은 이해하기 어렵다. 프로이트는 '죽음의 본능'이라는 난해한 개념으로 이러한 강박성향을 설명하려고 했지만, 우리는 그것을 또한 과거를 취소하고 다시 쓰려는 절망적인 노력이라고 이해할 수도 있다. 다시 말해 이번에는 결말이 다를 것이라는 희망을 가지고 같은 일을 되풀이하는 것이다. 우리는 자신이 무력하고 당할 수밖에 없었던 때에 이미 일어났던 일을 정복하고 변화시켜보려는 노력에서 과거를 자꾸 되풀이하는지도 모른다.

Necessary
Losses

"죄책감이 없다면, 뭘 해도 괜찮다고 믿을 수 있다면, 우리는 지금보다 더 즐겁게 살 수 있을지도 모른다. 하지만 제재가 없다면 우리는 어떻게 되겠는가? 아치볼드 맥클리시의 시처럼 먹이를 탐해도 용서되는 늑대, 아무렇게나 교미해도 순수한 풍뎅이, 인간이라는 경계를 벗어나는 존재 아니겠는가."

/ 2장 /

금지된, 혹은
불가능한 사랑의 대상들

"인간은 언제나 금지되고 불가능한 것들과
화해를 해야 한다."

– 조이스 맥두걸

사랑의 라이벌,
형제자매

– '헨젤과 그레텔'이 이상적인 남매가 아닌 이유

어린 우리는 사랑이 완전하며 나만의 것이므로 나눠 가질 수 없다고 생각한다. 그러나 머지않아 그 사랑이 전적으로 자신만의 것이 아니며 사랑의 라이벌이 있다는 사실에 눈을 뜬다. 배우 브룩 헤이워드Brooke Hayward의 이야기를 들어보자.

어린 소녀였던 나는 크리스마스 아침에 일어나자마자 오랫동안 바랐던 선물을 발견했다. 멋진 인형의 집이었다. 엄마는 선물을 받고 기뻐하는 나를 부드럽게 안아주었다. 그리고 나서 끔찍한 질문을 던졌다.

"이제 너는 많이 컸어. 착한 언니가 되었지. 그러니까 동생과 사이좋게 선물을 나눠 가지고 놀 수 있겠지?"

엄마의 이 짧은 질문은 그 어떤 질문보다도 복잡했다. 나는 분노로 달아오른 얼굴을 하고서 눈을 깜박거리며 생각했다. 무슨 일이 있어도 인형의 집을 동생과 같이 가지고 놀고 싶지 않았다. 하지만 한편으로는 엄마를 기쁘게 해주고 싶다는 마음도 있었다. 내가 성숙하고 너그러워졌다는 것을 보여주고 싶었다. 동생을 깊이 사랑하고 그 아이의 간절한 마음을 이해한다는 것도 증명하고 싶었다.

동생이 머뭇거리며 인형의 집을 만지작거릴 때, 그 간절함이 내게 그대로 전해졌다. 나는 내가 허락할 때까지 만지지 말라고 소리 지르고 싶었다. 하지만 동생은 행복에 빠져서 내 고통과 갈등을 눈치채지 못했다.

나는 엄마의 그 짧은 질문을 받기 전까지는 내가 동생을 그토록 증오하거나 사랑한다는 사실을 의식하지 못했다. 그 질문 이후로 나는 동생에게 전과 같은 감정을 느끼지 못하게 되었다. 또 내 감정을 의식하지 않을 수도 없게 되었다. 그리고 나는 도저히 인형의 집을 가지고 놀 수가 없게 되었다. 그것은 어쨌든 동생에게 양보해야 하는 물건이었다.

사람들은 대개 고뇌와 증오를 느꼈던 어린 시절의 한 순간을 헤이워드처럼 분명하게 기억하지는 못한다. 하지만 어린아이는 소중한 것들을 독차지하고 싶어 한다. 엄마의 사랑도 마찬가지다. 내 것을 라이벌과 나눠 가진다면 내게 무엇이 남겠는가? 혼자만 사랑받고 싶다는 바람은 뼛속 깊이 새겨져 있는지도 모른다. 하지만 우리는 결국 분노하면서도 고통스럽게 그런 바람을 포기하는 법을 배우게 된다.

"어린아이가 반드시 자신의 형제자매를 사랑하는 것은 아니다. 종종 노골적으로 미워하기도 한다."라고 프로이트는 말한다. 아이들이 형제자매를 경쟁자로 여기고 증오한다는 것이다. 어른이 될 때까지, 심지어는 그보다 더 오랫동안 이런 태도가 지속되기도 한다.

우리는 형제자매 사이의 이러한 감정을 매우 불편하게 생각한다. 그래서 이러한 심리 자체를 프로이트가 지어낸 신화로 치부해버리고 싶다고 느낀다. 하지만 집집마다 아이가 동생을 맞던 때에 일어난 재미있는 일화 한두 가지씩은 있다.

내 친구 하비의 아내가 두 번째 아이를 낳고 병원에 머물 때의 일이다. 하비는 세 살짜리 큰애 조쉬를 돌보고 있었다. 모든 것이 순조롭고 평화로운 듯싶었다. 그러다가 하비가 크레용과 종이를 가지고 곁에 앉아 놀고 있던 조쉬에게 물었다.

"아빠한테 근사한 그림 한 장 그려주지 않을래?"

그 말에 조쉬는 차가운 시선으로 아빠를 올려다보며 대답했다.

"아기를 없애기 전에는 안 그려줄 거야!"

또래간의 경쟁심은 정상적이고 보편적인 것일까? 정신분석학자 대부분이 그렇다고 대답한다. 그리고 그 감정은 대개 형제자매 사이에서, 터울이 적은 아이들 사이에서, 가족 수가 적은 가정에서 더 강렬하게 나타난다고 한다.

이런 감정에 영향을 받지 않는 사람은 별로 없다. 누구나 어렸을 때는 자신이 엄마를 완전히 소유한다고 착각하기 때문이다. 엄마와의 공생관계는 오직 자신만의 것이었다. 다른 사람이 엄마의 사랑을 똑같이 가지거나 심지어 먼저 차지한다면 우리는 질투심을 느낄 수밖에 없다.

물론 형제간에 강력한 유대가 있다는 것을 부정하는 것은 아니다. 형제자매는 분명히 아군이나 가장 친한 친구가 될 수 있다. 그러나 『창세기』는 인류 최초의 살인이 형제간에 일어났다고 알려주고 있다. 인류 최초로 발생했던 살인의 원인이 형제간의 경쟁심 때문이었다는 것을 프로이트보다 먼저 말한 이가 『창세기』다.

하나님은 아벨과 그의 제물을 받아들였다. 그러나 카인과 그의 제물은 받지 않았다. 그래서 카인이 심히 분하여 안색이 변하니. (중략) 그 후 그들이 들에 있을 때 카인이 아우 아벨을 죽이니라.

우리는 형제자매가 부모의 사랑을 더 많이 차지한다는 이유로 그들을 죽인다. 물론 살인은 대개 우리의 머릿속에서만 실행된다. 이 과정을 통해 우리는 '사랑은 나눠 가질 수밖에 없다'는 것을 깨닫는다. 완전한 사랑을 단념하는 것이다. 우리가 이 세상에서 받는 대부분의 사랑은 누군가와 나눠야만 하는 것이다. 이 또한 우리가 살아가면서 반드시 겪어야 할 상실 가운데 하나다.

엄마나 아빠의 사랑을 빼앗길지도 모른다는 생각에 우리는 겁에 질리고 불안을 느낄 수 있다. 이럴 때 우리 내부에서는 몇 가지 방어기제가 동원된다. 방어기제는 무의식적으로 정서적인 위험을 느끼는 상황에서 작용한다. 때에 따라 이런저런 방어기제가 사용되지만, 사람마다 특별히 선호하는 방어기제가 따로 있다. 방어기제는 개개인의 성격에 따라 다르게 작용한다.

방어기제의 종류

* **억압**(repression): 원치 않은 충동(그런 충동에 연상되는 기억, 감정, 욕구 등)을 의식 밖으로 밀어내는 것.

  예: '나는 아기를 때리고 싶다.'라는 생각을 스스로 전혀 의식하지 못한다.

* **반동형성**(reaction formation): 원치 않는 충동에 반대되는 충동을 지나치게 강조함으로써 원치 않는 충동을 의식으로부터 밀어내는 것.

  예: '나는 아기를 다치게 하고 싶지 않아. 난 아기를 사랑하니까.'라고 생각한다.

* **격리**(isolation): 어떤 생각을 정서적인 진의로부터 격리시킴으로써 원치 않는 충동의 기억은 남아있더라도 그와 관련된 감정들을 의식 밖으로 밀

어내는 것.

> 예: '나는 동생을 끓는 기름 속에 던지는 환상이 자꾸 떠오르지만 동생에게 증오의 감정
> 을 전혀 느끼지 않아.'라고 생각한다.

* **부정**(denial): 달갑지 않은 사실과 그 사실에 연관된 원치 않는 충동을 우리의 상상이나 말이나 행동 속에서 수정함으로써 제거하는 것.

> 예: '여전히 자신을 외둥이라고 생각하기 때문에 아기를 해칠 필요가 없다.'고 생각한다.

* **퇴행**(regression): 발달의 이전 단계로 되돌아감으로써 원치 않는 충동으로부터 도피하는 것.

> 예: '엄마 곁을 빼앗으려는 저 아기를 해치는 대신 내가 아기가 되어야지.'라고 생각한다.

* **투사**(projection): 원치 않는 충동을 다른 사람에게 전가함으로써 그것을 부인하는 것.

> 예: '나는 아기를 해치고 싶지 않아. 아기가 나를 해치고 싶어해.'라고 생각한다.

* **동일시**(identification): 엄마를 모방함으로써 원치 않는 충동을 좀 더 우호적이고 긍정적인 감정으로 대체하는 것.

> 예: '아기를 다치게 하는 대신 엄마처럼 돌봐줘야지.'라고 생각한다.

* **자기비난**(turning against the self): 상처 주고 싶은 사람을 다치게 하는 대신 적대적인 충동을 자신에게로 돌리는 것.

> 예: '아기를 때리느니 나를 때리겠다'고 생각한다. 때로는 자기가 증오하는 사람과 자기
> 자신을 동일시하기도 한다. 그래서 '나를 때리는 게 사실은 아기를 때리는 거야'라
> 고 생각한다.

* **취소**(undoing): 적대적인 충동을 상상이나 실제 속에서 표현하고 선의의 행동으로 그 피해를 보상하는 것.

> 예: '나는 일단 아기를 때리고(또는 때리는 상상을 하고) 그다음 뽀뽀를 해서 잘못을 보

상해줄 거야.'라고 생각한다.

* **승화**(sublimation): 바람직하지 않은 충동을 주위로부터 받아들여질 수 있
  는 행동으로 바꾸는 것.

  예: '아기를 때리는 대신 아기 그림을 그려야지.'라고 생각한다. 또는 자라서 동기간의 경
  쟁심에 관한 내용을 다루는 책을 쓸 수도 있다.

이 외에도 거의 모든 심리적 증상들이 방어기제로 작용할 수
있다. 이를테면 형제자매에게 어떤 성격적 특성을 규정하고 자
신에게는 그와 반대되는 성격적 특성을 규정하여 자신을 그 아
이와 구분하는 것이다. 이를 '탈동일시_{de-identification}'라고 부르는
데, 영역을 분배한다는 뜻이다.

나 역시 여동생을 탈동일시했다. 서로의 영역을 나누어서 동
생과 나는 서로 전혀 다른 사람이라고 생각했던 것이다. 우리는
라이벌이 아니었다. 같은 경기에 출전하지 않으니까. 나는 나 자
신을 동생과 반대되는 특성들로 규정함으로써(과학자/작가, 내향적/외
향적, 인습적/불순종적) 고통스러운 경쟁과 비교를 피해갈 수 있었다.

이는 엄마와 아빠의 사랑을 나눌 때에도 적용된다. 나는 엄마
를 따랐고, 동생은 아빠를 따랐다. 부모를 나눠서 그중 한 사람
과 동일시하는 독점권을 가짐으로써 우리는 경쟁하지 않고도
혼자 사랑을 차지할 수 있는 틈새를 발견했다.

어떤 가정에서는 부모가 주도해서 아이들의 영역을 분할하

고 강요할 뿐만 아니라 아이들에게 다양한 꼬리표를 달아주기도 한다. 너는 예쁘다, 쟤는 똑똑하다, 너는 명랑하다, 쟤는 우울하다, 너는 그림을 잘 그린다, 쟤는 운동을 잘한다 등 아이들에게 각각 다른 정체성을 주는 것이다. 이때 부모의 진의는 아이들 사이의 경쟁심을 줄이는 데 있겠지만, 아이는 자신에게 붙여진 꼬리표를 떼고, 진실로 자신이 누구인지 알아낼 때까지 크나큰 대가를 치르게 된다.

30대 중반인 새라는 다른 여자에게 강한 질투를 느낄 때마다 그 여자와 자신은 다르니 괜찮다고 스스로를 위로한다. 그 여자가 가지지 못했지만 자신은 가지고 있는 것, 그 여자는 될 수 없지만 자기는 될 수 있는 것을 스스로에게 일러주는 것이다. 그러면 30년 전 자신의 친언니에게 그랬듯이 그 여자의 긍정적인 점들을 받아들일 수 있다고 한다.

"그 여자가 성공했고 아름답지만 아이가 없다면 난 아이가 있다는 점을 자신에게 알려줍니다. 그 여자가 성공했고 아름답고 아이가 하나 있다면 나는 아이가 넷 있다고 자신을 달래지요."

심리학자 알프레드 아들러Alfred Adler는 "만약 아이가 라이벌인 형제와 싸워서 이길 수 있다는 사실을 깨닫는다면 그 아이는 계속해서 싸우는 아이가 될 것이다. 반면 싸워서 얻는 것이 없으면 아이는 희망을 잃고 우울한 사람이 될 것이다. 그리고 부모의 걱정을 사는 방법으로 관심을 끌지도 모른다."라고 말했다.

우리가 형제자매간의 경쟁심을 해결하든 그렇지 않든 이는 종종 성인이 되어서까지도 삶에 영향을 미친다. 유아기를 한참 지나 서로 다른 도시에 살거나 다른 이들과 관계를 맺어도 어렸을 때 형제와 나누었던 패턴을 되풀이한다.

한 형제의 이야기를 예로 들어 보자. 테드에게는 자신보다 똑똑하고 유능한 동생 캘빈이 있다. 엄마는 테드가 동생인 캘빈에게 기가 눌릴까 봐 염려해 종종 이렇게 말했다.

"캘빈, 형을 이기려고 들지 마. 네가 참아. 캘빈 네가 인정받고 싶다면 형과 경쟁하지 마!"

당시 캘빈은 엄마의 말에 따랐다. 그런데 그 영향으로 40대가 된 지금까지도 무엇에 진지하게 임하질 못한다.

"테니스를 칠 때도 나는 이기려고 하지 않아요. 그냥 연습처럼 임하지요. 그리고 골프에서도 18홀 전까지는 내내 앞서가지만 그 후로는 언제나 망쳐버립니다."

캘빈은 운동뿐 아니라 일할 때도 자꾸 경쟁을 피하려고 해서 문제라고 말했다. 하지만 그도 속으로는 성공을 꿈꾸고 있었다.

"결승선까지 가기는 하는데 늘 마무리를 지을 수가 없어요. 저는 이길지도 모른다는 위험을 무릅쓸 수가 없습니다."

그에게는 경쟁이 형을 죽이고 엄마의 사랑을 잃는다는 뜻이었던 것이다.

심리학자 헬골라 로스와 조엘 밀그램은 형제들 사이의 경쟁심에 대한 흥미로운 연구를 진행했다. 이 과정에서 그들은 이러한 경쟁심이 형제나 부모 또는 친구들 사이에서 터놓고 논의되는 경우가 거의 없다는 사실을 발견했다. 그것은 부끄럽고 지저분하고 사소한 비밀로 남아 있었다.

많은 형제자매들이 평생 라이벌로 남는다. 그들은 자신의 질투와 경쟁심을 절대로 놓아주지 못한다. 그리고 삶의 다른 곳에서 그들에게 무슨 일이 일어나더라도 형제끼리는 여전히 격렬하게 뒤얽혀 있다.

올리비아 드 하빌랜드Olivia de Havilland와 조앤 폰테인Joan Fontaine은 자매로 둘 다 배우였다. 폰테인은 그들의 어린 시절에 대해 이렇게 회고했다.

"부모나 유모들은 우리들이 태어날 때부터 오로지 경쟁자로 살아가도록 조장했어요."

자매의 라이벌 의식은 같은 직업을 선택함으로써 더욱 고조되었다. 조앤 폰테인은 아카데미 여우주연상을 받던 날 밤에 언니인 올리비아와 마주 앉아 있었다. 문득 어린 시절이 떠올랐다. 서로에게 느꼈던 증오, 야만스러운 육탄전, 올리비아가 자신의 쇄골을 부러뜨렸던 사건 등이 하나둘 생각났다. 그런데 그 순간 갑자기 폰테인의 온몸에 마비 증세가 나타났다. 올리비아가 테이블 위로 뛰어올라 자신의 머리채를 휘어잡을 것만 같았다. 폰테인은 언니와 싸우는 네 살짜리 아이로 되돌아간 느낌에 휩싸였다.

폰테인과는 대조적인 방식으로 형제 관계를 형성했던 예도 있다. 미국 전 대통령 지미 카터 형제의 경우이다. 빌리는 형을 화나게 하는 것에 별 두려움이 없었다. 형인 지미는 "나는 빌리를 사랑하고 빌리도 날 사랑해."라고 온화하게 선언했으며, 자신의 대통령 재임 기간에도 동생 빌리가 사람들의 구경거리가 되는 것을 방치했다. 빌리는 만취하거나 총을 입에 물고 쏘거나 재정 문제에 빠짐으로써 지미에게 쏟아지는 관심을 가로채려고 했다.

결국 빌리에게는 성공한 형을 패배시킬 만한 뚜렷한 수단이 없었지만, '아랑곳하지 않고 뉘우치지 않는 행동'을 함으로써 형에게 망신을 주고 피해를 입힐 수는 있었다.

심리학자인 로버트 화이트Robert W. White는 유년기에 해소되지 못한 갈등에 대해 이야기하면서 어떤 형제들은 성인이 되어서도 연로하거나 심지어는 세상을 떠난 부모의 편애를 받기 위해서 여전히 경쟁한다고 말했다. 그리고 때로는 '가족 안에서의 경쟁이라는 유산'이 직장이나 사회적인 관계까지 확산되어 동료, 친구, 배우자, 심지어 자녀를 대할 때조차 그들을 마치 자신의 형제자매인 것처럼 대하기도 한다고 설명했다.

팸은 오랜 세월 동안 남편 존과 '이건 내 거고 저건 네 거니까 내 것에 절대 손대지 말라'는 소유권 다툼을 벌이며 살아왔다.

그러다가 마침내 그것이 자신과 여동생 사이에 형성되었던 관계의 되풀이라는 것을 깨달았다. 그녀는 왜 존이 그의 셔츠를 그녀의 가방에 넣는 것에 그토록 격렬하게 화를 냈던 걸까? 친구들과의 점심식사에 남편이 끼려고 했을 때 왜 그렇게 화가 치밀었을까? 빗을 같이 쓰는 것, 케이크 한 조각을 나눠 먹는 것, 그리고 어떤 지식을 나누는 것까지 왜 그토록 발끈 성이 났던 걸까?

결국 팸은 여동생이 자신의 영역을 침범할 때 느꼈던 분노가 남편에게로 옮겨간 것이라는 사실을 알아차렸다.

우리가 다른 사람들과 맺는 관계의 성질과 특성은 생후 6개월 이내에 형성된다. 나중에 그런 성질들을 발달시키거나 변형시킬 수는 있지만, 완벽하게 없앨 수는 없다. 살면서 우리가 알아가는 사람들은 결국 첫 번째 관계의 대상인 부모, 형제들의 대체물일 뿐이다. 우리는 갓난아기 시절에 이미 중요한 정서적 유산을 떠안는 셈이다.

이런 정서적인 유산은 다음 세대에 전가되기도 한다. 우리가 한 자녀는 '나를 꼭 닮았다'고 생각하고 또 다른 자녀는 어린 시절에 몹시 미워했던 형제자매와 똑같다고 여길 때, 이런 대물림이 일어난다고 보면 된다.

어린 시절에 언제나 무시당하며 살았던 한 여자는 엄마가 되어서도 질투와 분노에 휘둘리며 무의식중에 맏아들을 자기 언니와 같이 여기고 있었다. 그녀는 정신과 의사와 상담하면서 막내아들에게 더 좋은 방을 주고 싶은 충동에 시달린다고 말했다. 그리고 이런 말도 덧붙였다.

"저는 언제나 언니가 더 좋은 것들을 차지한다고 느꼈어요. 지금도 언니가 무척 미워요."

필자인 나도 첫째이기 때문에 맏이가 대개 더 좋은 것을 가진다는 사실을 인정한다. 맏이는 공생상태로 지내던 시기가 지나고도 몇 달, 어쩌면 몇 년 동안 엄마와 독점적이고 특별한 관계를 누린다. 그러나 다른 한편으로 이렇게 특별하고 독점적인 관계를 상실하는 괴로움은 뒤에 태어나는 동생들이 겪는 고통보다 더 크다. 동생이 태어나면 맏이는 배신감과 혼란스러움에 빠질 수 있다.

우리는 부모가 다른 자녀들보다 맏이에게 특별히 많은 관심을 쏟고 맏이를 더 소중하게 여긴다는 사실을 대체로 인정한다. 그리고 나중에 태어나는 자녀들은 그보다는 덜 챙기고 덜 기대한다는 사실도 대체로 인정한다. 때문에 동생은 형이나 누나가 본인보다 더 많은 권리를 가졌다고 질투를 느낀다. 반면 맏이는 동생은 응석을 부려도 혼나지 않는다고 억울해할지 모른다. 다시 말해 출생 순서가 어떻게 되든 모두 자기 처지가 더 불공평하다고 여기는 것이다. 그리고 때로는 정말 불공평한 경우도 있다!

편애받는 아이가 거만하게 자기의 특별한 위치를 남용하는 경우도 있다. 그런가 하면 특별한 위치에 죄책감을 느끼는 아이도 있다. 자신이 훌륭한 아이의 역할만 하도록 요구받아 갇혀버렸다고 느끼는 아이도 있다. 사랑을 못 받는 형제자매는 늘 조금이라도 더 사랑받는 쪽을 부러워하고 미워한다. 어쩌면 그들의 적대감은 성인이 되어서까지 지속될 수 있다.

유진 오닐Eugene O'Neill의 『밤으로의 긴 여로Long Day's Journey into Night』에 등장하는 술주정뱅이 형 제이미는 동생을 모질게 대하면서 자신이 동생에게 '고약하고 나쁜 영향을 미쳤다'는 것을 인정한다.

"너와 비교당하기 싫었으니까. 그리고 네가 실패하기를 바랐으니까. 언제나 너를 질투했어. 넌 언제나 엄마에게는 아기였고 아빠에게는 귀여운 강아지였잖아!"

부모가 편애하지 않는 경우조차 형제자매는 서로의 존재만으로도 불공평과 상실을 경험한다. 형제가 있음으로 인해 엄마의 소중한 팔, 눈, 무릎, 미소가 나만의 영역에서 공동의 영역으로 바뀌기 때문이다. 그러니 어떻게 아이가 자기 형제나 자매를 없애버리고 싶다는 생각이 들지 않겠는가? 어떻게 아이가 형제나 자매에게 경쟁심을 느끼지 않겠는가? 우리는 엄마의 사랑을 형제나 자매와 나눠 가져야 한다. 이것은 부정할 수 없는 슬픈 현실이다.

앞에서도 밝혔지만 형제간의 경쟁심은 우리에게 심리적 고통을 주며 어른이 되어서도 우리를 따라다니고 다른 모든 관계에 전이되는 정서적인 유산이 될 수 있다.

그러나 그것은 형제나 자매가 지속적인 유대를 통해 얻는 만족에 비하면 미미할 수도 있다. 실제로 최근에는 형제가 평생 라이벌이 아니라 위로하고 보살피며, 본보기가 되어주고 성취를 자극하는 존재로, 충실한 동지이자 가장 좋은 친구가 되는 현상이 점점 늘어나고 있다. 지탱해주고 사랑해주는 부모가 없을 때 형제들은 서로에게 없어서는 안 될 대상이 되기도 한다.

심리학자 마이클 칸과 스테판 뱅크는 그런 관계를 '헨젤과 그레텔'이라고 불렀다. 동화 속 주인공들처럼 그들도 서로에게 충성을 바치고 보호해주는 상대가 되는 것이다. 헨젤과 그레텔은 종종 특별한 언어를 공유하며, 서로 멀리 떨어지면 괴로워하고, 그들 사이의 조화로운 관계가 개인적인 이익보다 훨씬 중요하다고 여긴다. 그들은 어떤 대가를 치르더라도, 심지어는 배우자와 친구들과 멀어지는 대가를 치르더라도 형제자매와 함께하기를 택한다.

엘리, 래리, 잭과 제롬 네 형제는 어릴 때 엄마를 잃었다. 그 후 아빠는 때때로 난폭하게 형제들을 괴롭혔다. 그들 형제는 헨젤과 그레텔처럼 서로에게 의지할 수밖에 없었다. 성인이 되어서도 그들 사이에는 여전히 끈끈한 형제애가 남아 있다. 제롬은 이렇게 말한다.

"나는 어려움에 빠지면 형들에게 달려가요. 아버지에게는 연락하지 않습니다. 장인 장모께도 연락하지 않고요. 아내를 부를 생각도 없어요. 형들에게 연락합니다."

래리도 마찬가지다.

"형제들이 돈 문제든 학교 문제든 무슨 어려움이 생겨서 찾아오면 나는 마지막 한 푼까지 다 털어서 도와줄 겁니다. 내 아내와 아이들도 책임져야 하지만, 이게 내 진심이에요."

헨젤과 그레텔은 극단적인 형제애를 보여주는 예이다. 부모가 자녀를 보호하고 사랑하는 양호한 가정환경에서는 헨젤과 그레텔 현상이 발생할 가능성이 적다. 그런 가정에서는 아마 형제애가 그만큼 강렬하지는 않을 것이다.

성인이 되어서까지 경쟁심이 지속되는 형제들에게도 변화와 화해는 찾아올 수 있다. 오래된 패턴은 끈질기게 남아 있지만, 그렇다고 그 관계가 돌에 새겨진 것처럼 확정적인 것은 아니라는 얘기다. 때로는 가족의 위기가 형제들을 더 가깝게 만들기도 한다. 언젠가 형제간의 경쟁심이 서로에게 상처를 주고 있다는 통찰을 얻을 수도 있다.

형제 관계에 대해 10여 년 이상 연구한 심리학자 빅터 시시렐리는 형제 관계는 오랫동안 지속되는 관계이며 서로 평등하고 같은 환경에서 같은 유산을 나눈다는 점에서 어떤 인간관계보다도 특별하다고 말한다. 특히 여자 형제들은 가족관계를 보존하고 정서적인 지원을 하는 구심점이 된다.

시시렐리 박사는 60세가 넘은 형제자매들을 대상으로 연구를 실시했다. 그 결과 연구대상의 83퍼센트가 형제나 자매와의 관계가 '가깝다'고 답했다. 대부분 나이가 들면서 경쟁심이 누그러졌다. 어쩌면 형제 관계를 치유하는 것이 우리 인생의 마지막 과제 중 하나인지도 모른다.

시시렐리는 이런 이야기도 했다. "경쟁심은 잠재해 있다. 때문에 특정한 상황에서는 친밀함이 표면에 나타난다." 살면서 어떤 특정한 시점에 경쟁심이 되살아날 수도 있지만, 인간이 성장할수록 독점적인 사랑을 잃는다는 사실을 편안히 받아들이면서 형제자매의 관계는 돈독해진다.

인류학자 마거릿 미드 Margaret Mead 는 자서전적인 저서 『블랙베리의 겨울 Blackberry Winter』에 이렇게 쓴다.

자매가 성장할 때는 서로 몹시 경쟁하는 경향이 있다. 그들은 엄마가 되어서도 자식들 때문에 계속해서 경쟁적으로 서로를 비교한다. 그러나 자식들이 자라면 자매는 서로 가까워지며 노년에는 종종 서로에게 가장 만족스러운 동반자가 되기도 한다.

마거릿 미드는 어린 시절의 기억을 함께 나누는 것이 얼마나 소중한 일인지도 이야기한다. 형제자매 관계는 부모가 돌아가시고 자녀가 떠나고 결혼생활이 무너지는 시기에도 우리를 지탱해주는 힘이 된다. 형제자매는 엄마의 독점적인 사랑을 나눠 가져야 한다는 점에서 상실을 의미하기도 하지만, 동시에 헤아릴 수 없는 유익함을 가져다주는 존재이기도 하다.

아주 오래된
사랑의 라이벌
–'포기'할 줄 알아야 '문명화된 인간'이 된다

형제자매 외에도 부모의 사랑을 나눠 가져야 할 대상이 있다. 아버지의 사랑은 어머니와, 어머니의 사랑은 아버지와 공유해야 한다. 이제 새로운 상실감이 눈에 들어올 것이다. 오이디푸스는 자신의 갈망을 꿈으로만 남겨 두지 않았다. 그는 한쪽 부모를 죽이고 다른 쪽 부모를 소유하고자 하는 소망을 실행에 옮겼다. 그러나 그것은 누구나 세 살쯤이면 품게 되는 갈망이다.

이러한 갈망은 금지된 것이지만 끈질기다. 살면서 우리는 그것을 여러 차례 포기하지만 그래도 거듭 되살아난다. 이 갈망을 놓아주는 것은 우리가 생애 처음으로 치르는 가장 운명적인 사건이자 포기다.

아이들은 소원이나 꿈을 통해서 자신의 무의식을 드러낸다.

"나는 나중에 ○○랑 결혼할 거야."

이때 ○○은 세 살짜리 아이의 세계에서 가장 가깝고 가장 소중한 사람으로, 바로 부모다. 만약 오이디푸스 콤플렉스가 불쾌하게 여겨진다면, 그 이유는 여기에 담긴 성적인 면 때문일 것이다. 우리는 순진한 어린이들은 섹스를 모른다고 생각한다. 그러나 정신분석학자들은 아이들도 섹스를 안다고 주장한다.

세 살짜리 아이가 음란한 충동에 사로잡히는 것을 상상하기란 쉽지 않다. 하지만 아이들의 성적 체험은 엄마의 젖이나 우유병을 빠는 구강의 쾌락에서 이미 시작된다. 물론 아이의 행위는 성인의 성교와 비슷한 점이 거의 없다. 그렇더라도 입에서 항문을 지나 성기에 이르는 특정 부위들은 성적 쾌락을 일으키는 감각의 중요한 근원이며, 우리는 어릴 때부터 이러한 부위들을 차례로 거쳐 간다.

오이디푸스 콤플렉스를 설명한 사람은 프로이트다. 그는 그것이 선천적이며 보편적인 특성이라고 했다. 그리고 거기에는 부모 두 사람에게 느끼는 긍정적인 감정과 부정적인 감정이 모두 포함된다고 말한다. 그가 제시하는 강력하고 핵심적인 골자를 살펴보면 이렇다.

남자아이는 엄마와 사랑에 빠진다. 여자아이는 아빠와 사랑에 빠진다. 아이가 사랑하면서도 미워하는 다른 한쪽 부모는 그 사랑에 방해가 된다. 갈망, 질투, 경쟁심과 라이벌을 처치하고 싶은 바람은 우리가 '아빠'라는 글씨를 쓸 수 있기 훨씬 전부터 우리 안에서 부글부글 끓어오른다. 근친상간과 친부 살해를 추구하는 무의식적인 충동 때문에 우리는 보복에 대한 두려움과 죄책감에 휩싸인다.

조금 성장한 후에는 이런 사실을 거의 기억하지 못한다. 그리고 이런 특성과 관련 있는 눈에 띄는 행동도 별로 보이지 않는다. 노골적인 애정행각은 사라지고, 껴안거나 얼굴을 파묻고서 "아빠, 사랑해."라고 말하거나 또는 "엄마, 미워."라며 느닷없이 화를 내거나, 엄마 인형이 아주 오랫동안 어디로 가버리는 게임을 한다든가, 두렵고 야비한 괴물이 겁에 질린 어린 소녀를 쫓아오는 악몽을 꾸는 정도로만 나타난다.

이 모든 현상은 오이디푸스 콤플렉스의 섀도플레이(공을 갖지 않고 경기의 동작만을 흉내 내는 연습 – 옮긴이 주)다. 정제되거나 검열되지 않은 감정은 무대 위에 등장하지 않는다. 그렇지만 피해를 입힐 수도 있다는 두려움, 우리가 미워하는 라이벌이 우리를 사랑하지 않게 될 것이라는 두려움(우리가 라이벌을 미워할 뿐 아니라 사랑하기도 한다는 사실을 기억하기 바란다)으로 인해 지독한 내면의 갈등을 겪게 된다.

게다가 우리는 작고 라이벌은 크다. 우리에게는 그를 패배시킬 수단이 없다. 그래서 약 5세쯤 되면 대부분의 아이들은 오이디푸스적 소원을 포기해야 한다고 느낀다. 그렇지만 완벽하게 포기하지는 못한다. 어떤 경우에는 그 때문에 상당히 고통스러운 삼각관계를 형성하기도 한다. 개인에 따라 정도의 차이는 있지만 말이다.

어떤 여자가 결혼이나 연애 또는 섹스의 상대로 거듭해서 나이 많은 남자를 고르려는 강박적인 행동을 한다면, 이는 엄마를 이기고 아빠 같은 연인을 얻고자 하는 어릴 때의 환상을 충족시키기 위한 것이라 볼 수 있다. 물론 반드시 그렇다고 할 수는 없지만 말이다.

한 젊은 여성이 "나이가 어떻게 되세요?"라고 함께 잠자리에 든 남자에게 물었다. 남자가 대답하자 여성은 숨을 몰아쉬며 말했다. "딱 우리 아빠 나이네요." 남자는 당혹스러우면서도 궁금했다. "그게 좋다는 거야, 나쁘다는 거야?" 그 여자는 망설임 없이 대답했다. "환상적이에요!"

필자인 나도 오이디푸스적 성향 때문에 스무 살 또는 스물댓 살이나 연상인 남자와 사랑에 빠지곤 했다. 그런 남자들이 가진 지혜, 성취 그리고 고귀한 명분에 대한 헌신은 숭배하고 존경할 만한 영웅을 그리던 내 어린 시절의 갈망을 반영하는 것이었다. 나는 또래와 결혼하기 위해서 오이디푸스적인 환상을 포기해야 했다. 동등한 파트너끼리 맺는 관계에는 아빠의 어린 딸로서는 누릴 수 없는 유리한 점들이 있다는 사실을 뒤늦게 깨달았고,

결국은 내 또래의 남자와 결혼할 수 있었다.

다른 누군가로부터 빼앗아야 하는 남자들만 가치 있다는 생각이 삼각관계의 기본적인 틀이다. 어떤 남자가 당신 때문에 자기 아내를 버린다면, 그것은 당신이 그 남자의 아내보다 더 나은 여자라는 것을 증명하는 것일 수 있다. 하지만 그 남자가 아내를 버리고 나면 아마도 당신은 더 이상 그 남자를 원하지 않게 될 것이다.

아빠가 돌아가셨을 때 세 살이었던 매리 앤은 아직도 유부남에게서 죽은 아빠의 모습을 찾고 있다. 그러나 유부남이 자기에게 넘어올 때쯤이면 그녀의 흥미는 사그라진다. 사실 이러한 행동의 원인은 아빠에 대한 그리움보다는 엄마를 향한 분노와 복수에 더 가깝다. 그녀의 모든 애정 관계의 실상은 연인의 아내에게 보내는 책망인 셈이다.

"당신이 남편을 제대로 건사하지 못해서 남편을 빼앗기는 거야."

그리고 모든 연애는 근본적으로 아빠를 제대로 돌보지 않아서 남편을 '잃은' 엄마를 향한 분노에서 비롯된다.

정신분석학자들은 아빠를 연인으로 여기는 여자들이 환상 속에서 무의식적으로 죄책감에 시달릴 수도 있다고 말한다. 아들과 엄마 사이에서는 사태가 더 심할 수도 있다. 실제로 어떤 남자들은 아내에게서 자기 엄마와 비슷한 모습을 보면 성 불능에 빠지기도 한다. 성 불능이 근친상간의 금기를 깨뜨리지 않도록 보호해주기 때문이다.

아서라는 남자는 불륜 상대를 만듦으로써 이 문제를 해결했다. 적어도 그 자신은 그렇게 생각했다. 그런데 그 상대가 자신을 보살펴주기 시작하자, 즉 '엄마 노릇'을 하기 시작하자 그녀와의 관계에서도 성 불능에 빠졌다.

중산층 백인인 한 남자는 정신분석을 받으면서 자기가 흑인 여성이나 이국적인 여성을 선호한다는 사실을 알아차렸다. 왜 중산층 백인 여자는 안 되는 것일까? 그는 절대로 혈연관계가 될 수 없는 여자들만을 좋아했다. 즉 '엄마가 아니다'라고 여겨지는 여자와 섹스할 때만 안전하다고 느끼는 것이다.

표면적으로 보았을 때는 '도저히 말이 안 되는' 어떤 행동이나 태도도 오이디푸스 콤플렉스로 해석하면 심리적으로 이치에 맞을 수 있다. 예를 들어 정신분석학자인 어니스트 존스Ernest Jones는 햄릿의 우유부단함이 오이디푸스 콤플렉스에서 비롯된다고 설명한다. 햄릿의 망설이는 태도는 모든 행동을 실행에 옮기지 못하는 무능함 때문도 아니고, 임무가 지나치게 어려워서도 아니며, 그의 몹시 예민한 기독교적 양심 때문도 아니고, 삼촌의 살해 행위가 아직 증명이 되지 않았다는 법적인 견해 때문도 아니다. 그의 주장에 따르면 삼촌은 햄릿의 아버지를 죽이고 그의 어머니와 결혼함으로써 햄릿이 오랫동안 갈망해왔던 일을 했다. 그래서 햄릿은 자신의 '악함' 때문에 삼촌을 철저히 비난하지 못한다. 더욱이 삼촌은 햄릿의 무의식에 은폐되어 있던 비밀을 밖으로 끄집어내준 인물이며, 그런 삼촌을 제거한다는 것은 곧 햄릿 자신을 스스로 죽이는 것과 같은 의미가 된다.

우리가 오이디푸스 콤플렉스를 받아들이기 위해서 존스의 햄릿 이론까지 수긍할 필요는 없다. 그저 정신분석적으로 이러한 해석도 가능하다는 것을 알면 된다. 그리고 인간의 모든 행동은 여러 원인들이 모여서 만들어진 결과이며, A 하나만으로 B가 일어나는 경우는 무척 드물다는 사실을 기억하면 된다.

엄마 품에 안겨서 엄마와 맺었던 관계, 이러저러한 상실의 경험, 병에 걸렸던 일 등 어린 시절의 모든 체험들이 오이디푸스적 삼각관계를 다루는 방식에 영향을 미친다. 그리고 세월이 흐른 후에도 우리의 성적인 태도에는 오이디푸스적 갈등에 대처했던 어릴 적 경험이 영향을 준다. 직장생활이나 인간관계에도 그 흔적이 남는다.

어린 시절 힘센 아버지를 무서워했던 루는 마흔이 되어서도 권위적인 상사나 선배에게 복종한다. 반면에 폭력적인 아버지에게 맞섰던 마이크는 정치가가 되어서 '힘없는 사람들'을 괴롭히는 '힘센 사람들'과 싸우고 있다. 만약 부자관계에서 늘 무력하게 패배했던 아이가 있다면 그 아이는 어른이 된 후에도 권위와 연관이 있는 상황이 벌어질 때마다 어릴 때의 패배 경험에 영향을 받을 수밖에 없다.

오이디푸스 콤플렉스와 관련해서 흔히 일어나는 또 한 가지 문제는 소위 '성공신경증success neurosis'이라고 하는, 성공을 두려워하는 증상이다. 출세하고 싶다는 마음은 있지만 어떻게든 자신의 야망을 스스로 파괴해버리고 마는 사람들에게서 이런 모습이 발견된다. 그런 사람들은 자신의 야망이 실현될까 봐 겁을 낸다.

프로이트는 어린 시절에 동성의 부모와 경쟁하는 것을 두려워했던 체험이 성인이 되어서도 삶에 그림자를 드리운다고 말한다. 그래서 그런 사람은 비록 의식하지는 못하지만 성공을 거두는 것이 부모를 괴롭히는 것이라고 생각한다. 그들의 무의식에 따르면 성공을 거두면 비난을 받을 것이기 때문에 성공은 위험한 것이 된다. 만약 경쟁의 의미가 서로를 죽이거나 죽임을 당한다는 뜻이며, 어떤 남자의 모든 경쟁자가 자신의 아버지를 상징한다면 그 사람은 아마 경쟁을 포기하고 성공을 피하려고 할 수도 있다. 그런 사람은 이렇게 생각한다. '나는 차선에 만족하겠다. 나는 절대로 당신을 능가하지 않겠다고 맹세한다. 제발 날 다치게 하지 말라.'

명석한 변호사 드니즈는 상사와 대화하다가 문득 자신이 상사보다 일을 더 잘 처리할 수 있다는 사실을 깨달았다. 그 순간

드니즈는 기절하고 말았다.

이처럼 자신이 누군가를 해칠지도 모른다는 생각은 오랫동안 자신을 지배해온 어떤 두려움과 관련이 있다. 그것은 바로 '버림받음'에 대한 두려움이다. 내 욕망이 성취되는 순간, 나는 누군가로부터 버림받을지도 모른다는 두려움, 그것이 성공을 가로막는 것이다. 승진하려고 노력하던 사람들이 막상 승진한 후에는 심하게 우울해지거나 불안해한다면 그들도 역시 성공신경증으로 고통 받고 있는지 모른다.

정신분석학자들이 말하는 '부정적 오이디푸스 콤플렉스negative Oedipus complex'라고 부르는 현상을 살펴보면 이런 삼각관계는 더욱 복잡해진다. 부정적 오이디푸스 콤플렉스란 동성 부모에게 성적인 갈망을 느끼며 이성 부모에게 라이벌 의식을 느끼는 심리 상태를 말한다.

어렸을 때 우리는 긍정적 오이디푸스와 부정적 오이디푸스 모두와 씨름했고, 이 두 가지 감정은 평생 우리에게 남는다. 이 말은 대부분의 경우에는 이성애적 충동이 우세하지만, 누구나 어느 정도까지는 양성애적 성향을 가지고 있다는 의미다.

때문에 여자의 성적 발달과정은 어쩔 수 없이 남자보다 더 복잡해진다는 주장이 제기되기도 한다. 여자가 최초로 사랑에 빠지는 상대는 엄마이기 때문에 여자는 부정적 오이디푸스 콤플렉스가 긍정적 오이디푸스 콤플렉스보다 먼저 일어난다. 그러므로 여자아이는 오이디푸스 콤플렉스를 해소하는 과정에서 우선 엄마를 포기하고 그다음 아빠를 포기하는 이중의 상실을 견뎌야 한다. 남자아이는 훗날 처음에 열정을 느꼈던 대상을 수정한 모습의 여성과 결혼할 수도 있고, 부정적 오이디푸스 감정을 해결하지 못해서 동성애가 형성될 수도 있다.

반면에 그런 실패 때문에 '유사이성애pseudo-heterosexuality'의 양상이 나타날 수도 있다. 예를 들어 어떤 남자는 여자가 남자의 대용이 될 수 있는 특성들을 가지고 있기 때문에 그 여자를 아내로 선택할지도 모른다. 그리고 또 어떤 여성은 자기 남편이 바람을 피우는 여자들과 정신적으로 관계를 맺기 위해서 상습적인 바람둥이를 남편으로 택할 수도 있다.

아이가 부모에게 성적인 매력을 느끼는 오이디푸스 시기에는 부모도 자녀에게 성적으로 이끌린다. 정상적인 부모들도 마찬가지다. 변태와 정상의 차이는 의식적, 무의식적으로 그런 감정을 어떻게 제어하는가에 달려 있을 뿐이다.

한 정신분석가는 진료를 하면서 "아이만 일방적으로 강한 충동을 지니고 있었던 사례는 본 적이 없다."고 말했다. 대개의 경우 "문제가 있는 부모가 오이디푸스적으로 민감한 아이와 상호작용을 할 때 발생"한다는 것이다.

부모의 유혹적인 행동은 어린 자녀를 흥분시키고 혼란스럽게 한다. 최근 근친상간이 그렇게까지 나쁘지는 않다는 주장도 나오고 있지만, 대부분의 전문가들은 부모의 유혹이 아이의 정서를 파괴한다고 본다.

정신분석학자 로버트 와이너는 '가정'을 개인과 사회, 환상과 현실, 내면과 외부 사이의 완충 지대 역할을 하는 '과도기적' 공간이라고 설명한다. 그리고 근친상간이 이러한 가정을 두 가지 측면에서 침해한다고 말한다.

우선 근친상간을 저지르는 아버지의 행동은 사실상 "너는 내 소유니까 내 마음대로 할 수 있어."라는 의미를 전함으로써 딸의 독립성을 침해한다고 한다. 동시에 "넌 내 자식이 아니라 애인이야."라는 뜻을 전함으로써 딸에게 때 이른 독립성을 강요한다는 것이다.

와이너 박사는 근친상간이 가족을 엮어주는 성스러운 순수함을 회복 불가능할 정도로 파괴한다고 이야기한다. 그는 또한 가족 안에서 구성원들이 다른 여러 형태의 착취로 고통을 겪지만 근친상간이야말로 "가장 끔찍한 결과를 가져오는, 살인에 버금가는 잘못"이라고 말한다. 도대체 어떻게 근친상간이 일어날 수 있을까?

"아이가 어렸을 때 엄마가 죽었어요. 그때부터 아이는 아침마다 내 침대로 왔고 어떤 날은 나와 함께 자기도 했지요. 아이가 가여웠어요. 그 이후로 우리는 자동차나 기차를 타고 어디를 가든 손을 꼭 잡고 다녔습니다. 아이는 그때마다 내게 노래를 불러주곤 했어요. 나는 이렇게 말해줬지요. '오늘 오후에는 다른 사람들은 신경 쓰지 말고 우리끼리만 있자. 오늘 아침에 너는 내 거니까.' 사람들은 우리가 정말로 다정한 부녀라면서 눈시울을 붉히기도 했어요. 우리는 연인 같았죠. 그러다가 문득 정말 연인이 되었습니다."

이와 비슷한 근친상간 사연이 정신과 의사 진료실에서 심심치 않게 드러나곤 한다. 또 소설 속에서도 이런 이야기를 찾아볼 수 있다. 토니 모리슨Toni Morrison의 소설 『가장 푸른 눈The Bluest Eye』에 나오는 절망과 가난에 찌든 평범한 흑인 아이 피콜라도 비슷했다. 야만적이고 금지된 행위를 저지를 때 아이가 충격으로 몸이 굳어지고 놀라움에 목이 막혀서 침묵하면 주정뱅이 아버지는 더욱 흥분하고 거칠게 그 아이를 강간한다.

이런 사례와 비슷한 실제 사건들은 만약 신고만 이루어진다면 주로 가정법원이나 경찰의 사건기록부에 등록될 것이다. 그러나 많은 피해자들이 폭로했을 때 가정에 미칠 피해가 두려워서 선뜻 신고하지 못한다. 부녀관계를 다룬 수잰 필즈Suzanne Fields의 저서 『부전여전 Like Father, Like Daughter』에서는 시빌이라는 젊은 사회복지사가 자신의 고통스러운 근친상간 경험을 말한다.

"아마 여덟 살쯤에 시작되었던 것 같다. 집에서든 다른 곳에서든 아빠와 나 단둘이 있을 기회는 얼마든지 있었다. 아빠는 우선 나더러 바지를 헤집고 자기를 만지라고 했다. 그다음에는 아예 내 앞에서 옷을 벗고 손으로 날 만졌다. 아빠는 언제나 내가 아빠 성기에 키스하기를 원했지만, 난 절대로 그러지 않았다."

시빌이 열다섯 살이 되었을 때 그녀의 아빠는 강간을 시도했지만 시빌의 몸이 경직되어서 사태를 겨우 피해갈 수 있었다. 그런 후에 그녀는 사설 기관의 상담사를 찾아갔다가 법정에 기소하면 아빠를 체포할 수 있다는 사실을 알게 되었다. 그렇지만 "결정을 하려는 노력 자체가 끔찍했다. 내가 법정에 가면 우리 가족은 파괴될 것 같았다. 오빠들은 절대로 나를 이해하지 못할 것이다. 그런 일을 겪고 우리가 앞으로 어떻게 살아가겠는가? 결국 나는 가족을 망가뜨리는 위험을 무릅쓸 수 없었다."라고 진술한다.

부녀간의 근친상간이 더 흔하기는 하지만 엄마들도 근친상간을 저지른다. 어떤 엄마들은 아들을 침대로 데리고 간다. 아이 앞에서 옷을 갈아입고, 아들 몸에 손을 댄다.

와이너 박사는 대학생이지만 데이트조차 해 보지 못했고 아직도 엄마가 등을 밀어주는 한 남성의 이야기를 들려준다. 등 밀어주기가 왜 문제가 될까? 부모가 근친상간과 관련된 소원을 포기할 수 없을 때 "근친상간의 환상은 치환되거나 또는 상징적이거나 부분적인 형태로 나타날 수도 있다."고 그는 언급한다.

　부모는 자녀를 대상으로, 심지어는 서너 살 난 어린 자녀를 대상으로도 성적인 감정을 느낀다. 그리고 부모가 이런 감정을 다루는 방식에 따라서 아이가 자신의 오이디푸스적 갈등을 다루는 양상이 크게 좌우된다. 부모를 유혹하는 행위 말고도 두 가지 극단적인 행동 방식을 취할 수 있다. 과잉으로 자극하거나 아예 건드리지 않고 피해버리는 것이다.

　그러나 인간관계에서 신체적인 즐거움이 소중하다는 사실을 다정하고 사려 깊게 확인시켜줄 수 있는 부모들도 분명 존재한다. 그런 부모들은 부부만의 영역이 있으며, 그곳에는 자녀가 침입할 수 없다는 사실을 아이에게 확실하게 전달한다. 또한 아이가 아무리 간절히 바라더라도 절대로 부모와 결혼할 수 없다는 사실을 명확히 알려준다.

　네 살짜리 딸아이와 부모가 저녁을 먹으면서 비좁은 아파트에 사는 형편에 대해 이야기를 하고 있었다. 딸아이가 "내 침대를 엄마 아빠 방으로 옮기면 내 방에 장난감을 둘 자리가 더 많아질 거야."라고 해결 방법을 내놓았다. 아빠가 부모의 침실은 부부만의 공간이며 부부에게는 그런 공간이 필요하다는 설명을 해주었다. 그러자 아이는 식사를 중단하고 아빠를 거듭해서 때리다가 바닥에 털썩 주저앉아버렸다. 나중에 아이의 엄마는 이

난감한 장면을 이렇게 설명했다.

"저는 남편에게 그런 말을 하지 말라고 하고 싶었습니다. 딸도 분명히 저와 같은 마음이었겠지요. 저는 아이에게 좀 편한 답을 주고 싶었어요. '우리 방에 침대를 두 개 들이면 더 비좁아질 거야.' 정도로 대답할 수도 있잖아요. 아이가 상처받고 거부당했다고 느끼게 하고 싶지 않았어요. 그렇지만 입술을 깨물고 참았답니다. 아이는 아빠가 우리 두 사람을 다 사랑하지만 서로 다르게 사랑한다는 사실을 나보다는 아빠로부터 듣고 이해할 필요가 있었어요."

그녀는 계속해서 침착한 목소리로 말을 이었다.

"남편은 아이에게 네가 그렇게 행동해도 나는 너를 안아주고 싶다며 밥을 다 먹고 나서 놀아주겠다고 했어요. 아이는 침착함을 되찾고 즐거운 놀이를 기대하면서 미소를 지었어요. 아이가 괴로워하다가 의젓하게 회복하는 모습에서 제가 어린 시절에 느꼈던 질투와 제가 어른으로 성장했던 과정의 실마리를 발견하고 저도 따라서 미소를 지었지요."

우리가 아빠를 엄마로부터 빼앗을 수 없다는 사실은 고통스럽지만 결국은 우리를 성장하게 해주고 더 넓은 세상으로 나올 수 있도록 안내해준다. 만약 오이디푸스처럼 라이벌을 죽이고 사랑하는 부모를 차지함으로써 승리를 거둔다면 패배를 했을 때보다 더 큰 피해를 입을 수 있다.

사랑하는 사람과 동거하던 한 여자는 청혼을 받을 때마다 거절했다. 왠지 거절해야 할 것만 같았다고 한다. 그녀는 정신분석을 받으면서 자신이 결혼을 하면 아이를 낳을 텐데 아이를 가진다는 것은 곧 죽는다는 뜻이라고 여기고 있었음을 깨달았다. 그녀의 엄마는 그녀가 네 살 때 죽었다. 엄마를 대신해서 아빠를 차지함으로써 오이디푸스적인 승리를 거두었지만, 그 승리는 죄책감으로 바뀌었다. 그리고 자신이 사악하게 갈망해왔던 승리를 거두었기 때문에 벌을 받을 것이라는 생각에 시달렸다. 때문에 결혼해서 아이를 낳으면 그 아이는 곧 자신의 죽음을 불러올 것이라고 두려워했던 것이다.

한쪽 부모가 일찍 죽는 경우 아이는 오이디푸스적인 승리를 거두는 동시에 정신적 손상을 입을 수 있다. "내가 엄마를 독차지하고 싶어 할 때 갑자기 아빠가 심장마비를 일으키셨어."라고 생각하는 것이다.

부모가 이혼할 때도 마찬가지다. 최근에 몇몇 연구에 따르면 남자아이들이 여자아이들보다 부모의 결별에 잘 적응하지 못하며 학업성취 저하, 자존감 저하, 약물과 알코올 섭취 증가 등 이혼으로 인한 후유증에 더 오래 시달린다.

이혼가정 자녀들을 전문적으로 상담하는 소아정신과 의사 고든 리빙스턴Gordon Livingston은 "오이디푸스적 갈등은 통상적으로 아이 위주가 아닌 부모에게 편리한 방향으로 해소되어 왔다."라고 말한다. 그러나 요즘은 반대되는 현상이 나타나고 있다. 아이들의 입장에서 문제를 바라보고 해결점을 찾는 것이다.

아들이 아빠의 잠자리를 차지하면 그에 따른 성적인 긴장과 죄책감이 생길 수 있다. 특히 3세에서 5세 사이의 아들이 이혼에 담긴 오이디푸스적인 의미에 많은 영향을 받는다. 그러나 어린 남자아이들 중에는 스스로 오이디푸스적 불안에 동요되는 것을 견디지 못해 집안에 남자가 생기는 것을 환영하는 경우도 있다. 그런 아이들은 이렇게 말한다.

"다음에는 우리가 누구랑 같이 살 거야? 우리 집에는 아빠가 있어야 해."

사춘기에도 오이디푸스적 갈등 상황이 다시 일어날 수 있다. 연구에 따르면 9세에서 15세 사이의 남자아이들이 계부의 존재를 가장 꺼린다고 한다. 15세인 한 소년이 엄마에게 이렇게 당부했다.

"열한 시까지는 집에 와요. 반드시 혼자 와야 해!"

그러면 오이디푸스 콤플렉스를 건강하게 해소한다는 것은 어떤 것일까? 그리고 이 과정을 통해 우리가 얻는 정신적 보상은 무엇일까? 우리는 오이디푸스 콤플렉스를 극복함으로써 사랑과 증오, 두려움과 죄책감 등의 감정을 포기할 수 있는 능력을 얻는다.

그런데 이렇게 오이디푸스 콤플렉스를 해결하기 위해서는 어린 시기에 우리가 해야 할 일이 있다. 무엇보다 먼저 아빠 또는 엄마를 향한 성적인 사랑을 포기해야 한다. 그러기 위해서는 '초자아'라고 하는 내면의 법 집행관을 확립함으로써 인간이 누릴 수 있는 자유의 한계에 직면할 필요가 있다.

그 과정에서 우리는 문명화된 인간으로서 할 수 있는 것과 할 수 없는 것을 배운다. 아울러 금지된 것을 바라는 갈망을 놓아버리는 법도 배운다. 그리고 부모와 열정적으로 얽히기를 포기함으로써 다시 한번 공생상태에서 분리로 나아가는 여행을 한다. 이렇게 우리는 오이디푸스의 꿈을 포기할 때에만 소유할 수 있는 세계로 옮겨간다.

남성과 여성의
타고난 차이점

- '남성적 그리고 여성적'이라는 우리의 적

우리는 어릴 때 무엇이든 할 수 있으며 무엇이든 될 수 있다고 의기양양해한다. 자신이 전능하다고 착각하기 때문이다. 그런데 형제라는 라이벌과 독점할 수 없는 부모라는 존재들은 우리의 현실이 그렇지 않다는 사실을 알려준다.

생후 18개월쯤 되면 남자와 여자가 다르다는 인식이 싹트면서 또 다른 현실에 눈을 뜬다. 해부학적인 차이점을 발견하면 그에 여러 가지 영향을 받게 되는데, 특히 성적인 한계를 분명히 깨우치게 된다.

인간은 본질적으로 동시에 두 가지 성별일 수 없다. 우리에게 내재되어 있는 양성적 성향과 공감 능력 덕분에 이성의 삶을 일부 체험할 수 있을 뿐이다. 이것은 남자나 여자의 몸으로 살아간다는 현실 자체가 우리의 체험을 규정하고 제한한다는 이야기다. 내가 남편이나 아들과 아무리 가깝더라도 그 남자들은 나와 심리적으로 다른 존재이다. 다른 여자들도 마찬가지다. 어떤 사람도 우리를 '남성'이나 '여성'이라는 의미로부터 분리시켜 인식할 수 없다는 뜻이기도 하다.

성별의 한계는 문화적 산물일 뿐이라는 주장도 있고 성적 한계는 선천적이라는 주장도 있다. 분명한 것은 우리는 아주 어릴 때부터 '남자' 또는 '여자'로 구별되는 환경의 영향을 받을 수밖에 없다는 것이다.

그렇다면 실제로 성과 관련된 한계라는 것이 있을까? 타고난 남성 심리 또는 여성 심리라는 것이 있을까? 내가 남녀가 선천적으로 다르다고 생각하느냐는 질문을 던졌을 때 세 사람의 페미니스트 작가들로부터 받은 대답은 다음과 같다.

소설가 로이스 굴드Lois Gould는 "여자들은 생리를 하고 아이를 낳고 수유를 한다. 남자들은 수태를 시킨다. 우리는 그런 원초적인 능력을 우리가 가진 유일한 능력인 것처럼 여겨왔고, 이런 능력을 중심으로 문명을 쌓아왔다. 그리하여 바로 이 지점에서 모든 차이점들이 생겨났다."라고 대답했다.

저널리스트 글로리아 스타이넘Gloria Steinem은 "남성 집단과 여성 집단의 차이보다 남성 개인과 여성 개인 둘 사이의 차이가 더 크다."라고 대답했다.

소설가이자 시인인 에리카 종 Erica Jong은 "남자와 여자 사이의 유일한 차이점이 있다면, 여자는 자신의 몸 안에서 새로운 인간을 만들어낼 수 있다는 것이다. 그러면서 책도 쓰고, 트랙터를 몰고, 사무실에서 근무하고, 밭에 씨를 뿌리는 등 대체로 남자들이 하는 모든 일을 하고 있다."라고 대답했다.

프로이트라면 아마 다르게 대답했을 것이다. 그는 여자들이 더 피학적, 자기애적이며 질투심과 시기심이 많고 덜 도덕적이라고 주장했다. 이런 특성들이 두 성별의 해부학적인 차이점에서 오는 필연적인 결과라면서 말이다.

프로이트의 견해에 따르면 여아의 본래 성은 남성이며, 여자아이의 음핵은 단순히 제대로 발달되지 못한 남자의 성기일 뿐이다. 그래서 여자의 성격적 결점은 여자아이가 스스로를 결함이 있는 남자아이에 불과하다고 인식하고 있기 때문에 생기는 필연적인 결과다. 자신이 훼손된 남성이라는 여아의 인식은 그 아이의 자존감에 회복될 수 없는 깊은 손상을 입힌다. 따라서 원망하는 마음이 들고 보상을 추구하기 때문에 여성의 성격에서 그 밖의 모든 결점들이 생겨난다는 것이다.

하지만 프로이트가 이런 글을 쓴 후에 새로운 사실이 과학적으로 확립되었다. 유전적인 성은 수정될 때 염색체(여아는 XX, 남아는 XY)에 따라 결정되지만, 인간을 포함한 모든 포유류는 성질과 구조상 여성으로부터 시작된다는 것이다. 이런 여성적인 상태는 태아 발달 단계에서 남성호르몬이 생성될 때까지 지속된다. 적당한 시기에 적당한 양의 남성호르몬이 생성되어야만 해부학적인 남성이 형성되고 출생 후에도 남자가 될 수 있다.

이런 사실이 남자와 여자의 심리에 대해서 그다지 많은 내용을 밝혀주지는 못했지만, 프로이트의 남근중심주의에는 타격을 입혔다. 여자아이들이 불완전한 남자아이로부터 출발하는 것이 아니라 모든 인간은 여성으로부터 출발하는 것이니까 말이다. 그러나 프로이트는 남근중심주의를 주장하면서도 여자의 본성에 대한 자신의 설명이 "분명 불완전하고 단편적"일 것이라고 현명하게 언급했다.

스탠퍼드 대학의 심리학자인 엘리너 맥코비Eleanor Maccoby와 캐럴 재클린Carol Jacklin은 『성차의 심리학The Psychology of Sex Differences』에서 남녀의 차이에 대한 잘못된 믿음이 사람들 사이에서 널리 받아들여지고 있다고 주장한다. 대표적인 것이 여자가 남자보다 더 사교적이고 타인에게 영향을 잘 받는다는 믿음이다. 또 여자가 더 자존감이 낮고, 단순하고 반복적인 과제에 잘 맞으며, 남자는 보다 분석적이라는 것이다. 뿐만 아니라 여자가 유전의 영향을 많이 받으며 남자는 환경의 영향을 많이 받고, 여자는 청각적이며 남자는 시각적이라고 한다.

그러나 맥코비와 재클린은 이런 믿음은 사실이 아니라 그릇된 통념일 뿐이라고 말한다. 다만 남자와 여자는 특정한 기술이나 행동을 배울 수 있는 '생물학적 기질'이 다르며, 생물학적 기질 때문에 나타나는 성차는 단 두 가지뿐이라고 한다.

하나는 남자들의 시각적·공간적 능력이 더 뛰어나다는 점이다. 이에 대해서는 남자와 여자가 각각 다른 유전자를 보유한다는 생물학적 증거가 있다. 다른 하나는 남성호르몬과 남자들의 공격 성향 사이에는 연관성이 있다는 점이다.

맥코비와 재클린의 연구에서는 여아가 남아보다 더 의존적이라는 통념이이 사실과 다르다고 했지만, 앞으로도 여자가 더 의존적이라는 논제는 근절되기 어려울 것이다.

콜레트 다울링Colette Dowling의 『신데렐라 콤플렉스The Cinderella Complex』라는 책은 여자들이 겪는 홀로서기의 두려움이라는 주제로 많은 여자들에게 호응을 얻었다. 다울링은 남자와 달리 여자는 보살핌을 받고 싶다는 강렬한 욕구를 가지고 있으며, 스스로 자신의 삶을 책임져야 한다는 현실을 거부한다고 주장한다. 그리고 이런 의존 성향은 어린 시절의 훈련을 통해서 만들어진다고 말한다. 남아들은 어린 시절부터 어렵고 도전적인 세상에서 스스로 헤쳐 나가야 한다고 배우는 반면에, 여아들은 보호가 필요하므로 보호해줄 사람을 구하라고 배운다는 것이다.

많은 여자들이 언젠가 백마 탄 왕자가 자기를 보살펴줄 것이라는 판타지를 가지고 있음은 분명한 사실이다. 여아의 양육 방식이 그 이유를 이해하는 데 도움이 된다. 그렇지만 우리는 또 다른 이유를 고려해볼 수 있다. 또한 의존성이 언제나 그렇게 한심한 단어는 아니라는 사실도 기억할 필요가 있다.

여성의 의존성은 자기만 보호받고 싶다는 바람이 아닌 거미줄같이 얽힌 인간관계의 일부가 되고 싶다는 바람의 표현이다. 보살핌받고 싶다는 바람이 아닌 보살펴주고 싶다는 바람일 수도 있다. 도움과 위로를 받고, 힘들거나 좋은 시간을 함께 나누고, 상대를 이해한다고 말해주고, 의지가 되어주는 것이 어쩌면 여성 정체성의 핵심인지도 모른다. 한편 이는 여자의 정체성이 분리보다는 친밀함과 더 밀접하게 연관되어 있다는 뜻도 된다.

심리학자인 캐럴 질리건Carol Gilligan은 일련의 연구를 통해서 남자는 자신을 정의할 때 애착보다 개인적인 성취를 강조하는 반면, 여자는 책임지고 돌보는 관계라는 맥락 안에서 자신을 정의한다는 사실을 발견한다. 그녀는 "남성들은 자아를 규정하고 자아를 강화시키는 분리를 중요하게 생각한다. 반면에 여성들은 인간 공동체를 형성하고 유지하는 지속적인 애착의 과정을 중요하게 생각한다."라고 말한다. 또한 질리건은 우리가 성숙을 곧 자율성과 동일시하는 세계에서 살고 있기 때문에 관계에 관심을 기울이는 여자의 성향이 강점이라기보다 약점으로 여겨지는 것이라고 주장한다.

의사인 클레어는 여자의 특성을 '친밀함'에서 발견한다. 여자는 "혼자인 상태에 의미를 부여하지 못한다. (중략) 설령 어떤 사람을 좋아하지 않더라도 그와 분리될 수 없기 때문에 그를 사랑한다."

그렇지만 여자는 관계를 끝낼 때 친밀함에 내재되어 있는 위험성도 알아차린다. 헬렌이라는 여자는 이렇게 말했다. "나는 토니와 헤어지고 나서야 내게 자아라는 것이 있다는 사실을 깨달았어요!"

프로이트는 "사랑할 때처럼 고통에 무방비 상태일 때가 없다. 또한 사랑하는 대상이나 그 사랑을 잃었을 때처럼 무력할 정도로 불행할 때가 없다."라고 말했는데, 여자들이 이 말에 특히 더 공감할 것이다. 중요한 애정 관계가 끝났을 때 여자가 남자보다 우울증에 훨씬 더 잘 걸린다는 사실만 봐도 알 수 있다. 따라서 여자가 친밀함에 의존하기 때문에 더 상처받기 쉬운 성이라는 논리가 성립될 수 있다.

물론 여성 전부를 대상으로 하는 이야기는 아니다. 친밀함을 허락할 수 없는 여자도 있다. 그러나 대부분의 경우 여자들이 관계를 맺는 데 더 큰 역량을 가지고 있고, 이런 역량이 남녀 간의 중요한 차이점을 만들어낸다.

여자의 본성이 실제로 더 친화적이고 상호의존적이라면, 그 이유는 무엇일까? 남아와 여아가 자신의 성 정체성을 확립하는 과정에 비추어서 이 질문을 숙고해 보자. 일반적인 견해에 따르면 남아와 여아는 서로 다른 과정을 거쳐 성 정체성을 형성한다.

예를 들어 남녀 모두 처음에는 엄마와 공생적으로 융합되어 있으며 엄마와 자신을 동일시한다. 남아나 여아 모두 공생상태로부터 벗어나야 하는 것은 사실이다. 그러나 공생이 강력하게 지속될 경우 여아의 여성성보다는 남아의 남성성이 더 위협받는다. 맨 처음에 자신을 보살펴주는 인물과 하나가 되어 그 사람과 같아지려는 동일시는 대개 엄마, 즉 여자를 상대로 이루어지기 때문이다. 그러므로 여아는 여자가 되기 위해서 엄마를 향해 시작했던 동일시를 지속해도 괜찮다. 여아는 여자가 되기 위해서 엄마와의 공감적인 유대와 부드러운 연결을 유지해도 되는 것이다. 그러나 남아는 남자가 되기 위해서는 그래선 안 된다.

실제로 남아는 정신분석학자 로버트 스톨러Robert Stoller가 말한 '공생 불안symbiosis anxiety'이라는 상태를 느껴야 한다. 공생 불안은 엄마와 하나가 되고 싶은 강렬한 갈망으로부터 자신을 보호하는 방패로, 자신이 남성이라는 느낌을 보존하고 확장하는 보호막이다.

남아는 생후 2, 3년이 되었을 때 엄마로부터 멀어져 엄마로부터 탈동일시한다. 그러나 남아가 이렇게 멀어지는 과정에서 어쩌면 수많은 반여성적 방어기제가 보호 장비로 동원될지도 모른다. 그래서 남아는 탈동일시를 하면서 여자를 경멸하거나 모욕하거나 때로는 여자에게 분노하거나 자신이 지닌 여성적인 부분과 절연해버리는 대가를 치러야 할지도 모른다. 그리고 '친밀함'은 남성적 정체성을 약화시키기 때문에 끊임없이 두려움의 대상이 될 수 있다.

남아가 친밀함으로부터 위협을 받는 반면에 여아는 분리를 더 두려워한다. 여자의 정체성은 다른 사람과의 관계에 기초하고 있기 때문이다. 실제로 여자는 신체적 특성마저도 다른 인간에게 내줄 공간이 있도록 형성되어 있다.

한편 여자는 관계에 의존하도록 양육 및 교육받기 때문에 관계를 보존하기 위해서라면 자신의 자아조차도 포기한다는 주장이 제기되기도 한다. 심지어 여자가 노예적으로 순응한다는 주장도 있다. 그러나 혹시 여자의 어떤 선천적인 능력 때문에 개인적인 관계에서 여자가 남자보다 더 순응을 잘하는 것은 아닐까?

엘리라는 여자의 이야기를 들어보자.

"나는 득실을 따졌는데 그래도 득이 더 많았어요. 나는 그 관계를 원해요. 남편은 큰돈을 벌 가능성이 없어요. 그래서 나는 직장을 그만둘 수가 없지요. 남편은 항상 과음을 하는데 나는 그에게 술을 그만 마시라고 하지 못했어요. 그리고 외지에 나갔을 때 누구와 자는지도 묻지 말아야 했어요. 나는 늘 분별과 자제심을 발휘해야 했지요."

왜 엘리는 그런 인간 때문에 이토록 신경을 써야 하는 것일까? 그녀의 대답은 이러했다.

"우리는 결혼해서 30년을 살았어요. 함께한 역사가 있죠. 섹스가 괜찮았던 때도 있고, 함께 좋은 시간을 나눈 적도 있으며, 이제 손주도 있지요. 나는 혼자서도 얼마든지 살아갈 수 있다고 생각해요. 하지만 우리에게는 소중한 것들이 있어요. 그래서 그냥 맞춰가며 사는 거예요."

이처럼 여자가 인간관계에 잘 순응하는 이유는 무엇일까? 어떤 연구가는 이를 오이디푸스 시기에 일어나는 사건을 근거로 들어 설명한다. 남아는 이 시기에 엄마에 대한 강한 동일시를 포기해야 하는 어려움을 겪는 동시에 엄마가 여전히 첫사랑으로 남아 있어도 괜찮다는 심리적 위안도 누린다. 남아는 엄마와 같은 여자를 계속 원해도 이성애자 남자가 되는 데 문제가 없다. 하지만 여아는 이성애자 여자로 성장하려면 그렇게 해서는 안 된다. 그래서 재빨리 엄마에 대한 사랑을 포기하고 상황에 적응하게 된다는 것이다.

정신분석학자인 레온 올트먼Leon Altman은 여아가 이렇게 엄마로부터 성적으로 멀어지면서 여성 특유의 유연성이 생겨난다고 말한다. "여아는 이런 과정을 거치면서 포기해야 할 미래의 상황에 대처할 준비를 한다. 그리고 남아는 그 준비 상태를 도저히 따라잡을 수 없다."라고 말한다.

여아가 갈망의 대상인 엄마를 놓아준다는 것은 큰 상실이며, 고통이 뒤따르는 일이다. 프로이트가 모든 여성들이 겪는다고 주장한 그 악명 높은 남근 선망을 잠시 떠올려보자. 일부 정신분석가들은 남근 선망을 이런 상실을 피하고 싶다는 바람으로 이해할 수 있다고 이야기한다. 유아기의 무의식적인 논리에 따라서 여자아이는 자기도 남근을 가지고 있었더라면 엄마를 포기하라고 강요당하지 않았을 것이라고 생각한다는 것이다.

그러나 유아기의 선망은 남근 선망에만 국한된 것이 아니다. 그리고 남근뿐 아니라 다른 대상을 선망하는 것도 여아에게서만 일어나는 현상은 아니다. 몸이 무엇이며 그것이 무엇을 할 수 있는지 알게 되면서부터 우리는 상대방의 신체와 능력을 부러워할 수밖에 없다. 우리는 당연히 풍요로운 가슴, 자유자재로 달라지는 남근, 마술처럼 놀라운 아기 만드는 능력을 원한다.

질투 어린 삼각관계와 달리 선망은 두 사람이 이끌어가는 드라마다. 사전에 따르면 선망한다는 것은 "자신이 가지고 싶은 것을 다른 사람이 가지고 있어서 불만족스러워한다."는 뜻이다. 실제로 어떤 정신분석학자들은 질투의 근원이 엄마의 가슴, 즉 "모든 신체적 정신적 위안의 근원"인 풍요와 힘의 저장고에 대한 선망으로 거슬러 올라간다고 추측하기도 한다.

나중에 신체 구조상의 차이를 알게 되면 남아는 자기도 아기를 가지고 싶다고 하기도 한다. 또는 여자는 여자 아기를, 남자는 남자 아기를 낳는다는 강렬한 오해에 매달림으로써 남자인 자기는 아기를 가질 수 없다는 사실을 부정할지도 모른다.

정신분석가 브루노 베텔하임Bruno Bettelheim은 "두 성이 서로 다르기 때문에 오히려 이성의 특성들을 선망하게 된다."고 말했다. 그러나 이성의 특성을 가진다는 것은 자기 성의 특성을 잃는다는 뜻이기도 하다. 베텔하임은 성년식에 의미를 둔다. 남자들은 성년식을 통해 자신의 성에 대한 불안감과 이성만이 가질 수 있는 체험, 기능에 대한 바람을 표현하고 그로부터 해방되려고 노력한다고 말한다.

사회가 변하면서 아기를 낳고 싶다는 남자들의 은밀한 바람은 더 이상 은폐될 필요가 없다고 말하는 사람들도 있다. 그래서 남편은 아내와 함께 자연분만 강습에 출석하며 분만실에 들어가서 아내와 함께 숨을 몰아쉰다. 많은 남자들이 아내의 출산에 굉장한 일체감을 느낀다. 임신 기간 중에 남편들이 도리어 피곤해하고, 입덧을 하고, 때로는 체중이 불고 배가 불룩해지기까지 하는 것도 그런 이유다.

정신분석가 펠릭스 보엠은 여성의 출산 능력에 대한 선망, 즉 '분만 선망'과 여성의 가슴에 대한 선망을 언급했다.

"다른 사람이 자신보다 무엇인가를 더 가지고 있으면 질투심이 생긴다. 그것이 무엇인지는 별로 중요하지 않다."

중요한 것은 남자나 여자 모두 신체적인 차이점을 어떤 상실로 받아들인다는 사실이다. 이성의 성적 부위를 선망하는 것은 실제로 그 부위를 원하는 것일 수도 있지만, 아울러 다른 상징적 의미를 내포하는 것일 수도 있다.

예를 들어 '남근 선망'이라는 개념은 무척 이상한 소리로 들릴 수도 있고, 상식적인 사람들에게는 어리석거나 성차별주의적인 생각처럼 들릴지도 모른다. 그러나 남근 선망은 남근이 의미하는 바에 대한 갈망일 수도 있다. 만약 성기가 없다는 사실을 박탈과 결부시킨다면 이는 상징적 의미를 띠는 셈이다. 또한 자신이 엄마가 원하는 존재가 못 된다고 느낀다면 남근 상실은 두려움의 상징이 될 수 있다.

실제로 전문직 여자들은 자신의 능력에 대한 회의, 필요한 것을 가지지 못했다는 느낌, 성공에 필수적인 어떤 특성을 갖추지 못했다는 확신을 갖거나 성공한 뒤에도 자신의 성공이 속임수나 운으로 얻어진 것 같다는 생각이 든다고 종종 이야기한다. 자신과 달리 남자들은 "성공할 준비가 되어 있다"고 믿는 현상은 일하는 여자들이 보여주는 남근 선망의 한 형태다.

남근 선망은 또한 남성적인 힘이나 특권을 얻기 위해 필요한 것을 상징할 수도 있다. 만약 남근이 남성을 의미하고 남성이 온갖 특별한 이점을 갖고 있다면 질투가 생길 것이다. 남성의 신체구조를 가졌기 때문에 그런 이득이 따른다고 무의식적으로 연결시켜 생각할 수 있으니까 말이다.

한 연구기관에서 10세에서 19세에 이르는 2천여 명의 학생들을 대상으로 간단한 설문조사를 했다.

"내일 아침에 일어나 보니 성별이 바뀌어 있다면, 나의 삶은 어떻게 달라질 것인가?"

연구 결과 남학생들이 여자에 대해 심각한 경멸을 품고 있다는 사실이 드러났다. "내가 여자라면 아마 약하고 멍청한 인간으로 살 것이다.", "일어나 보니 여자가 되어 있다면 나는 그것이 악몽이길 바라면서 다시 잘 것이다", "내가 여자라면 모든 사람들이 나보다 나을 것이다. 남자가 여자보다 낫기 때문이다.", "내가 여자라면 죽어버리겠다." 등의 답변이 있었다.

또한 남자아이들은 여자가 된다면 외모에 지나치게 신경을 써야 할 것이라고 생각했다. 그리고 시시한 일을 할 것이라고도 대답했다. 이를테면 "음식을 만들고 엄마 노릇을 하는 등 온갖 지겨운 일들을 해야 할 것"이라면서 말이다. 자신의 활동에 제약이 따를 것이라고도 했고, 나쁜 대우를 받을 것이라고도 했다.

그런데 애석하게도 여학생들도 똑같이 판단했다. "내가 남자라면 지금보다 뭐든 더 잘 할 수 있을 것"이라고 한 여학생이 대답했다. "내가 남자라면 삶이 더 쉬워질 것이다.", "내가 남자라면 대통령 선거에 출마할 수 있을 것이다." 그리고 "내가 남자라면 아빠가 날 사랑해주었을지도 모른다."라는 이야기까지 나왔다.

일부 어린 남학생들에게서는 여자가 되면 이로운 점도 있을 것이라는 답변이 나왔다. "내가 개구리를 무서워해도 아무도 날 놀리지 않을 것"이라면서 말이다.

그렇지만 초등학교 이상의 남학생들 중에 여자를 부러워하는 아이는 없었으며, 여자아이들은 남자들을 부러워하는 것으로 나타났다.

오래전에 여자아이들은 자기에게 어떤 신체 부위가 없다는 사실을 발견했다. 그리고 그것을 원했다. 어떤 아이는 그 바람을 포기했지만 어떤 아이는 포기하지 못했다. 자라면서도 그런 바람을 간직하고 있는 여자들은 자신을 훌륭하거나 더 낫거나 완전하게 만들어줄 무엇인가가 결핍되어 있다고 느끼는 듯하다. 그런 여자들의 바람은 남근이 아니라 남근이 상징하게 된 '무엇'인가에 대한 바람이다.

남근 선망 때문에 어떤 여자는 자신이나 다른 여자를 경멸할 수도 있다. 어떤 여자는 남자를 증오하고 또 어떤 여자는 남자를 과대평가할 수도 있다. 또는 "자신이 남자로 태어났으면 되었을 바로 그런 남자"를 남편감으로 찾을 수도 있다.

하지만 여자들만 남근 선망으로 고통받는 것은 아니다. 어린 남자아이들이 엄마를 차지하기 위해 아빠와 경쟁하는 오이디푸스의 단계에서 아이들은 아빠가 가진 것, 즉 아빠의 남근을 원한다. 남자아이들이 성교 시 남근이 하는 역할을 이해한다는 이야기가 아니다. 아빠가 가진 다른 모든 것들처럼 아빠의 성기도 자기 것보다 크다. 그래서 어린아이의 논리로 그것은 크면 클수록 좋은 것이라고 생각하고 어른의 성기를 부러워하는 것이다.

그렇게 남성과 여성의 해부학적인 차이를 발견하는 과정에서 남아와 여아 모두 질투의 감정이 발생할 수 있다. 그러나 질투의 강도와 중요도는 각자의 삶에서 다르게 나타날 것이다.

남자아이들은 세상에는 (여자들을 비롯하여) 남근이 없는 사람들도 많다는 사실을 깨달으면서 일종의 두려움을 느낄 수 있다. 내 신체의 중요한 기관이 사라질 수 있다는 사실은 '거세 불안'을 불러일으킨다.

이런 불안은 아버지의 자리를 차지하겠다는 남아의 오이디푸스적 야망 때문에 더욱 고조된다. 그리고 감히 아빠에게 대들어 경쟁하면 무시무시한 대가를 치러야 한다는 두려움이 성인이 될 때까지 따라다닐 수 있다. 유능한 남자가 자꾸 실패하며 자신을 억제하거나 사랑하는 여자와의 잠자리에 어려움을 겪는다면 그는 아직도 머릿속으로 아버지를 무서워하고 있는 것인지도 모른다. 때문에 "아버지는 저를 해칠 필요가 없어요. 보세요.

전 위협적인 인간이 못 돼요."라고 말하고 있는지도 모른다.

오이디푸스 시기가 끝날 때쯤이면 우리는 '남성적', '여성적'이라는 단어에 담긴 보다 풍부하고 복잡한 의미를 터득한다. 삼각관계의 갈등을 해소하면서 우리는 어떤 종류의 남자 또는 여자가 될 것인지 틀을 잡는다.

여자아이는 언젠가 아빠를 닮은 남자와 결혼하기를 바라면서 여성적인 동일시를 강화한다. 남자아이는 엄마 같은 여자와 결혼하기를 바라면서 남성적인 동일시를 강화한다. 그 과정에서 우리는 자신이 될 수 없거나 가질 수 없는 것이 무엇인지 분명하게 배운다.

성적 한계는 분명히 존재한다. 우리는 그것을 상실로 인식한다. 하지만 한계를 인식하더라도 우리는 한계 안에서 얼마든지 잠재된 능력을 개발해 나갈 수 있다.

마거릿 미드는 이렇게 썼다.

"진흙을 빚는 도공은 재료의 한계를 알고 있다. 그는 진흙에 정해진 양의 모래를 섞어 조절하고, 유약을 바르고, 정해진 온도에 보관했다가 정해진 온도에 굽는다. 그러나 재료의 한계를 인식한다고 해서 그 진흙으로 만들 수 있는 형태의 아름다움이 제한되는 것은 아니다. 진흙을 빚는 예술가의 손길은 전통 속에서 완숙해지며 그만의 고유한 세계관을 담아낼 수 있다."

무엇이 가능하며 무엇이 불가능한지 인정할 때 비로소 자유가 시작된다. 우리가 자신을 이루는 재료의 성질을 알면 자신의 신체를 가지고 스스로 운명을 정할 수 있다.

죄책감의
중요성

– 마음속에 자리잡은 부모, 양심

우리는 무한한 존재가 아니며 금지되고 불가능한 것들에서 절대로 자유로울 수 없다. 죄책감도 마찬가지다. 우리는 죄책감으로부터 벗어날 수 없다는 한계를 짊어지고 살아간다.

인간이 죄책감을 느끼는 유일한 존재인가 그 여부는 알 길이 없지만 우리는 확실히 풍뎅이나 늑대보다는 죄책감을 많이 느낀다. 그리고 죄책감이 일곱 가지 죄악(성서에 나오는 지옥에 이르는 일곱 가지 죄악으로 교만, 음란, 시기, 분노, 탐욕, 탐식, 나태가 해당한다 – 옮긴이 주)을 근절하거나 십계명에 온전히 복종하도록 우리를 교화하지는 못할지라도, 상당한 저지 효과를 가지는 것은 사실이다.

우리는 죄책감을 가짐으로써 자유를 빼앗기고, 제약을 받는다고 느낀다. 죄책감은 우리의 내면에 주어지는 또 다른 상실이다.

5세쯤 되면 내면에서 이런 목소리를 듣게 된다. '안 돼, 넌 그럴 수 없어', '창피한 줄 알아'라는 비판의 목소리 말이다. 이 목소리는 외부에서 들려오는 것이 아니라 자신의 내면에서 울려 퍼지기 시작하는데, 이를 초자아 또는 양심이라고 부른다.

처음부터 우리가 어떤 도덕적 계율에 헌신하겠다고 마음먹고 이 세상에 태어나는 것은 아니다. 오히려 우리는 매우 탐욕스러운 존재라 할 수 있다.

부모가 화낼 것에 대한 두려움 또는 그들의 사랑을 잃을 것에 대한 두려움은 진정한 죄책감이 아니다. 자기 양심의 분노를 두려워하는 것이 진정한 죄책감이다.

양심은 마음속에 자리 잡은 부모다. 나중에 교사, 목사, 친구, 슈퍼스타, 영웅과의 동일시가 일어나면서 가치의 대상이나 기준은 점차 수정될 것이다. 그리고 인지능력이 발달하면서 보다 복잡한 도덕적 개념들이 형성될 것이다.

양심은 열정에 투쟁하는 순간 탄생한다. 내면에서 인간의 법칙에 복종하려고 하는 순간 생겨나는 것이다. 그러나 양심은 정서뿐 아니라 사고를 기초로 발달하며, 시간이 흐르면서 진화하고 변화한다. 이렇게 형성된 양심은 우리가 도덕적 제약을 깨뜨리거나 이상을 저버릴 때마다 지켜보고 비난하고 심판할 것이다.

죄책감은 양심과 다른 태도로 인해 책임을 느끼는 감정이다. 죄책감에는 적절한 죄책감과 부적절한 죄책감, 좋은 죄책감과 좋지 못한 죄책감이 있다. 죄책감이 부족할 수도 있고 넘칠 수도 있다.

간혹 죄책감을 잘 느끼지 못하는 사람이 있다. 반면 모든 일에 죄책감을 느끼는 사람은 아주 많다. 나도 그런 사람들 중 하나다. 내 자녀들이 불행할 때마다 죄책감을 느낀다. 집에서 키우던 화초가 죽을 때도, 식사 후에 치실을 사용하지 않을 때도 죄책감을 느낀다. 아주 작은 선의의 거짓말이라도 할 때면 죄책감을 느낀다. 지면이 허락한다면 죄책감을 일으키는 항목들을 수백 개는 쉽사리 열거할 수 있을 것이다. 이처럼 나는 무분별한 죄책감으로 고통받고 있다.

무분별한 죄책감은 금지된 생각과 금지된 행위를 구분하지 못하기 때문에 생긴다. 사악한 생각과 사악한 행위는 다르다. 살인을 실제로 저질렀을 때뿐만 아니라, 단지 살인을 떠올렸을 때조차도 우리는 양심의 심판을 받을 수 있다. 생각한 대로 그 일이 일어나지는 않는다는 사실을 잘 알면서도 우리는 심한 죄책감에 빠진다. 이렇게 생각과 행위를 제대로 분별하지 못하는 것이 지나친 죄책감 중 한 가지 양상이다.

죄책감의 또 다른 양상은 과도한 징벌이다. "미안해, 잘못했어."라고 하면 될 것을 "내가 왜 그랬을까? 어떻게 그런 파렴치한 도덕 파탄자나 할 짓을 저지를 수가 있지?"라고 스스로에게 심한 채찍질을 해댈 수도 있다. 과도한 징벌은 계란 샐러드 샌드위치를 만드는 데 소금을 한 컵이나 들이붓는 것과 같다. 샌드위치에 소금을 넣어야 한다는 점에는 아무도 이의를 제기하지 않겠지만, 그렇게 많은 소금은 필요 없다.

'전능함의 죄책감_{omnipotent guilt}'이라고 불릴 만한 현상도 지나친 죄책감의 한 가지 양상이다. 그런 죄책감은 우리가 통제할 힘을 가지고 있다는 착각에 기초한다. 예를 들어 사랑하는 사람의 안녕을 좌우할 절대적인 힘을 자신이 가지고 있다고 착각하는 것이다. 그렇기 때문에 사랑하는 사람이 심신의 고통을 당하거나 병이 들거나 죽으면 다 자기 잘못이라고, 자신이 더 잘 대처했더라면 분명히 그런 사태를 피할 수 있었을 것이라고 믿는다.

한 랍비는 어느 겨울날 고령의 여자가 죽은 두 가정에 문상 갔던 이야기를 들려주었다. 첫 번째 집에서는 상을 당한 아들이 랍비에게 이렇게 말했다.

"어머니를 플로리다로 보내서 이 추위와 눈을 피하게 해드렸더라면 지금 살아계셨을 겁니다. 어머니가 돌아가신 것은 제 잘못입니다."

두 번째 집에서는 아들이 이렇게 말했다.

"제가 어머니께 플로리다로 가시라고 우기지만 않았더라도 어머니는 지금 살아계셨을 것입니다. 그렇게 장거리 여행을 하고 갑자기 기후가 바뀐 걸 견디시는 건 무리였지요. 어머니가 돌아가신 것은 제 잘못입니다."

두 아들은 자신을 탓하는 한편 자신이 삶을 통제하는 힘을 가졌다고 믿고 있었다. 이는 자신이 무력해서 삶을 통제할 수 없다고 느끼는 것보다는 자신을 탓함으로써 죄책감을 느끼는 편이 낫다고 판단한 결과다.

어떤 사람들은 이유 없이는 죄책감을 느끼지 않는다고 믿는다. 자신이 죄책감에 빠지는 이유는 신이 그렇게 되도록 조정하고 있기 때문이라고 생각한다. 그래서 비극적인 상황에 처했을 때, 그런 일을 당할 만한 이유가 있을 거라고 생각한다. 그리하여 이미 받은 고통에 또 다른 고통을 보탠다.

중병을 앓고 있는 아이를 둔 한 여자는 자신이 하나님을 믿지 않는다고 하면서도 하나님과 나눴다는 대화를 내게 들려주었다.

"하나님, 당신은 정말 비열한 깡패예요. 당신을 믿지 않는다고 해서 벌을 주시는 거라면 제 아이가 아니라 저에게 벌을 내리셔야죠! 내 딸은 괴롭히시지 말라고요. 저를 괴롭히세요!"

정신분석가인 셀마 프레이버그는 이렇게 말했다.

"건강한 양심은 행위에 걸맞은 죄책감을 일으키며, 그런 죄책감은 그 행동을 되풀이하지 않도록 방지하는 역할을 한다. 그러나 신경증적인 양심은 개인의 인성 안에서 게슈타포 본부처럼 활동한다. 위험하거나 잠재적인 위험성을 지닌 생각, 또 그런 생각과 희미하게라도 연관되어 있는 모든 생각들을 무자비하게 추적하고 비난하고 협박한다. 꿈속에서 저지른 범죄나 사소한 위반에 대해서조차 죄책감을 느끼도록 끊임없이 심문하며 괴롭힌다. 그런 죄책감은 인성 전체를 구속하는 효과를 낸다."

신경증적인 죄책감은 오이디푸스 시기 이전에 일어났던 사건들, 즉 일찍이 분리불안을 체험했거나, 부모와의 관계에서 분노를 느끼는 사람들에게 생겨날 수 있다. 이런 사람들은 자신이 못된 아이라서 버림받은 것이니까 벌 받아 싸다고 생각한다. 또는 부모의 사랑을 잃을까 봐 너무나 두려운 나머지, 부모가 비난하는 자신의 잘못에 대해서 스스로 더욱 심한 채찍질을 가한다. 때로는 엄마 아빠에게 향했던 분노를 자신에게 퍼부을 수도 있다.

한 정신분석가는 이렇게 말했다.

"대체로 아이 혼자 방치된 채 불안이나 분노와 씨름하게 만드는 데 원인이 있습니다. 그러면 아이는 자라면서도 그때의 경험을 무의식적으로 반복하려고 하지요. 그래서 아이는 성인이 되었을 때 부적절한 수준과 부적절한 유형의 죄책감에 얽매이게 됩니다."

이런 아이들은 자신이 만약 엄마에게 말대꾸를 하면 엄마가 심장마비를 일으킬지도 모른다는 두려움을 느낀다. 자신이 간절히 원하던 어떤 일도 실행에는 옮기지 못한다. 정신과 전문의 스필보겔 박사(미국 작가 필립 로스의 소설 『포트노이의 불평Portnoy's Complaint』에 등장하는 정신과 의사 — 옮긴이 주)가 진료했던 알렉산더 포트노이처럼 아무것도 할 수 없는 상태에 빠지게 되는 것이다.

전 담배를 못 피웁니다. 술도 거의 못하고요, 마약은 더더구나 안 합니다. 돈도 꾸지 않고 카드게임도 못하며, 거짓말을 하려면 마치 사막을 걷는 듯이 땀에 흠뻑 젖습니다. 물론 '엿 먹어라'라는 욕은 많이 하지만, 그것이 제가 선을 넘어갈 수 있는 거의 전부예요. 왜 저는 사소한 물의를 일으킬 주변머리도 없는 것일까요? 점잖은 관습으로부터 조금만 벗어나도 왜 내면이 지옥처럼 괴로운 걸까요? 그 엿 같은 인습을 내가 그토록 증오하는데도! 내가 그런 금기들보다 더 많은 것을 알고 있는데도!

모든 사람이 포트노이처럼 자신이 도덕적인 억압을 받는다는 사실을 날카롭게 의식하지는 않는다. 의식의 수준에서는 자신이 실상보다 자유롭다고 느낄지도 모른다. 죄책감의 중요한 특성은 그것이 우리가 인식하지 못하는 동안에도 작동한다는 것이다.

이제 우리는 의식적인 죄책감, 또 그로 인한 긴장과 괴로움이 어떤 것인지 알게 되었다. 그렇지만 무의식적인 죄책감은 간접적으로만 알 수 있다. 자신을 다치게 하고 싶은 강력한 욕구나 자신에게 벌을 주고 싶은 끈질긴 욕구 같은 것이 무의식적인 죄책감의 존재를 증명하는 조짐이다.

자신에게 피해가 가는 단서를 남기는 범죄자는 종종 무의식적인 죄책감에 몰려서 그렇게 한다. 어쩌면 닉슨과 그의 워터게이트 테이프도 해당 사례가 될지 모른다. 또는 여자친구와 오후를 보낸 남편이 셔츠 주머니에 그 여자의 시계를 넣은 채 집에 오기도 한다. 또는 아버지와 심하게 싸운 아들이 자동차를 들이받아서 다치기도 하고 자기 상사가 비서에게 언성을 높이는 모습을 지켜보던 여자가 '내가 아니라 저 비서가 야단을 맞아서 다행이야.'라고 생각하다가 무릎에 뜨거운 차를 쏟음으로써 자신의 생각에 벌을 주기도 한다.

무의식적인 죄책감 때문에 대장염, 편두통, 요통이나 경미한 편집증보다 훨씬 더 무거운 대가를 치를지도 모른다. 어쩌면 평생에 걸쳐 참회하고 고통을 느낄지도 모른다.

무의식적인 죄책감은 우리의 양심이 사악하다고 판단하는 어떤 행위나 어떤 생각으로부터 생겨날 수 있다. 양심의 판단 영역에는 제한이 없다. 그래서 엄마의 건강이 안 좋은 것, 부모의 이혼, 질투와 증오, 자기가 누리는 유일한 성적인 만족, 그 밖에 어떤 것이라도 우리의 비난과 수치의 대상이 될 수 있다. 사라지기를 바랐던 동생이 병이나 사고로 정말 죽으면 "왜 내가 구해내지 못했지? 왜?"라고 자신에게 책임을 물을지도 모른다. 자신이 그런 생각을 한다고 의식하지도 못하면서 말이다. 그러다가 우리의 삶은 무의식적인 죄책감이라는 바위에 부딪혀 부서져 버릴지도 모른다.

하지만 당신이나 나를 포함해서 많은 사람들이 정말로 잘못을 저지르고 고통받아야 할 때도 있다. 죄책감이 적절하고 유익할 때도 있다. 모든 죄책감이 신경증적인 것이고 분석을 거쳐 치유되어야 하는 것은 아니다. 만약 그렇다면 우리는 도덕적인 괴물이 될 것이다.

그런데 어떤 사람들은 죄책감을 느낄 수 있는 능력이 결여된 모습을 보이기도 한다.

엘리자베스는 죄책감을 인정할 수가 없다. 그녀는 죄를 지은 사람은 총살이라도 당해야 한다고 생각한다. 그래서 자신도 완벽하고 죄가 없고 실수가 없는 사람이 되는 것에 집착한다. 그녀는 "내가 차를 망가뜨렸어."라는 말을 차마 입 밖에 내지 못하고 "차가 망가졌어."라고만 말한다. 자신이 어떤 사람의 기분을 상하게 했다는 것도 받아들일 수 없기 때문에 "그 사람은 마음이 상했어."라고 말한다. 그녀는 남편의 제일 친한 친구와 바람을 피웠을 때도 남편이 자신을 그렇게 몰고 갔기 때문이라며 자신은 죄가 없다고 말했다.

엘리자베스는 사실 옳고 그름을 확실하게 분별할 수 있다. 그렇지만 자신이 죄책감을 느끼면 그것을 견뎌낼 수 있을 것이라고 믿지 못한다.

죄책감이 결여된 사람의 또 다른 유형은 끔찍한 잘못을 저지

른 후에 자신에게 벌을 주지만, 그 행동을 다시 되풀이하는 것
이다. 양심은 자신의 행동이 그릇된 것임을 인정하고 응징하지
만, 이때의 죄책감은 경고신호로 작동하지 않는다. 이런 사람의
죄책감은 벌 주는 기능만을 담당할 뿐이다.

정말로 죄책감이 결여된 소위 '정신병질적인 성격psychopathic
personality'도 있다. 이런 사람들은 잘못을 억제하거나 후회하지
않으면서 반사회적인 행동과 범죄행위, 파괴와 비행을 반복한
다. 이런 정신병자들은 놀라울 정도로 정서적인 면책을 받으면
서, 속이고 훔치고 거짓말하고 피해를 입힌다. 그들은 죄책감이
없는 세상이 어떤 것인지 우리에게 분명하게 보여준다.

그렇지만 꼭 정신병자들만 다른 사람이나 집단에게 자신의
양심을 떠넘기는 것은 아니다. 평범한 사람들도 양심을 떠넘길
수 있다. 자신의 도덕적 책임감을 다른 사람에게 떠넘길 때, 우
리는 도덕적 제약으로부터 자유로워진다. 그러므로 평범한 사
람들도 이렇게 양심을 양도하면서 폭도로 변할 수 있다.

심리학자 스탠리 밀그램Stanley Milgram은 '권위와 양심'이라는
연구를 위해서 한 실험을 실시했다. 실험에 응하는 이들은 대개
근로자나 전문직에 종사하는 평범한 사람들이었다. 밀그램은
실험에 응하는 사람들에게 실험 주제는 '징벌이 학습에 미치는
영향'이라고 설명했다.

실험은 이렇게 이루어졌다. 한 명의 피실험자는 교사의 역할을 담당하고, 다른 한 명의 피실험자는 학생의 역할을 담당하도록 했다. 학생이 질문에 틀린 답을 할 때마다 교사가 전기충격을 주도록 했다. 전기충격은 약(15볼트)에서 강(450볼트)까지 강도에 따라 30개의 스위치로 조절하게 되어 있었다. 밀그램은 교사에게 학생이 틀린 답을 할 때마다 강도를 한 단계씩 높여서 충격을 주도록 지시했다. 학생은 처음에는 불평을 하고 그다음에는 격하게 저항을 하다가 마침내 괴로워하며 비명을 질렀다. 그러자 교사의 내면에서 변화가 나타났다. 교사는 조금씩 갈등을 느끼다가 점점 불편해했고 마침내 멈추고 싶어 했다. 그러나 그가 망설일 때마다 권위를 지닌 인물이 실험을 완료해야 한다고 고집하면서 계속하도록 촉구했다. 그러자 많은 교사들이 학생이 받을 고통을 걱정하면서도 최고 단계까지 스위치를 눌렀다.

교사들은 학생들이 괴로운 척 연기하고 있을 뿐이라는 사실을 알지 못하고 실제로 그들이 고통받고 있다고 믿었다. 하지만 그들 중 일부는 자신은 중요한 연구에 참여하고 있을 뿐이라는 명분을 내세워 스스로를 설득했다. 또 다른 사람들은 '학생이 너무나 멍청하고 고집스럽기 때문에 충격을 받아도 된다'는 생각으로 자신을 설득했다. 또 다른 사람들은 자기가 잘못된 행동을 한다고 생각하면서도 실험을 주관하는 사람에게 대놓고 맞서지 못했다. 권위에 도전할 수 없었던 것이다.

많은 사람들이 이 실험에 대한 보고를 듣고서 '나라면 문을 박차고 나왔을 것'이라고 생각할지도 모른다. 양심이 이길 것이라고 믿는 것이다. 하지만 누구나 도덕적으로 그릇된 행위임을 알면서도 행할 때가 있다. 그럴 때는 죄책감을 느끼는 것이 건강한 반응이다.

건강한 죄책감은 이런 것이다. 때로 우리는 자신의 잘못된 행동과 생각 때문에 참회하지만, 그렇다고 해서 자신을 증오하지는 않는다. 건강한 죄책감은 우리의 자유에 지나친 제약을 주지 않으면서 잘못된 행동을 되풀이하지 않도록 도와준다.

철학자 마르틴 부버Martin Buber는 "우리에게는 진정한 죄책감이 존재한다."라고 말한다. 그는 "고통을 주고 책망하는 가슴"도 소중하다고 하면서 자아의 화해와 재생이 이루어지려면 "심연을 들여다보기를 피하지 않으며, 책망을 하면서도 이미 그 심연을 건너가는 길을 그려볼 수 있는" 양심이 필요하다고 말한다.

우리는 양심 중에서 억제하는 역할을 담당하는 부분, 즉 자신의 즐거움과 기쁨을 제한하는 부분, 언제나 우리를 판단하고 정죄하는 부분에 더 익숙하다.

그러나 양심에는 다른 역할도 많다. "하지 말라"고 말하는 대신 "하라"는 명령을 내리는 부분도 있다. 또한 양심은 "잘했어", "좋아"라고 칭찬해주는 과제도 맡고 있다. 그럼으로써 양심은 우리가 자아의 이상에 도달하기 위해 노력하거나 그것에 실제 도달하는 것을 격려하고 인정하고 칭찬하고 보상하며 사랑해 준다.

죄책감이 없다면 인간은 무엇일까? 동물이 아닐까? 고기를 탐해도 용서되는 늑대, 교미를 해도 순수한 풍뎅이.

죄책감이 없다면, 뭘 해도 괜찮다고 믿을 수 있다면, 우리는 지금보다 더 즐겁게 살 수 있을지도 모른다. 하지만 제재가 없다면 우리는 어떻게 되겠는가? 아치볼드 매클리시Archibald MacLeish의 시처럼 먹이를 탐해도 용서되는 늑대, 아무렇게나 교미해도 순수한 풍뎅이, 인간이라는 경계를 벗어나는 존재 아니겠는가.

우리는 뭐든지 다 괜찮다는 자유의 일부를 상실하지 않고는 온전한 인간이 될 수 없다. 죄책감을 느낄 수 있는 능력을 얻지 않고는 온전한 인간이 될 수 없는 것이다.

이제는 어른이
되어야 할 때

– '순수함과 판타지가 없는' 세상 속으로

생텍쥐페리Saint Exupery는 남자든 여자든 어른이 된다는 것은 책임을 받아들이는 것이라고 말했다. 양심이 생기고 자신이 책임질 수 있는 영역에 대해 모색하면서 점차 자주적인 어른이 되어가는 것이다. 이는 우리가 '집'으로부터 점점 멀어져가는 과정이라고 보아도 될 것이다. 프로이트가 '잠재기'라고 이름 붙였던 약 7세에서 10세 사이에, 우리는 가정이라는 우호적인 요새를 떠난다. 잠재기에 들어간 아동이 해야 할 일은 이 새로운 분리에 대처하기 위해 꼭 필요한 사회적, 심리적 기술들을 습득하는 것이다.

엄마가 없으면 위험하고 슬프다고 느끼는 일곱 살 여자아이가 어떻게 어느 날 갑자기 집을 떠나서 학교에 가겠는가? 머릿속에 근친상간이나 친부 살해와 같은 생각이 들어 있는 남자아이가 어떻게 글을 배울 수 있겠는가?

우리는 대부분 제법 엄격한 양심을 가지고 잠재기에 들어선다. 하지만 이때 지나치게 경직된 양심의 잣대로 스스로를 몰아세워서는 안 된다. 자신과 주변 사람들에 대해 충분한 신뢰를 가지고 이 시기를 맞이할 수 있도록 해야 한다. 만약 우리가 자신의 잘못을 지나치게 나쁘고 큰 죄로 받아들인다면 어떻게 용기를 내어 새로운 모험에 도전해 보겠는가? 스스로 사사건건 엄격하게 제약하려 든다면 어떻게 자신과 다른 것들의 세계를 탐험하기 위해 밖으로 나갈 수 있겠는가? 여덟 살은 어린 나이이기도 하지만 밖으로 나가야 할 때이기도 하다.

잠재기에 있는 아이는 부모도 오류에 빠질 수 있다는 사실을 발견하고서 놀라는 동시에 안도감을 느낄 것이다.

"우리 아빠는 이렇게 말씀하셨지만, 선생님은 그게 틀린 것이라고 하셨어."

잠재기의 우리는 새롭게 존경하고 사랑하고 닮아갈 사람을 발견한다. 오이디푸스 시기의 격동은 지나갔고, 사춘기의 폭풍은 아직 닥치지 않은 고요함 속에서 자신의 열정과 에너지를 무언가를 배우는 데 쏟을 것이다. 책을 읽고 자전거를 타며 자신의 작은 우주를 지배하면서 서서히 정복을 통한 즐거움을 얻기 시작할 것이다.

언젠가 나는 아홉 살배기 소녀 에이미와 인터뷰를 한 적이 있는데, 그때 에이미는 이렇게 말했다.

"신호등이 없는 복잡한 길을 건널 수 있게 되었어요."

"바이올린을 연주할 수 있게 되었어요."

"옆 구르기를 할 수 있게 되었어요."

"'목가적'과 같이 어려운 단어를 이해하게 되었어요."

정신분석학자 에릭 에릭슨Erik Erikson은 '인간발달의 여덟 단계'라는 이론을 제시했다. 이를 통해 에릭슨은 삶의 주기를 여덟 단계로 나눈 후, 각 단계마다 우리가 도전하고 성취하는 과제가 따로 있다고 말한다. 그리고 잠재기는 '근면성'을 개발하는 시기라고 보는데, 아이들은 이 시기에 어떤 일을 끝까지 익히고 싶어 한다고 한다. 이를테면 두 발 자전거 타는 법을 배우고 생소한 단어의 의미를 익히는데, 이 과정에서 자아가 확장된다는 것이다. 에릭슨에 따르면 그래서 아이들은 나중에 "무엇인가를 완벽하게 만들 수 없다고 느낄 때 크게 불만족스러워하고 불평하게 된다"고 한다.

잠재기에는 자신을 '집단' 속에 소속시킬 수 있게 된다. 자신을 '남자아이들'이나 '여자아이들' 또는 '아홉 살짜리 아이들', '5학년'과 같은 집단의 일원으로 봄으로써 자아의 정의를 심화시키는 것이다. 이처럼 집단에 소속되면서 우리의 성 정체성은 더욱 분명해진다. 집단소속감은 집으로부터 신체적, 정서적으로 떨어진 거리에서 자아정체감을 강화시켜주고, '이게 나야'라는 느낌을 확고하게 해주는 것이다.

이 시기에 우리는 현실을 보는 감각도 보다 예리하게 발달시킨다. 사실과 허구를 구별할 수 있으며, 환상이 현실을 집어삼킬지도 모른다는 두려움 없이 환상을 즐길 수 있다.

한마디로 잠재기는 내적으로도 외적으로 한 걸음 더 나아가는 시기라고 할 수 있다. 어떤 사람은 이 시기가 어렵고 외롭고 혼란스러웠다고 기억하기도 한다. 용기를 낼 수 없었고 따돌림을 당했다고 기억하는 것이다. 그렇지만 많은 사람들은 그 시기를 웃음과 만족이 가득했던 시기로 기억한다.

잠재기를 7세에서 10세로 보는 데는 여러 이견이 있다. 인간의 발달 단계를 명확하게 구분하는 데 어려움이 있는 것이다. 하지만 대체로 잠재기가 약 10세쯤 끝난다는 데는 의견이 일치한다.

그다음 '사춘기 전 단계prepuberty'가 따르는데, 이 시기는 '임신이 불가능한 때에서 가능한 때'로 넘어가는 과도기다.

사춘기 전 단계 다음에는 사춘기가 이어지는데, 여자아이는 초경을, 남자아이는 몽정을 한다. 사춘기는 급작스러운 정서적, 육체적 변화에 적응하기 위해 많은 힘을 쏟을 시기다.

어른이 되고 싶지 않은 아이들도 있지만, '성인기'를 편안하게 받아들이는 아이들도 많다. 그렇지만 어른이 되기를 열렬히 바라는 아이들조차 종종 무의식적으로 유아기에 머물고 싶다는 은밀한 갈망을 지니고 있다.

작가 주디 블룸Judy Blume의 작품에 등장하는 여주인공 마가렛은 상반된 두 가지의 감정을 가지고 있는 열두 살 소녀다.

"우리 엄마는 자꾸 '마가렛! 지금 좋은 자세를 유지해야 나중에 좋은 몸매를 가질 수 있어', '비누로 세수해, 그래야 10대가 되어서 여드름이 안 나'라고 말해. 내게 10대에 대해 어떻게 생각하느냐고 물어본다면, 10대는 '여드름이 날까', '몸에서 냄새가 날까' 하는 걱정으로 찌든 끔찍한 시기라고 말하겠어!"

"하나님, 거기 계세요? 저예요, 마가렛. 엄마한테 브래지어가 필요하다고 얘기했어요. 하나님, 제발 제가 자라도록 도와주세요. 어디가 자라기를 바라는지 아시잖아요. 저도 다른 모든 사람들과 같아지고 싶어요."

우리는 꼼지락거리며 엄마의 무릎으로부터 기어 내려와서 두 발로 서고 머지않아 방을 벗어난다. 그리고 가정의 익숙한 장면, 소리, 냄새를 뒤로하고 공부, 과제, 게임과 잠재기의 여러 과정을 넘어가면서 계속 앞으로 나아간다. 사춘기에 이르면 우리는 어느덧 거친 바닷가까지 밀려 나가게 된다. 그리고 그곳에서 떠나는 것이 곧 익사를 의미할 수도 있다는 사실을 분명히 보게 된다. 그러나 떠나는 것은 살인을 의미할 수도 있다.

『포트노이의 불평Portnoy's Complaint』의 주인공 알렉산더 포트노이는 "자신이 지나온 사춘기라는 기나긴 분노의 시기"를 회상하면서 이렇게 썼다.

"아버지가 순간적으로 내게 퍼부을 폭력보다 더 두려운 것이 있었다. 나는 매일 저녁 식탁에서 아버지를 마주할 때마다, 아버지의 무식하고 야만적인 몸통에 폭력을 가하고 싶다는 마음이 들었다. 그리고 그런 상상을 하면서 더욱 무서웠던 것은 내가 시도만 하면 성공할 가능성도 있다는 사실이었다."

이처럼 우리는 부모로부터 분리된 존재가 되겠다고 주장하면서도 한편으로는 그것이 부모를 살해하는 것과 같다고 느낄 수 있다. 특히 자식을 놓아주지 못하는 부모 아래서는 더욱 분리로 인한 심한 죄책감에 빠질 수 있다.

어떤 정신분석가는 분리로 인한 죄책감은 자연스러운 것이며, 성장은 마음속의 무언가를 살해하는 과정이라고 말한다. 그러므로 자율적인 존재가 되고 스스로 내면의 규율을 세우며 가족 안에서 만족을 찾는 정서적인 끈을 끊고 자신의 욕구를 스스로 처리함으로써 우리는 성장해야 하는 것이다.

이러한 은유적인 친부 살해는 사춘기에 겪는 여러 가지 문제 중 하나에 불과하다. 사춘기에는 우리의 몸과 마음 상태가 마구 허물어진다. 정상적인 발달을 위해서 거의 모든 것을 놓아버리고 떠나야 하기 때문이다.

　신체적으로도 우리는 엄청난 변화를 겪는다. 생리와 사정을 함으로써 아기를 낳을 수 있는 종족에 합류하며, 키와 몸무게와 체형과 피부와 음성과 체취가 변하는 등 매일 조금씩 달라진 자신을 만난다.

　"사춘기 청소년에게는 남과 다르다는 것은 곧 열등하다는 것을 뜻한다"는 말이 있다. 다른 사람들과 같으면 무엇이든 괜찮다는 뜻이다. 그렇기 때문에 신체적으로 정상에서 벗어나 있거나 성장이 너무 늦거나 빠른 것은 수치심의 근원이 될 수 있다. 그리고 나중에 신체적인 특징들이 달라지더라도 그 당시에 형성되었던 정신적인 그림자는 우리를 오래도록 따라다닐 수 있다.

　그러나 신체적인 변화가 시기적절하게 일어나더라도 사춘기 시절에 나타나는 다이어트와 체중에 대한 집착은 나중에 문제로 발전할 수 있다. 이를테면 '신경성 식욕부진증anorexia nervosa'이 생길 수 있는데, 이는 음식을 극도로 제한함으로써 저체중 현상을 불러오고 생리를 멈추게 하며 극단적으로는 죽음으로 이어질 수 있는 정신적, 신체적 질병이다. 어릴 적에 겪은 정서적인 고통도 이 질환의 중요한 원인이 되지만 사춘기 때의 충격이 직접적인 영향을 미친다.

　사춘기에는 거의 모든 사람들이 어떤 식으로든 신체와 정신의 큰 변화를 겪는다. 사춘기 때 신체와 정신은 변화기에 놓여 있어 끊임없이 부조화를 이룬다. 이런 부조화는 대체로 지속되지 않으며 사람에 따라서는 부조화 상태를 아주 미미하게 겪을 수도 있다.

하지만 사춘기를 갈등과 무절제로 요란하게 보내는 사람들도 많다. 그런 자녀를 둔 부모들의 증언을 몇 가지 열거해 보겠다.

- 어떤 아이는 어딘가 불안정하고 어색해서 수업 시간에 멀쩡히 앉아 있다가도 갑자기 의자에서 떨어져서 무릎을 다치기도 한다.
- 어떤 아이는 머릿속에서 언제나 섹스를 떠올리고 있으며 성적인 제스처를 취하는 일도 아주 잦다.
- 어떤 아이는 인생에서 두 가지 중요한 목표가 있다고 말했는데, 하나는 핵무기로 인한 대량 학살의 위협을 종식시키는 것이고, 다른 하나는 랄프 로렌 상표가 붙은 니트 다섯 벌을 갖는 것이라고 한다.
- 어떤 아이는 30초 안에 고뇌에서 환희로 치솟았다가 또다시 고뇌로 곤두박질친다.
- 어떤 아이는 추상적이고 논리적인 사고가 가능해지자 철학적인 문제를 사유하기 시작한다. 하지만 서랍 속의 쓰레기를 버려야 한다는 것은 절대 생각해내지 못한다.

위의 사례는 모두 정상적으로 사춘기를 맞이하고 있는 아이들이다. 사춘기 아이가 정상적으로 행동하면 정상적인 사춘기 아이가 아닌 것이다.

안나 프로이트는 이렇게 진술한다.

"사춘기 청소년은 상당 기간 일관성 없고 예측할 수 없는 방식으로 행동하는 것이 정상이다. 자신의 충동과 싸우기도 하고 이를 받아들이기도 한다. 충동을 성공적으로 물리치기도 하고 그것에 압도당하기도 한다. 부모를 사랑하기도 하고 미워하기도 한다. 부모에게 반항하기도 하고 의존하기도 한다. 다른 사람들 앞에서 자기 어머니를 인정하는 것을 몹시 창피해하다가도 느닷없이 그녀와 마음을 터놓고 대화하고 싶어 하기도 한다. 다른 사람에 대한 모방과 동일시를 토양으로 성장하기도 하지만 자신의 정체성을 끊임없이 추구하기도 한다. 평생 그보다 더할 수 없을 만큼 이상적이고 예술적이며 너그럽고 이타적이지만 동시에 지극히 자기중심적이고 이기적이고 계산적이기도 하다. 삶의 다른 시기에는 이렇게 양극을 오가며 흔들리는 것이 무척 비정상적이라고 평가될 것이다. 그러나 오랫동안 이 시기를 거치면서 우리는 서서히 성인의 성격 구조를 형성할 것이다."

사춘기가 끝날 때쯤이면 제약과 충족 사이에서 균형 잡는 법을 배우고 혼란한 심리상태도 질서를 잡기 시작할 것이다. 또한 사춘기에 보편적으로 제기되는 '나는 누구인가?'라는 질문에 답을 구하려고 할 것이다.

잠재기에 우리는 자신이 누구인지 다 파악했다고 착각한다. 그러나 사춘기에 이르면 우리의 자아 정체성은 오히려 혼란스럽고 애매하게 다가온다. 유연하면서도 견고한 자아를 형성하는 것이 사춘기에 해결해야 하는 중요한 과제 중 하나다.

에릭슨이 언급했듯 사춘기가 되어서야 우리는 비로소 정체성의 위기를 체험하고 그것을 뚫고 나갈 수 있는 신체적, 정신적인 성숙과 사회적인 책임의식의 조건들을 갖추게 된다. 에릭슨은 사춘기에 맞는 혼란을 '온전한 인간'이 되고자 하는 몸부림이라고 본다. 그리고 그런 온전한 인간은 과거의 자신과 미래에 되고자 하는 자신을 내면에서 통합시키는 과정에서 형성된다고 말한다.

여기서 나는 자아가 사춘기에 태어난다고 말하는 것이 아니다. 우리는 자아가 이미 긴 역사를 가지고 있음을 안다. 그렇지만 자아는 사춘기에 새로운 특성, 새로운 명료함, 자신과 자신이 아닌 것의 경계를 세우는 원칙들을 획득한다. 우리가 자아 위기를 극복하지 못하면 에릭슨이 '자아정체감의 혼란'이라고 부르는 상태에 빠질 수 있다. 그것은 직장이나 친밀한 관계에서 겪는 문제나 또래 영웅과의 과도한 동일시, 부정적인 정체성의 선택(예컨대 어설프게 착할 바에야 차라리 완전히 못된 사람이 되겠다는 선택), 막막한 고립감이라는 형태로 나타난다.

사춘기에는 자아가 혼란에 빠져 있기 때문에 양심의 가혹함은 좀 누그러진다. 또한 자아는 이상을 좀 더 현실적이고 실현 가능한 것으로 세운다. 유아기의 꿈은 자기애적 성향이 강했고, 대체로 실현 불가능한 것들이었다. 하지만 이런 꿈을 붙잡고 있으면 끊임없이 자신이 부적절하다는 느낌에 시달리고 자신이 하는 어떤 일에도 만족하지 못하며 거듭 실패할 수밖에 없다.

자기가 제일 똑똑한 사람이어야 한다면 역사 선생님에게서 받은 B+는 곧 실패고, 자기가 최고의 운동선수여야 한다면 테니스 경기에서 단 한 번 지는 것도 실패인 것이다.

성장한다는 것은 곧 우리의 꿈과 가능성의 간격을 좁혀간다는 뜻이다. 사춘기는 이러한 간격을 서서히 좁혀가는 시기이기도 하다.

약 11세에서 18세까지 사춘기가 진행되는 과정의 특징은 다음과 같다.

초기 사춘기에는 신체적인 변화에 몰두한다.

중기 사춘기에는 자신이 누구인가라는 문제로 씨름하며 집 밖에서 성적인 사랑을 구한다.

후기 사춘기에 양심은 더욱 누그러져서 덜 가혹해진다. 그리고 보다 넓은 세상에서 자신이 차지하는 위치를 탐색한다.

이때 자신의 가치관과 의무가 탐색의 중요한 기초가 된다.

많은 것을 잃고, 많은 것을 얻는 등 변화가 극심한 사춘기 시기의 아이들은 그 전에는 알지 못했던 강렬한 슬픔을 체험한다고 한다. 특히 사춘기 아이들은 사랑으로 충만했던 유년기와 이별해야 하는데, 이러한 유년기를 애도하는 것은 사춘기에 치러야 할 중심 과제다.

대학에 입학할 때쯤, 우리는 불완전한 자아로 인해 비틀거린다. 더 이상 가족이나 친구는 우리를 지탱하게 하는 대상이 아니다. 내면으로 침잠해 보지만, 우리는 그곳에서 아무것도 찾아낼 수 없는 소년 소녀일 뿐이다.

대학 입학을 앞둔 로저는 집에 있는 마지막 몇 달 동안 매일 부모와 싸우고 으르렁거리며 지낸다. 그는 집에 머물고 싶다는 자신의 바람을 거부하고 싶다. 그는 화를 내는 것으로 이 고통을 피할 수 있다고 여긴다.

대학 신입생인 샤리와 키트는 케이크, 과자, 아이스크림 따위를 게걸스럽게 폭식한다. 그들은 먹는 것으로 외로움을 위로하려는 것이다. 그들은 아직도 집에 머물기를 바라는 작은 돼지들이다.

예일대학교의 한 신입생은 다음과 같이 말했다.

"고등학교에 다니는 내내 나는 벼랑 끝에서 떨어지지 않으려고 팔을 휘저으며 버티는 듯한 기분으로 살았어요. 이제 나는 계곡을 건너기 위해 날면서 이대로 떨어질 것인지 아니면 계곡을 건널 수 있을 것인지 궁금해하는 만화 속 주인공이 된 느낌입니다."

대학교 상담실은 고통으로부터 도피하려는 학생들로 넘쳐난다. 대부분의 학생들은 이 싸움에서 승리할 만큼 건실한 자아를 형성하고 있다. 그러나 일부 학생들은 잘못된 해결 방법을 선택함으로써 분열하고 만다.

이를테면 종교 집단이 가족의 안정감을 대신해줄 수 있다고 믿거나 의존적인 애착관계를 형성하거나 결혼으로 도피할 수도 있다. 엄마나 아빠와 비슷한 배우자를 선택하여 의존함으로써 자신을 평생 사춘기에 가둘 수도 있다. 그런데 만약 이 모든 방법이 실패한다면 심한 우울증이나 신경쇠약에 걸리곤 한다. 물론 부모를 그리워하지 않고 살 수도 있다. 집을 떠나지 않으면 된다.

문학심리학자 레온 에델Joseph Leon Edel은 헨리 데이비드 소로우의 사례를 분석해 보여준다. 소로우는 하버드대학교를 졸업할 무렵 어머니로부터 "배낭을 메고 여행하면서 미래를 발견해보라"는 제안을 받았다. 헨리는 어머니가 자신을 멀리 보내려

한다고 생각하고 울음을 터뜨렸다. 나중에 헨리는 정말로 떠났다. 숲속의 월든 호숫가에 오두막집을 짓고 그곳에서 고독하고 자급적인 생활을 했다. 그러나 에델의 지적에 따르면 오두막은 콩코드에 있는 어머니의 집으로부터 겨우 몇 킬로미터 떨어진 곳에 있었으며, 헨리는 매일 어머니 집을 찾았다고 한다.

헨리는 "나는 콩코드 집 뒷문 곁의 포플러나무 아래 영원히 앉아 있는 것에 만족하겠다."라는 말을 한 적이 있다. 에델은 그것이 바로 그가 평생 동안 한 일이라고 말했다. 헨리는 세상으로부터 은둔했다는 신화, 견고한 독립을 유지했다는 신화를 만들어냈지만, 사실은 유년기에 갇힌 채 집을 떠날 수 없었는지도 모른다.

정신분석학자인 피터 블로스 Peter Blos 는 이렇게 말했다. "사춘기에 이루어지는 개별화에는 고립감, 외로움, 혼돈이 따른다. 유년기가 최종적으로 끝났다는 사실과 책임에는 구속이 따른다는 사실, 개별적인 존재에는 분명한 한계가 있다는 사실을 깨달았을 때 절박함과 두려움과 공포가 일어난다. 따라서 많은 사춘기 청소년들이 발달의 과도기적 단계에 무한정 머물러 있으려고 한다. 이런 상태를 '사춘기 연장 prolonged adolescence '이라고 부른다."

샐린저 Jerome David Salinger 의 소설 『호밀밭의 파수꾼 The Catcher in the Rye』의 주인공 홀든 콜필드는 사춘기를 연장하기 위해서 어떻게 하면 성장하지 않고 지낼 수 있을지 궁리한다. 그는 유년기의 종말이 곧 순수의 종말이라고 생각한다. 그는 어른의 세계에서 돈을 밝히는 위선적인 사기꾼과 같은 존재가 되는 것을 거부하면서 대신 하나의 판타지를 만들어낸다.

"많은 아이들이 널따란 호밀밭에서 놀고 있어. 몇천 명의 아이들이 놀고 있는데 주위에 어른은 아무도 없는 거야. 그러니까 나 아니고는 아무도 없다는 말이지. 그런데 나는 아찔한 벼랑 끝에 서 있어. 그러다가 누군가 벼랑 아래로 떨어지려고 하면 내가 붙잡아 주는 거야. 아이들이 자기가 어디로 가고 있는지 보지도 않고 무작정 달리면 내가 어디선가 나타나서 그 애들을 잡아주는 거지. 난 하루 종일 그 일을 하는 거야. 난 그렇게 그냥 호밀밭의 파수꾼이 되고 싶다고."

이처럼 많은 사춘기 청소년에게 성장한다는 것은 세파에 닳는다는 뜻이다. 그들에게 어른이 된다는 것은 순수함과 판타지를 잃는 것과 같다.

하지만 스무 살 전후의 어느 시점에서 우리는 유년기의 종말이라는 중대한 이정표에 도달한다. 안전한 보금자리를 떠나야 하며, 다시 집으로 돌아갈 수 없다. 내 생각과는 다른 세상 속으로 우리는 들어가야만 한다.

이때 우리는 이런저런 필연적인 상실들과 마주할 수밖에 없다. 사랑을 놓아주어야 하고, 욕망과 자유의 한계를 느껴야 한다. 언제나 금지된 것과 불가능한 것들이 앞을 가로막고 있을 것이다.

그러나 이러한 상실을 겪고도 또 다른 자유를 발견할 수 있다. 현재 자신의 모습과 미래에 자신이 되어갈 모습을 인정할 수 있으며, 그것이 바로 '어른'이라는 것을 깨달아갈 수 있다.

우리는 삶에 주어진 필연적인 상실에 복종하면서 끊임없이 새로운 선택을 해야 한다. 이때 얻은 선택의 결과는 인생의 새로운 항해 길에 짐인 동시에 선물이 되어줄 것이다.

"성장에는 시간이 걸린다. 자신의 꿈과 현실 사이에서 균형 잡는 방법을 배우는 데는 생각보다 오랜 시간이 걸릴지도 모른다. 삶이 아무리 좋아 봤자 '통제된 꿈'에 지나지 않는다는 사실, 현실은 불완전한 연결로 이루어져 있다는 사실을 배우기 위해서 우리는 많은 시간과 노력을 기울여야 할지도 모른다."

/ 3장 /

불완전한 관계에서
배워야 할 것들

"우리는 서로를 갈라놓는 헤아릴 수 없는
심연을 가로질러 상대를 애타게 부르고 있다."

– 데이비드 그레이슨

꿈과 현실,
닿을 수 없는 대척점

– 현실과 환상을 구분해야 '어른'이 된다

성장한다는 것은 유년기에 품었던 과대망상적인 소망들을 놓아준다는 뜻이다. 그런 소망들이 실현될 수 없다는 사실을 깨닫고, 현실 속에서 원하는 것을 탐색하는 지혜와 기술을 갖추어 간다는 의미다.

그러나 유년기의 소망은 포기한 후에도 교묘하게 우리를 압박해온다. 각종 증상이나 실수, 사고와 건망증, 꿈 등을 통해서 우리를 찾아오는 것이다. 우리는 어른이 되더라도 어린 시절에 품었던 금지된 바람, 불가능한 소원을 무의식적으로 충족시키려 한다.

'환상'은 그런 소망을 충족시키는 방법 가운데 하나다. 환상 속에서 소망은 언제나 실현된다. 환상은 우리에게 동화와 같은 결말과 해결 방법을 제시해준다. 환상 속에서는 원하는 것을 할 수 있다. 영화 같은 행복한 결말이 의식 속으로 흘러 들어오면 기분이 좋아진다. 그러나 그런 이미지들만 의식 속을 스쳐 가는 것은 아니다. 환상은 섹스와 피가 낭자한 살인 장면도 취급한다. 대부분의 사람들은 자신에게서 이러한 욕망을 발견하면 움츠러들거나 죄책감과 수치심을 느낀다. 그리고 자신의 환상을 두려워하기도 한다.

에블린의 환상 속에는 이런 장면이 있다. 그녀의 장례식이 치러지는 교회에는 사람들로 꽉 차 있었다. 그녀와 가깝게 지냈던 사람들이 하나씩 제단에 올라가서 생전에 그녀가 그들을 위해 해주었던 좋은 일들을 이야기했다.

"참으로 훌륭한 분이셨습니다."

"너무나도 너그러운 분이셨지요."

"우리는 얼마나 감사한지 모릅니다."

에블린은 살아 있을 때 사람들을 위해서 좋은 일을 많이 했다. 그러나 그녀는 그 환상을 몹시 부끄러워한다. "자신이 관심과 칭찬과 인정에 얼마나 굶주려 있는가를 노골적으로 보여주기 때문"이다.

성적인 환상도 내면에 수치심과 죄책감을 일으킬 수 있다. 제법 행복한 결혼생활을 하고 있는 헬렌의 경우를 보자.

그녀는 남편이 도시를 떠나 있는 동안 테드라는 주인공이 등장하는 환상을 머릿속에 그리곤 한다. 함께 영화를 보고 침대로 가서 섹스를 하면서 환상은 끝난다. 때로 환상은 더욱 자극적인 방향으로 흘러간다.

'결혼한 여자가 이런 생각을 해도 될까?'

'환상은 어디까지 허용되는 것일까?'

그녀는 혼란스럽기만 하다.

상당히 과감한 성적 판타지를 받아들이는 사람들도 때로는 악의를 품은 환상 때문에 몸서리를 친다. 이를테면 이런 식이다.

그녀의 환상에서는 똑똑한 여자가 시험에서 낙제한다. 돈 많고 거만한 형부가 파산하고, 사랑스럽고 도발적인 옆집 여자가 수두에 걸린다. 자신을 위협하거나 두려움, 질투심, 열등감이나 분노를 느끼게 만드는 그 밖의 모든 사람들도 환상 속에서는 곤경에 빠진다. 그녀가 앙갚음하고 있는 것이다.

아내는 바람을 피운 남편을 용서할 수 없다. 그리하여 그녀는 머릿속에서 남편을 고질적인 결핵에 걸려 병상에 누워 있는 환자로 만든다.

"버릇을 고쳐놓고 싶어서요. 치명적인 병은 아니잖아요."

자기를 내세우지 않으며 경쟁을 두려워하는 온순한 어맨다는 누군가가 자신의 기분을 상하게 하면 그가 죽어버리기를 바란다. 그녀는 결코 자신의 생각을 드러내 불평하거나 자기 의사를 주장하지 않지만 머릿속에는 살인청부 회사를 차려놓고 있다. 그녀는 언제나 무자비하고 신속하며 영구적으로 복수하는 상상을 한다.

나 역시 종종 환상에 빠진다. 내 아이가 다른 아이에게 괴롭힘을 당한 채로 집에 돌아오곤 하던 시기가 있었다. 그때 나는 마음속에서 그 아이를 트럭 앞으로 밀치는 상상을 여러 차례 함으로써 괴로운 마음을 달랬다.

정신분석학자들은 이런 환상이 '주술적 사고magic thinking'와 관련이 있다고 말한다. 마술적 사고란, 마음만으로 실제 상황을 통제할 수 있다는 생각을 가리킨다. 이를테면 인형에 바늘을 찔러 적을 무찌를 수 있다고 여겼던 원시인에게서 이런 사고 형태를 엿볼 수 있다.

내가 아는 지극히 평범한 한 여성은 어머니와 불화를 겪었던 적이 있었다. 어머니와 매일 말다툼을 하면서 원망과 분노에 사로잡혀 있던 그녀는 어느 날 저녁 집에 가는 길에 어머니가 치명적인 심장마비를 일으키는 장면을 상상했다. 그런데 집 앞에는 실제로 응급차가 와 있었다. 그녀는 겁에 질린 채 구조원들이 들것을 들고 집 안으로 뛰어들어가는 것을 보았다. 그러나 구조원들이 들것에 싣고 내려온 사람은 어머니가 아닌 위층 여자였다.

"나는 구급차를 보았을 때 내가 어머니에게 심장마비를 일으컸다고 확신했습니다. 그리고 좀 미친 생각이긴 하지만 내 '주술'이 빗나가서 그 불쌍한 아주머니가 대신 맞았다는 생각이 아직도 남아 있어요."

바라는 대로 이루어진다는 믿음, 생각이 은밀하게 현실에 영향을 미칠 수 있다는 믿음은 누구나 한 번쯤 가져보는 일이다. 그리고 그 단계를 완전히 벗어날 수 있는 사람은 거의 없다.

우리는 끔찍한 소원을 품었다는 것 때문에 이미 충분히 죄책감을 느낀다. 그런데 끔찍한 소원이 실제 이루어지는 것을 본다면 머릿속에서는 온갖 있음직한 설명들이 떠돌아다니지 않겠는가. 프로이트는 이런 상황에서 사람들이 '결국 그냥 바라기만 해도 사람을 죽일 수 있다는 것이 사실이구나!'라고 판단하게 된다고 말한다.

이렇게 되면 자신의 환상을 두려워하게 될 수도 있다. 혹시 환상이 어떤 효력을 드러낼까 두려워하지 않더라도, 자신의 환상이 의미하는 바를 두려워할 수는 있다. 환상 속에서 자신의 분노와 성욕과 과대망상이 스쳐 가는 모습을 흘깃 보고 오싹해질 수 있다.

그렇다면 환상은 어떤 의미를 갖는 것일까? 환상이야말로 자신의 진정한 모습을 보여주는 거울일까? 한 정신분석학자는 이 질문에 대해 다음과 같은 이야기를 들려주었다.

옛날 어느 나라에 수많은 선행으로 명성이 높은 거룩한 사람이 있었다. 그 사람을 존경했던 왕은 위대한 화가에게 그의 초상화를 그리라고 분부했다. 드디어 화가가 왕에게 그림을 바치는 축하연회가 열렸다. 팡파르가 울리고 마침내 그림의 휘장이 벗겨졌을 때, 왕은 머리끝까지 화가 나고 말았다. 그 거룩한 사람의 얼굴이 야비하고 잔인하며 저열한 모습으로 그려져 있었던 것이다.

"무엄하구나!"

왕은 당장 화가의 목을 칠 태세였다. 그런데 그때 거룩한 사람이 앞으로 나서며 말했다.

"아닙니다, 전하. 저 초상화는 진실입니다."

연회장 안이 웅성거리기 시작했다. 하지만 거룩한 사람은 침착한 얼굴로 말을 이었다.

"전하 앞에 있는 초상화는 제가 평생 동안 그렇게 되지 않으려고 애써왔던 사람의 모습입니다."

그렇다, 거룩한 사람뿐만 아니라 우리는 모두 매일 어떤 충동들을 느끼면서도 그것을 물리치기 위해 애쓰며 살아간다. 이 싸움은 대체로 의식 밖에서 벌어진다. 그런데 어떤 충동이나 바람은 환상을 통해 나타나서 우리가 그 실체를 고통스럽게 의식하도록 만들어준다. 환상 속에 '갇혀 있는' 야만적이고 욕심 많고 비도덕적이며 유치한 인간을 의식하게 해주는 것이다.

이때 정신분석학자들은 '갇혀 있는'이라는 단어가 핵심이라고 지적한다. 환상은 갇혀 있다. 자신의 야만적인 자아를 인정한다고 해서 자신이 곧 그런 사람이 되는 것은 아니다. 실제 생활에서 우리는 환상에 표현된 것들을 길들이고 제어하고 변화시키기 때문이다.

또한 정신분석학자들은 이런 이야기도 한다. 환상에는 우리의 의식이 승인하든 하지 않든 간에, 모든 것이 분별없이 드러난다는 것이다. 그러므로 만약 우리의 환상이 지나치게 폭력적이거나 잔인하다면, 또는 성적인 환상이 자신의 성생활과 완전히 다르다면, 자신이 느끼는 분노나 성적인 갈등에 대해 좀 더 알아볼 필요가 있다.

환상 속에서는 현실의 법칙들이 적용되지 않으며, 인과관계도 사라지고, 과거·현재·미래라는 시간관념도 달라진다. 환상 속에서는 수많은 감정들이 하나의 이미지로 응축되며, 다양한 의미들이 섞인다.

예를 들어 어떤 여자는 종종 나치 친위대(SS: 에스에스) 제복을 입고 있는 독일 장교의 꿈을 꾼다. 꿈에서 깨어나 생각해 보면 그것은 유대어로 "먹어!(Ess Ess: 에스 에스)"를 의미했다. 그녀에게 먹기를 강요하는 고압적인 엄마를 보여주는 꿈이었던 것이다.

이렇게 다른 사물로 압축하고 대체하면서 시각적인 표현을 활용하는 것을 '꿈작업'이라고 한다. 우리가 깨어나서 기억해내는 꿈은 어느 정도 편집이 이루어진 상태의 것이다. 우리의 머릿속은 끊임없이 혼돈을 질서로 바꾸는 작업을 한다. 우리는 꿈 작업이 내놓은 기이한 꿈의 조각들도 어느 정도는 조리가 있는 형태로 바꾸어 놓는다.

"저는 친구와 걸어가다 정육점 앞에 섰습니다. 거기서 친구는 저를 떠났습니다. 저는 안에 정육점 주인이 있는 것을 보았습니다. 그는 시각 장애인이었지요. 가게 안은 침침했고 갈색빛을 띠고 있었습니다. 정육점 주인은 동부의 보스턴 억양으로 내 이름을 불렀어요. 나는 고양이에게 줄 고기가 필요했습니다. 그 사람은 눈이 안 보였지만 날카로운 칼로 콩팥 부위를 도려냈습니다."

휴고라는 사람의 고백이다. 꿈을 꿀 즈음 휴고는 불행한 결혼 생활로 인해 정신분석 치료를 받고 있었다. 휴고는 치료를 받으면서 점차 자신의 꿈이 의미하는 것들을 알아차려 갔다. 꿈에서의 정육점 주인은 휴고 자신이었다. 휴고는 뻔히 볼 수 있는 현실 앞에서 일부러 눈을 감아버렸다. "보려고도, 들으려고도, 알려고도 하지 않았던 사람, 그게 바로 저였습니다."라고 그는 말했다. 꿈에서 정육점 주인은 모든 것을 토막 내서 도살했다. 그는 그 정육점 주인을 영화 속에서 보았다는 사실도 깨달았다. "정육점 주인은 〈킬 브라이드〉라는 영화 속 인물과 억양이 비슷했어요. 영화 속에서 그는 '아내를 죽여라Kill Bride'라고 소리쳤지요."

우리의 모든 꿈이 휴고의 경우처럼 분명한 것은 아니다. 그러나 프로이트는 모든 꿈이 소원을 품고 있다고 말한다. 아무리 무섭거나 슬픈 꿈이라도 그것은 나름대로 소원 충족을 추구한다. 그리고 우리의 꿈은 언제나 어린 시절의 금지되고 불가능한 소원과 연결되어 있다고 한다.

꿈은 우리의 불가능한 소원을 실현시켜주는 매개체이다. 이를테면 한 남자가 꿈속에서 행글라이딩을 하며 짜릿한 쾌감을 만끽했다. 현실에서 그는 최근 몇 달간 바쁜 업무 탓에 잠시도 휴식을 갖지 못한 상태였다. 또한 그는 고소공포증도 있었다. 이처럼 꿈은 현실에서는 허용되지 않는 욕구를 충족시켜줌으로써 욕구의 급박함을 누그러뜨리는 역할을 한다.

이와 같이 우리는 환상을 통해 어느 정도 만족감을 느낄 수 있다. 그러나 그 환상이 아무리 설득력 있더라도, 그것을 통해 아무리 충족감을 느끼더라도, 우리는 어른들의 세상에서 살 수 있어야 한다. 현실과 더불어 살 수 있어야 한다.

현실에 사는 것이 그렇게 나쁘지만은 않다. 성장한다고 해서 멋지고 달콤한 모든 것이 소멸되는 것은 아니다. 성장한다고 해서 반드시 큰 위기를 맞는 것도 아니다.

성인이라면 떠날 수도 있고 남겨질 수도 있어야 한다. 스스로 생존할 수 있어야 한다. 또한 사람들과 가까워지기도 멀어지기도 하고, 합쳐지기도 떨어지기도 하면서 다양한 사람들과 연결될 수 있어야 한다.

성인이라면 자신이 사랑받을 만하고 가치 있으며 진실하다고 느낄 수 있어야 한다. 자신의 자아가 항시 동일하다고 느끼고 자신이 고유하다고 느껴야 한다. 그리고 자신이 책임 있는 주체이며 삶을 결정할 수 있어야 한다.

성인이라면 삶을 하나 이상의 관점에서 볼 수 있어야 한다. 그리고 분리된 조각들을 전체로 변화시킬 수 있어야 한다.

성인이라면 양심과 죄책감을 가질 뿐 아니라 참회와 자기 용서를 할 수 있는 역량도 지녀야 한다. 도덕성에 의해 제약을 받기는 하지만, 그로 인해 정신적인 불구가 되어서는 안 된다. 자유롭게 자기 주장을 하고 자기 성취를 할 수 있어야 한다.

성인이라면 즐거움을 추구하고 누릴 수 있지만, 또한 고통을 직시하거나 그것을 견뎌낼 수도 있어야 한다. 그리고 환상을 통해서 자신의 내면에도 귀를 기울여야 한다. 하지만 현실과 환상은 구분할 줄 알아야 한다.

성장에는 시간이 걸린다. 자신의 꿈과 현실 사이에서 균형 잡는 방법을 배우는 데는 생각보다 오랜 시간이 걸린다. 또한 삶이 아무리 좋아 봤자 '통제된 꿈'에 지나지 않는다는 사실, 현실은 불완전한 연결로 이루어져 있다는 사실을 배우기 위해서 우리는 많은 시간과 노력을 기울여야 할지도 모른다.

우정,
나와 너의 교집합

– '여사친, 남사친' 사귀기는 정말 가능한 일일까?

한때 우리에게 친구란 절대적인 존재였다. 서로에게 사랑과 신뢰를 보내고, 같은 취향과 열정과 목표를 나누며, 비밀을 공유하고, 상대가 곤경에 빠졌을 때 기꺼이 손을 내밀어줄 수 있는 존재, 내 영혼의 어두운 곳까지 드러내 보일 수 있는 유일한 사람, 그것이 바로 친구라고 우리는 믿었다.

그러나 성장한다는 것은 손아귀에 쥐고 있는 그런 믿음을 살며시 놓아버리는 것이다. 사랑하는 단짝 친구가 하나둘 혹은 셋 정도 있다고 하더라도, 그 사랑은 혹은 우정은 완벽하지 않다. 우리는 모두 불완전한 관계일 뿐이다.

모든 인간관계가 그렇듯 우정도 모순되는 감정들로 이루어져 있다. 우리는 친구를 사랑하면서도 질투한다. 사랑하면서도 경쟁한다.

동성 간의 우정을 유지하기 위해서 우리는 무의식적으로 양성애적 성향과 타협할 수밖에 없다. 이성 간의 우정을 위해서는 이성애에 대한 욕망과 화해해야만 한다. 가장 친한 친구들조차도 어느 정도까지만 친구인 것이다.

우리는 어떻게 우정의 진가를 판단할까? 이런 질문을 받으면, 대개의 사람들은 역경에 처했을 때 친구의 태도를 살펴보면 알 수 있다고 말한다. 즉 내가 역경에 있을 때에도 친구와의 우정이 유지되는가, 반대로 내게 기쁜 일이 있을 때 친구가 함께 기뻐해주는가, 이것이 우정의 정도를 판별하는 시험 기준이 된다는 것이다.

평상시에 우리는 친구가 잘되기를 바란다. 친구에 대한 부정적인 생각은 쉽사리 의식 위로 떠오르지 않는다. 그러나 레이더 스크린에 한 순간 빛이 스쳐 가듯 의식을 뚫고 휙 날아가는 생각이 있으니 그것은 바로 친구가 잘못되기를 바라는 마음이다. 겉으로는 친구에게 해가 되는 말이나 행동을 하지 않지만, 친구가 진급을 못하거나 대회에서 탈락하거나 누군가에게 비판받았을 때, 우리는 크게 안타까워하지 않는 자신의 속마음을 얼핏 마주하게 된다.

이처럼 우리는 친구에게서 사랑과 미움이 뒤섞인 모순된 감정을 맛본다. 그런데 우리는 이미 이러한 감정을 느꼈던 적이 있다. 바로 엄마, 아빠, 형제, 자매를 통해서이다. 결국 우리는 이러한 감정을 자라서 만나게 되는 친구나 배우자, 자녀에게 전이시키고 있는 셈이다.

다이너는 어릴 때 단짝이었던 이소벨을 집에 초대했다. 다이너는 결혼을 해서 한 아이의 엄마가 되었다. 다이너는 이소벨을 사랑하지만 그녀를 이기고 싶은 마음도 든다. 다이너는 이소벨에게 미묘한 경쟁심을 느끼고 있었다. 게다가 이소벨이 사회적인 성공을 거둔 후부터 다이너는 어쩐지 그녀가 불편하게 느껴지기 시작했다. 하지만 늘 그런 것만은 아니었다. 누군가 이소벨을 비난할 때면 그런 감정은 싹 사라지고 오히려 이소벨을 보호해주고 싶다는 생각마저 드니까 말이다. 다이너는 이소벨이 자신의 결혼생활을 진심으로 부러워해주기를 바랐다. 다이너는 이러한 자신의 심리에 대해 잘 알고 있었다. 그녀와 이소벨 사이에는 사랑, 경쟁, 질투의 감정들이 마구 뒤섞여 있는 것이다.

친구를 향해 그런 감정을 가진다니 생각만 해도 얼마나 불편한가. '너는 그럴지 몰라도 나는 안 그래'라고 고집하고 싶은 마음도 들 것이다. 하지만 대부분의 사람들은 우정이라는 껍질 속에 담겨 있는 복합적인 감정들에 대해서 공감한다.

그런데 이보다 더욱 우리를 난처하게 하는 감정도 있다. 바로 친구를 향한 성적인 감정이 그것이다. 만약 우리가 친구를 향해 성적인 감정을 품는다면, 이를 어떻게 처리해야 좋을까?

프로이트는 말한다. 연인 간의 사랑뿐 아니라 부모, 자녀, 친구, 인류를 위한 사랑 등 모든 애정관계의 핵심은 언제나 성적으로 연결되기를 원하는 성적인 사랑이라고 말이다. 그리고 "아무도 단일한 성적 취향에 제한되어 있지 않으며, 언제든지 반대 성을 취할 수 있는 여지를 지니고 있다"고 언급한다. 그러니까 정도의 차이는 있지만, 인간은 누구나 양성애적 성향을 지니고 있다는 얘기다. 이는 동성 간의 우정에도 성적인 요소가 포함되어 있는데, 무의식 속에 침잠되어 있어서 우리가 제대로 알지 못할 뿐이라는 얘기다.

사실 동성 간의 우정이 성립되기 위해서 성적인 감정은 철저히 차단된다. 즉 성적 욕구의 일부는 억압되고, 일부는 애정 어린 관심이나 헌신, 다정함으로 전환되어 표현되는 것이다.

남자들 사이에서는 이런 애정이 신체적인 접촉으로 나타나는 경우가 거의 없다. 기껏해야 어깨를 툭 치거나 호감의 표시로 등을 때리는 정도로만 표현될 뿐이다. 하지만 여자들은 서로 손을 잡고 안아주기도 하는데, 그렇다고 해서 동성애에 빠질까 봐 불안해하지는 않는다.

로버트는 이성애자다. 하지만 친구와 야영을 떠났던 밤, 그 친구를 끌어안고 싶다는 충동을 느꼈다. 로버트는 당황스러웠다. 만약 친구를 안고 나면 그다음에는 어떻게 될까? 두려움이 밀려왔다. 로버트는 애써 애정표현을 자제했다. 여행을 마칠 때가 되어서야 비로소 로버트는 그 친구를 가볍게 안아주고 헤어질 수 있었다. 로버트는 자신이 성적인 접촉을 원한 것은 아니라는 것을 깨달았다. 단지 친구에게 애정을 표현하고 싶었던 것이었다.

로버트는 '우리가 서로 안는다면, 그다음은 어떻게 될까? 동성애에 빠지고 마는 것일까?'라고 생각하면서 두려움에 빠지고 말았다. 로버트의 충동이 동성애적인 것이었을까? 이 이야기를 들려준 정신과 의사는 그렇다고 대답했다. 그는 그런 모든 신체적인 충동에는 언제나 성적인 요소가 억압된 채 포함되어 있다고 말했다.

성적 충동을 느낀다 하더라도, 자신의 성적 타입이 바뀌는 것은 아니다. 『대학 시절의 친구와 연인Friends and Lovers in the College Years』을 쓴 정신과 의사가 지적하듯이 "동성을 향해 성적인 감정을 가지는 것, 심지어는 동성애적 체험을 한다고 해서 자신을 동성애자라고 규정할 것까지는 없다. 여전히 이성애적 감정이 그가 가진 지배적인 성적 취향이고, 동성애적 감정은 거기 종속된 일부의 감정일 뿐"이니까 말이다. 또한 지나치게 동성애적 감정을 억누르는 것은 오히려 정신적 제약이 되어 좋지 않다는 의견도 제시한다.

그렇다면 양성애적 성향을 억압하는 대신 즐기는 것은 어떨까? 친구들과 성교를 하면서 우정을 나누는 것은 왜 안 될까? 『하이트 보고서The Hite Report』의 저자 셰어 하이트는 "성적인 접촉과 우정을 날카롭게 구분할 필요는 없다."고 주장한다. 하지만 우리는 부모, 자녀, 연인, 친구로서의 역할을 담당할 때 엄연히 성적으로 구분한다. 그리고 이를 통해 풍부하고 성숙하며 복합적이고 광범위한 감정을 경험하는 것도 사실이다. 어쩌면 모든 관계를 성적인 관계로 만드는 것 역시 우리를 제약하는 정신적 족쇄일지도 모른다.

어쨌든 우리는 우정을 유지하기 위해서 성적 충동의 일부를 제어할 수밖에 없다. '우정'은 나와 친구를 연결하는 불완전한 연결고리일 뿐이다. 그렇지만 빨강을 묽게 하면 핑크가 되듯, 우정을 사랑의 희석된 형태로 본다면 이는 우정을 매우 부당하게 취급하는 것이 된다.

정신분석학자인 제임스 맥마흔James McMahon은 친구의 친밀함과 연인의 친밀함을 비교하며 친구 관계에서는 자신의 성격이나 욕구가 원초적이고 퇴행된 모습으로 드러나지 않는다고 말했다. 연인 관계에서는 예절이나 체면을 상당히 내려놓고 마음대로 행동하는데 말이다.

예를 들어 우리가 배우자와 함께 아침 식사를 할 때 얼마나 지저분한 차림새를 하고 있는지 떠올려보자. 심한 감기에 걸렸을 때 집 안에서 얼마나 징징거리며 돌아다니는지, 상대방의 그릇에서 음식을 얼마나 뻔뻔하게 푹 퍼 가는지, 싸우면서 얼마나 막장으로 치닫는지 기억해보자. 우리는 사랑하는 사람과 함께 있을 때 성적인 사랑을 나누면서 퇴행하기도 하지만, 다른 면에서도 원초적인 자신을 드러낸다. 아무리 수십 년을 함께 했더라도 친한 친구에게는 그런 꼴을 보여주지 않으면서 말이다.

하지만 자신을 적나라하게 드러낸다고 해서 상대방의 욕구를 모두 충족시켜줄 수 있는 것은 아니다. 어떤 사람도 상대방에게 모든 것이 되어줄 수는 없다. 따라서 연인 간의 사랑은 빨간색이고 우정은 분홍색이라 했을 때, 오히려 분홍색은 우리의 삶이 단조로워지는 것을 막아주는 역할을 한다고 보아야 한다. 우정은 연인과의 사랑에서 부족한 부분을 결정적으로 채워준다.

자신의 결혼생활이 완벽하지는 않지만 꽤 괜찮다고 생각하는 페이스의 말을 들어보자.

"여자 친구들이 없다면 나는 무척 외로울 거예요. 제게 친구는 없어서는 안 될 존재지요. 저는 친구들과 속 깊은 대화를 나눠요. 내면의 두려움이나 광기에 대해서도 말하죠. 남편과는 그런 대화를 하지 않아요. 여자 친구하고만 하지요."

남편 쪽의 말도 들어보자.

"내가 아내에게 스키트 사격에서 986을 쐈다고 말하면 아내는 '당신, 대단해요'라고 대답할 겁니다. 그녀는 내가 무엇을 하든, 무엇을 즐기든 지지해줘요. 하지만 아내는 그렇게 높이 쏜다는 것이 무엇인지 전혀 몰라요. 다른 남자들은 내가 하는 말에 대해 잘 알고 있어요. 스키트 사격을 하지 않는 여자들은 죽었다 깨도 무슨 말인지 이해하지 못할 거예요."

남자들도 동성 친구가 각별하다고 말한다. 하지만 남자의 우정과 여자의 우정은 현저히 다르다. 여자가 더 관계 지향적이다. 남자들은 여자만큼 서로에게 개방적이지 않다. 친밀함도 떨어진다. 한 남자의 이야기를 들어보자.

"내가 친구들에게 말하지 않은 것들이 좀 있습니다. 저는 친구들에게 일 이야기를 하지 않아요. 우리는 서로 무척 경쟁적인 관계거든요. 그리고 저는 인생의 불확실한 부분이나, 그로 인해 받는 고통에 대해서도 친구에게 말하지 않아요. 아내와의 문제도 마찬가지고요. 결혼생활이나 성생활과 관련된 어떤 문제도 이야기하지 않습니다. 그것 말고는 친구들에게 무엇이든 다 이야기하지요. 음, 그러고 보니 얘깃거리가 별로 남아 있지 않네요, 그렇죠?"

여자들의 이야기도 들어보자.

"여자 친구들 사이에서는 영혼이 통한다는 느낌이 들어요, 내 영혼 깊숙이 있던 것이 표면 위로 떠오르는 듯하지요. 저는 친구에게 별로 감추는 것이 없어요, 친구에게 말하고 있으면 마치 자신에게 이야기하는 것과 같아요. 나는 여자 친구들이 따뜻하고 동정심이 많아서 사랑해요. 내 모든 것을 그들과 나눌 수 있습니다. 그 친구들은 절대로 판단을 하거나 비난하지 않아요. 무엇이든 털어놓을 수 있습니다. 지금껏 나는 어떤 남자와도 그런 방식으로 내 감정과 경험을 나누고 이야기해본 적이 없어요."

나는 나이를 막론하고 수많은 여자들에게서 이런 이야기를 들었다. 하지만 여자들처럼 말하는 남자는 단 한 명도 만나본 적이 없다.

그러나 아이러니하게도 신화나 설화 속에서는 대개 남자들의 우정이 다루어진다. 예컨대 다몬과 피티아스(다몬이 사형수인 친구 피티아스 대신 볼모로 잡혀 있다가 사형을 당하게 되었으나, 피티아스가 다몬을 구하기 위해 필사적으로 달려온다 — 옮긴이 주), 아킬레스와 페트로클루스(페트로클루스는 아킬레스의 사촌으로 트로이 전쟁에서 전사하는데, 아킬레스는 그의 죽음으로 인해 자신의 생명을 잃을 것이라고 예언된 전쟁에 참가한다 — 옮긴이 주), 다윗과 요나단(요나단은 이스라엘 사울 왕의 아들인데, 사울이 자신을 대신해 왕에 오를 다윗을 죽이려고 할 때 다윗을 옹호한다 — 옮긴이 주), 롤랑과 올리비에(롤랑은 샤를마뉴 대제가 스페인을 정벌하고 돌아가는 길에 후위대를 맡았다가 전우 올리비에와 함께 전사한다 — 옮긴이 주) 그리고 비교적 최근에는 부치 캐시디와 선댄스 키드(미국 서부영화 〈내일을 향해 쏴라〉의 주인공들로 함께 남미로 도주했다가 경찰에게 죽음을 당한다 — 옮긴이 주)의 우정이 등장한다. 그러나 사회학자 로버트 벨이 언급하듯 이러한 우정은 용기와 희생을 기반으로 한다. 전설적인 남자들 사이의 우정에는 감정적인 친밀함에 대한 칭송이 없다.

사람들은 무의식적으로 동성애를 나약함, 상처받기 쉬움, 외로움 등과 결부시킨다. 왜 남자들이 우정으로부터 거리를 유지하려고 하는지 조금은 이해할 수 있는 대목이다.

동성 간의 우정에서는 성적인 요소가 대개 억제되어 있다. 하지만 이성 간에는 그럴 가능성이 적다. 그래서 남자와 여자가 친구가 되는 것이 더욱 어렵다. 그러나 최근 남녀가 함께 일하고 놀 수 있는 영역이 넓어지면서 남녀 간의 우정도 증가하고 있다. 성적 목적이 없는 남녀 간의 우정이 점점 빈번히 나타나고 있다. 한 연구 결과에 따르면 많은 남자들이 남자 친구보다 여자 친구와 정서적으로 더 친밀함을 느낀다고 한다. 한 남자 변호사도 이렇게 말했다.

"나는 남자들 사이에서의 '남자다움'이 우정을 위협한다고 생각합니다. 여자 친구들 사이에서는 그런 위협을 느끼지 않아요. 여자와의 우정에는 신뢰가 가는데 남자와의 관계에는 신뢰가 생기지 않아요."

아이가 있는 기혼녀 루시는 남자 친구와의 우정을 이렇게 설명했다.

"우리는 때로 전화를 하거나 만나서 점심 식사를 합니다. 서로 관심사가 비슷하죠. 그가 좋아하는 책을 나에게 빌려주곤 합니다. 그러나 우리 사이에는 그것 말고도 따뜻하고 다정한 어떤 감정이 흐릅니다. 제가 남편과 두어 차례 위기를 겪는 동안 그 사람이 저의 대화 상대가 되어주었어요. 또 그의 가족이 죽었을 때 그는 내가 함께 있어 주기를 원했습니다. 우리 사이에도 성적인 욕망이 있긴 합니다. 그렇지만 그것은 우리의 우정에서 무척 작은 부분을 차지하지요."

하지만 이성끼리는 성적으로 이끌릴 뿐만 아니라, 이성애는 정당한 것이라고 여겨지기 때문에 우정이 형성되기 어렵다. 정신분석학자 레오 랑겔은 남자와 여자가 맺는 우정에는 몇 가지 범주가 있다고 말했다.

첫째, 동성 관계와 다름없는 우정이 있다. '나는 그 여자를 나 자신이나 다른 남자 친구처럼 생각한다.'

둘째, 가족 같은 우정이 있다. '나는 그 남자를 아버지, 오빠, 아들처럼 생각한다.'

셋째, 플라토닉한 우정으로 시작해서 성적인 사랑으로 발전하는 관계도 있다. 사실 모든 관계에는 약간의 성적 욕구가 있다.

하지만 우리는 오랜 시간에 걸쳐 양심과 사회적 금기 앞에서 스스로를 자제하는 법을 배운다. 아울러 우정에 스며있는 성적인 감정을 의식적, 무의식적으로 포기하는 법도 배운다. 이로써 잃는 것도 있지만 얻는 것도 있다.

랑겔에 따르면, 우정도 성적 욕구를 제한하는 대가를 지불한 후에 사는 것이다. 우리의 문명처럼 말이다. 그리하여 우리는 우정에서 다른 것들을 얻는다. 이를테면 즐거움과 성장의 기쁨 같은 것 말이다.

사춘기의 우정은 특별하다. 사춘기에 우리는 자신이 누구인지를 발견하고 확인하며 공고히 하기 위해 우정을 나눈다. 메이라는 한 여자는 이렇게 말한다.

"혼자서는 인정하지 않거나 아예 몰랐을 면들을 친구들 덕분에 알 수 있었어요. 친구들은 나 자신을 아는 데 도움이 됩니다. 또한 목표를 갖거나 열망하는 데에도 일조를 하지요."

때로 우리는 자신이 친구에게 중요한 존재라는 사실과 친구가 나를 괜찮은 친구로 생각한다는 사실에서 자존감을 얻기도 한다. 비록 우리가 친구들과 완벽하게 이어져 있는 존재는 아니더라도 말이다.

나는 몇몇 사람들과 친구라는 주제로 논의한 결과, 다음과 같은 범주로 우정을 분류할 수 있었다.

편의에 의한 친구

생활 속에서 일상적으로 얽히는 이웃이나 직장동료 등이 이 범주에 속한다. 서로 작은 호의를 교환하는 사람들이다. 그들은 내가 아플 때 우리 아이를 축구 게임에 데려다준다. 휴가를 떠났을 때 우리 강아지를 돌봐주고, 수리한 차를 찾으러 정비소에 갈 때 차를 태워준다. 물론 우리도 그들에게 그렇게 해준다.

그러나 편의에 의한 친구와는 지나치게 가까워지거나 너무 많은 것을 이야기하지 않는다. 체면을 차리고 정서적인 거리를 유지한다. 일레인은 이렇게 말한다.

"이 친구들에게 내가 과체중이라는 이야기는 하지만 우울증에 걸렸다는 이야기는 하지 않죠. 내가 화가 났다는 것은 인정하지만 분노로 눈이 멀었다는 것은 인정하지 않아요. 그리고 이번 달에 조금 쪼들린다고는 하겠지만 돈 때문에 걱정이 되어 죽겠다는 말은 절대로 하지 않지요."

특정한 이해관계에 의한 친구

함께 어떤 활동이나 관심사를 공유하는 관계다. 운동 친구, 직장 친구, 요가 친구, 환경운동에 참여하는 친구 등이 있을 수 있다.

수잔은 화요일마다 복싱 경기를 하기 위해 만나는 친구들에 대해서 "우리는 만나서 어떤 일을 함께할 뿐, 함께 지내는 것은 아닙니다."라고 말했다.

편의에 의한 친구들과 마찬가지로 특정한 이해관계에 의한 친구들과도 우리는 강한 친밀감 없이 일정한 관계를 유지할 수 있다.

오래된 친구

그레이스와 버니는 그레이스네 가족이 브루클린의 방 세 개짜리 아파트에 살던 시절부터 친구였다. 그레이스는 자기 아버지가 일곱 달 동안 실직 상태였을 때, 오빠 앨리가 싸움에 휘말려서 경찰서에 불려갔을 때, 언니가 치과전문의와 결혼했을 때 그리고 그녀가 첫 경험을 했을 때, 버니에게 달려가서 속을 털어놓을 수 있었다.

세월이 흘러서 그들은 서로 다른 길을 가게 되었으며 지금은 거의 공통점이 없다. 하지만 두 사람은 여전히 서로의 과거에서 친밀한 부분을 차지하고 있다.

그레이스는 고향에 갈 때마다 버니를 만난다. 버니는 그레이스가 치아교정을 받기 전에 어떤 모습이었는지 안다. 그레이스가 브루클린의 말투를 벗어나기 전에 어떻게 말했는지 안다. 서로 옛날에 어떤 아이였는지를 훤히 아는 것이다.

인생의 교차로에서 만난 친구지만, 한때 함께 시간을 보내고 우정을 나누었기 때문에 오랜 친구처럼 소중한 존재다. 과거 때문에 소중하다. 어쩌면 그 친구와 대학에서 같은 방을 썼다거나 함께 군대에 복무했을 수도 있다. 또는 젊은 시절 한 팀에서 일을 했거나 임신과 출산, 육아의 힘겨운 시기를 함께 지냈을 수도 있다.

우리는 이 친구들과 일 년에 한두 번 정도 연락하는 사이지만 특별히 친밀감을 유지한다. 그런 친밀감은 내면에 잠들어 있지만, 친구를 다시 만날 때마다 금방 되살아난다.

세대를 뛰어넘는 친구

세대를 뛰어넘는 우정에는 특별한 친밀감이 형성된다. 세대를 뛰어넘어 젊은 쪽은 나이든 쪽에게 생기를 주고 나이 든 친구는 젊은 친구에게 무엇인가를 가르쳐준다. 지도를 하는 사람과 받는 사람 또는 어른과 아이로서 각자 맡은 역할에 나름대로 만족을 느낀다.

그리고 혈연으로 엮이지 않았기 때문에 충고도 간섭이 아니라 현명한 조언으로 받아들여지며, 혹시 유치한 실수를 해도 경고나 불평이 따르지 않는다. 실제 부모와 자녀의 관계에서는 이런 관계가 형성되기 어렵다.

세대를 뛰어넘는 친구들 사이에서는 서로 다름에서 오는 풍부함을 즐길 수 있다.

가까운 친구

우리는 가까운 친구와 정서적, 물리적으로(서로 만나거나 메일을 주고받거나 통화를 함으로써) 무척 친밀한 관계를 지속적으로 유지한다.

우리는 가까운 친구에게 내밀한 자아를, 개인적인 생각이나 감정, 바람, 두려움 등을 모두 드러낼 수 있다. 물론 가까운 친구가 여럿이라면 친구에 따라서 자신을 드러내는 정도가 조금씩 다를 것이다.

가까운 친구들은 우리를 완벽하다고 여기지 않으며, 또 그래서도 안 된다. 그렇지만 우리에게는 그런 믿음이 있다. 가까운 친구가 우리의 악한 점은 희미하게 보는 반면 우리의 덕은 뚜렷하게 볼 것이라는 믿음 말이다.

작가인 제니 무어의 친구는 이렇게 말했다. "제니와 친구가 되면, 당신은 잠시 동안 자신이 바랐던 바로 그런 사람이 될 수 있을 거예요."

정신분석학자 맥마흔은 "성장하려면 관계를 맺어야 한다. 그리고 친밀한 관계는 평생 지속적인 성장을 가능하게 해준다. 자아는 누군가에게 알려짐으로써 긍정되고 강화되기 때문이다."라고 했다. 또한 그는 철학자 마르틴 부버의 말을 인용하여 이렇게 말한다. "진정한 삶은 나와 너의 만남으로 이루어진다. 너를 통해서 인간은 비로소 내가 된다."

친한 친구들은 우리의 개인적인 성장에 기여한다. 그들은 또한 거기 있는 것만으로 음악을 더욱 감미롭게, 와인의 향을 더욱 풍부하게, 웃음을 더욱 유쾌하게 해주기 때문에 개인적인 기쁨에도 보탬이 된다.

때로 친구들은 그 이상으로 우리를 보살펴주기도 한다. 우리가 새벽 두 시에 전화를 해도 단박에 달려온다. 차와 침대와 돈과 귀를 빌려준다. 그리고 비록 계약서는 작성하지 않았지만 친밀한 우정에는 분명히 중요한 권리와 의무가 포함된다. 실제로 우리는 위안을 받거나 구조 요청을 하기 위해서 종종 친구에게 향할 것이다. 친척이 아니라 친한 친구들을 부를 것이다.

하지만 친밀한 우정을 맺을 수 있는 역량은 사람마다 다르다. 어떤 사람은 천성적으로 재능을 타고난다. 어떤 사람은 친밀한 감정을 나누는 데 서투르거나 불편한 느낌을 갖는다. 또한 친밀한 상태에 지나치게 휩쓸릴까 봐 두려워하는 사람도 있다.

돈독한 우정을 쌓으려면 우선 자아감이 필요하다. 그리고 다른 사람에 대한 관심과 공감, 충성심과 헌신이 필요하다. 아울러 돈독한 우정을 위해서는 이상적인 우정에 대한 환상은 일부 포기하는 것이 좋다. 이상적인 우정에 대한 환상을 놓아버리는 것, 그것도 인생이 주는 하나의 필연적인 상실이다.

키케로Cicero는 『우정에 관하여On Friendship』라는 수필에서 "친구 간의 호의에서 안식을 얻지 못하는 삶이 무슨 가치가 있겠는가?"라고 물었다. 그러나 그는 우정이 "흠 없는" 인간들이 "인간적이고 신적인 모든 주제에 대해서 완전하게 일치하는" 관계라고 정의함으로써 어떠한 우정도 감당할 수 없는 부담을 안겨주었다. 엄격한 키케로는 "두 사람은 모든 관심과 목적과 목표에서 예외 없이 완전한 조화를 이루어야 한다."고 말했다.

일부 사회학자들의 연구에 따르면, 어른의 우정에서 가장 중요한 것은 '유사성'이라고 한다. 나이, 성별, 결혼 여부, 종교는 물론이고 태도, 관심, 지능 면에서도 자기와 비슷한 사람을 친구로 선택하는 경향이 있다는 것이다.

하지만 굉장히 개인주의적 성향이 강한 현대인들 사이에서 두 성인이 서로 완벽하게 맞아떨어지기란 쉽지 않다. 사실 가장 친한 친구들조차도 어느 정도만 서로 일치할 뿐이다. 가까운 친구들 중에는 함께 소설을 논할 수 없는 친구도 있고, 육아 방식이 다른 친구도 있을 것이다. 양심이 지나치게 느슨한 친구도 있고 번번이 약속 시간에 늦어서 욕을 하게 되는 친구도 있을 것이다. 음식과 옷과 개와 정치인에 대한 안목을 도저히 이해할 수 없는 친구도 있을 것이다.

우리는 가까운 친구와 자신의 열정, 가치관, 사랑과 증오 등을 함께 공유하기를 원한다. 그러나 실은 클린트 이스트우드Clint Eastwood의 영화를 숭배하면서 윌리엄 버틀러 예이츠William Butler Yeats를 경멸하는 친구를 받아줘야 하는 경우도 있다. 우리를 실망시킨 것을 용서해주어야 하는 경우도 있다.

우리는 분명히 흠이 있는 인간들이다. 친구에 대해서 모순된 감정을 느끼며, 성적인 감정을 억압해야 할 때도 있다. 친구는 결국 어느 정도까지만 친구인 것이다. 그러나 그런 악조건 위에 쌓아 올린 우정도 때로는 혈연이나 법으로 엮인 관계보다 강한 친밀감을 형성할 수 있다. 편안하고 풍부하며 성스럽고 기적적인 유대가 이루어질 수 있는 것이다.

결혼이라는
불완전한 연결
– 영원히 사랑하고 싶다면 '증오'하는 법을 배워라

우리는 우정의 불완전함을 그럭저럭 잘 받아들인다. 우정은 완벽할 수 없다고 생각하는 것이다. 하지만 사랑은 다르다. 우리는 여전히 '사랑은 이래야 한다'는 착각에서 헤어나지 못한다.

프로이트는 가장 깊은 애정의 관계에서도 모순된 감정이 일어난다고 말한다. 우리는 종종 너무나 사랑하는 상대방에 대해서조차 증오를 품는다. 결혼도 마찬가지다. 우리는 행복한 결혼 생활을 하면서도 가끔씩 적대적인 감정에 휩싸이고는 한다.

한 사회학자는 이렇게 말했다. "적대감은 해치려는 의도가 없더라도 충분히 상대방에게 피해를 줄 수 있다."

나는 남편의 화를 돋우려면 무엇을 자극해야 하는지 정확히 안다. 또 어떻게 하면 남편을 진정시키고 남편과 원만하게 지낼 수 있는지도 안다. 누군가 내게 이렇게 물을지도 모르겠다. 그렇다면 당신은 낙원 같은 결혼생활을 꾸려갈 수 있지 않느냐고 말이다. 그러나 내 결혼생활은 그렇지 않다. 아니, 세상의 모든 결혼생활은 결코 그렇게 진행되지 않는다.

심리학자 이스라엘 차니는 결혼에 대한 연구에서 "대다수의 결혼생활이 표면적으로든 은밀한 형태로든 긴장으로 가득 차 있다."고 주장한다. 그리고 그는 평균적이고 일상적인 결혼생활도 긴장과 갈등의 관계로 이루어져 있다고 말한다. 그러면서 결혼이 성공하려면 "사랑과 증오 사이에서 현명하게 균형 잡는 것"이 필요하다고 제안한다.

소설 『보바리 부인Madame Bovary』의 엠마를 떠올려보자. 그녀가 푹 빠져 있는 낭만적 소설에는 "열정과 황홀과 환희"가 가득하여 끊임없이 그녀를 괴롭힌다. 행복하지 않은 결혼생활에 불만을 느낀 그녀는 "너무나 높은 자신의 꿈과 너무나 좁은 집"을 한탄한다. 그리고 그녀는 친절하지만 죽도록 따분하고 평범한 남편 찰스를 "자신의 좌절감으로부터 생겨난 복잡한 증오의 유일한 대상"으로 삼는다.

엠마는 열에 들뜬 낭만적 영혼의 소유자다. 그녀는 결혼생활에서 "마법적인 열정"을 기대한다. 그리고 그런 열정을 찾지 못했을 때 남편을 증오하고 다른 곳에서 로맨스를 구한다. 그러나 엠마만 그런 것은 아니다. 우리도 자신의 꿈과 현실을 대립시키고 마법적인 열정의 세계로 들어가려 하지만, 현실이 그렇지 못하다는 것을 잘 안다.

인류학자 브로니스라브 말리노프스키Bronislaw Malinowski 는 "결혼은 인간의 삶에서 해결하기 가장 어려운 문제들을 제기한다. 감정적이고 낭만적인 인간들이 일상 속으로 들어가야 한다는 문제를 낳는 것이다."라고 말한다.

물론 비운의 엠마와는 달리 우리는 타협하고 순응하면서 그럭저럭 살아간다. 그러나 우리의 낭만적인 꿈을 길들여버린 결혼을 때로는 증오하기도 할 것이다.

우리는 수많은 낭만적인 기대를 안고 결혼생활을 시작한다. 머릿속으로 신비로운 성적인 전율도 그린다. 그리고 성적인 결합 속에서 자아는 타버릴 것이라고 믿는다. 우리는 낙원에 준하는 복제품을 만들려는 것이다. 그러나 섹스에 대해 이런 기대를 했다면 곧 실망하고 말 것이다. 부부는 시간이 흐르면서 섹스가 그다지 섹시하지 않다는 사실을 발견하게 될 테니까 말이다.

놀라운 성적 체험이 불가능하다는 이야기는 아니다. 두 사람의 열정과 사랑이 결합되는 순간도 있을 수 있다. 그리고 그런 섹스가 아니더라도 우리는 성행위를 통해서 서로를 갈라놓는 경계를 허물고 넘어설 수 있다. 남자와 여자, 사랑과 증오, 현재와 미래와 과거 등 우리를 갈라놓는 모든 경계를 초월할 수 있다.

철학자인 버트런드 러셀Bertrand Russell의 자서전에는 다음과 같은 글이 있다.

"처음에 나는 황홀경을 느낄 수 있기 때문에 사랑을 추구했다. 몇 시간 동안의 그 즐거움이 너무나 강렬해서 그것을 위해 남은 삶을 희생해도 좋을 것 같았다. 그랬기에 황홀경을 맛보려고 사랑을 추구했다. 그다음에는 사랑이 끔찍한 외로움을 달래주기 때문에 추구했다. 사랑이 없을 때 몸서리쳐지는 의식이 되살아났고, 그 외로움 속에서 차갑고 불가해하고 불모인 심연에 직면할 수밖에 없었다. 마지막으로 나는 사랑을 통해 하나가 되는 순간, 성자와 시인들이 상상했던 천국의 축소판을 보았기 때문에 사랑을 추구했다."

좋은 이야기다. 그러나 많은 부부들, 어쩌면 대부분의 부부들에게 그런 순간은 아주 특별하고 드물게 찾아올 것이다. 우리는 성적인 사랑을 나누면서 몸을 통해 마음의 연결을 지속시키려고 노력하지만, 황홀경으로 도약하지 못하고 실패할 때가 있다. 종종 불완전한 연결에 만족해야 할 때도 있다.

그러나 우리가 원했던 결혼과 실제 결혼생활 사이의 차이는, 낭만적이고 성적인 면에서의 실망을 넘어서 광범위한 차원의 것이다. 우리가 결혼에 대해 아무리 소박한 기대를 갖고 있다 하더라도, 결혼생활과 배우자는 반드시 그런 기대들 중 일부, 때로는 모두를 저버릴 것이다. 언제나 상대를 위해 있어 줄 것이라는 기대, 언제나 상대에게 진실하고 충성할 것이라는 기대, 상대의 불완전함을 받아들일 것이라는 기대, 적어도 고의로 상대에게 상처를 주지는 않을 것이라는 기대, 비록 여러 사소한 문제들에서 의견이 다르더라도 중요한 문제에서는 분명히 합의할 것이라는 기대, 자신을 열고 상대에게 정직할 것이라는 기대, 상대를 적극 지지해줄 것이라는 기대, 결혼이 보호막, 피난처, '무정한 세상 속에서의 안식처'가 될 것이라는 기대, 이 가운데 어느 것은 제대로 실현되지 않을 것이다.

나는 언젠가 결혼생활을 하면서 지키지 못한 약속이나 배신, 부정에 대한 이야기들을 모아본 적이 있었다. 그 이야기들 중에는 상대방의 한계와 결점을 눈곱만큼도 참아주지 못하는 모습이나 돈, 종교, 섹스 등의 문제로 의견이 충돌했던 이야기들이 많이 있었다. 메그라는 여자는 이렇게 말했다.

"고통을 주고 신뢰를 저버린 것을 기준으로 남편을 평가한다면 아마 남편은 내 일생일대 최대의 적일 거예요."

결혼생활의 특징 중 하나는 한 가지 기대가 충족되지 못하면, 결혼생활 전반에 걸쳐 불화가 생긴다는 점이다. 예를 들어 어떤 여자는 남편이 남동생과 싸울 때 남편의 편을 들지 않았다. 그러자 남편은 '아내는 나를 절대로 이해하지 못할 거야.'라고 생각하기 시작했다.

밀리의 이야기를 들어보자.

"때때로 나는 남편이 내 말을 전혀 듣고 있지 않다는 것을 알아차려요. 내가 아이들 문제로 상의할 때도 마찬가지지요. 남편이 내 말에 제대로 호응하지 않는 바람에 나는 많은 것을 깨달았어요. 아, 남편은 앞으로도 내 말에 귀를 기울여주지 않을 것이고, 내가 어디에 있는지, 내가 무엇을 하는지도 모를 것이며, 내가 바라는 다른 것들도 제대로 들어주지 않겠구나 하고 말이지요. 나는 남편이 한 말이나 행동을 모두 모아서, 그가 나를 무시하고 내게 무관심했다는 사실을 증명하는 데 사용할 작정이에요."

밀리는 비교적 안정적인 결혼생활을 하고 있지만 자신을 둘러싼 사랑의 온기는 모두 사라진 것 같다고 말한다. 남편은 안정적인 가정을 꾸리기 위해서 헌신하고 있지만 그런 남편을 볼 때조차도 밀리는 '어머, 내가 지금 여기서 뭘 하고 있지?', '남자를 잘못 골랐어. 어딘가 나를 잘 헤아려주는 사람이 있을 거야.'라는 생각이 든다는 것이다. 밀리는 말했다. "맞아요, 이건 증오예요!"

우리가 결혼생활에 거는 기대 심리는 하루아침에 생겨난 것이 아니다. 어렸을 때부터 성인이 될 때까지 사랑을 얻거나 잃는 과정에서 겪은 모든 경험이 이러한 심리상태의 밑바탕이 된다.

우리는 종종 어린 시절에 제대로 마무리하지 못한 애착 관계의 문제들을 끌어안고 살아가며, 그런 채로 결혼생활을 시작한다. 그리하여 어린 시절에 갈망했던 사랑의 느낌들을 결혼생활 속에서 다시 되살리려고 한다. 현재에서 과거에 누렸던 사랑의 대상과 감정을 되찾으려 발버둥 치는 것이다. 즉 남편에게서 오이디푸스적 열정의 대상인 부모, 무조건적인 사랑을 준 엄마를 구하는 셈이다. 그리고 어렸을 때처럼 자아와 타자가 융합되는 공생관계를 추구한다.

하지만 배우자는 그 갈망을 충족시켜줄 수 없다. 그것은 애초에 불가능한 것이다. 그럼에도 우리는 분리에서 오는 고통을 막아주지 못하는 그를 증오한다. 공허함을 채워주지 못하기 때문에 그를 증오한다. '나를 구해줘', '나를 완전하게 해줘'라는 갈망을 충족시켜주지 못하기 때문에 그를 증오한다. 아빠와 결혼하기 위해서 오랜 세월을 기다려왔는데, 남편이 아빠가 아니어서 그를 증오한다.

물론 우리는 아빠나 엄마와 결혼하겠다고 의식하면서 결혼하지는 않는다. 남들 눈에 보이지 않는 의도는 자신에게도 숨겨져 있다. 그러나 깊이 파묻힌 희망은 의식 저 아래서부터 심한 동요를 일으킨다.

정신분석가 쿠비는 이렇게 말한다.

"사람들이 의식적이고 실현 가능한 목표와 무의식적이고 실현이 불가능한 목표를 구분하는 방법을 배우지 않는 한, 행복의 문제는 결혼생활을 비롯한 모든 영역에서 해결되지 못한 채 남아 있을 것이다."

물론 결혼생활이 무의식적인 목표들을 실현시켜줄 수도 있다. 상대를 향한 남편과 아내의 요구가 너무나 잘 맞아떨어져서, 서로의 심리적인 욕구를 충족시켜줄 수 있는 '보완적인 결혼'도 있을 수 있다.

짓밟히는 사람과 폭군의 관계, 숭배자와 우상의 관계, 무력한 사람과 조력자의 관계, 아기와 엄마의 관계는 병적인 보완관계의 예들이다. 남편과 아내의 관계가 이렇게 양극화된다면, 부부 사이에 심한 갈등이 생길 수 있다.

하지만 부부가 함께 이런 관계를 재정의하고, 공통의 생각을 도출한다면 문제를 해결할 수도 있다. 이를테면 짓밟히는 사람과 폭군관계, 즉 지배관계에 놓인 부부는 결혼생활에서 사랑은 권위와 속박이라는 점에 동의하는 것이다. 숭배자와 우상의 관계라면, 결혼생활에서의 사랑이 자아 찾기의 과정이라는 점에 동의한다. 무력한 사람과 조력자의 관계라면, 결혼생활에서의 사랑이 의존을 통해 안정감을 얻기 위한 것이라고 동의한다. 그리고 아기와 엄마의 관계라면, 결혼생활에서의 사랑은 무조건적인 보살핌과 돌봄이라는 점에 동의한다.

겉보기에는 재앙처럼 보일지라도 결혼생활을 유지하기 위해서는 무언가 강렬하게 엮는 힘이 있어야 한다. 그것이 바로 부부가 공유하는 그들만의 특별한 생각이다. 그들은 공통의 생각을 공유함으로써 원하는 결혼생활을 이어간다.

하지만 아무리 그들이 '공유하는 부부'더라도, 언제든지 어떤 내적, 외적 변화에 의해 그 관계는 위협받을 수 있다. 사실 그들의 균형 상태는 아주 불안정한 것이다.

'엄마'를 원하는 남자와 그러한 남자의 무력함에 반해서 결혼한 여자가 있다고 하자. 여자는 남자를 엄마처럼 보살펴줄 작정으로 결혼을 했다. 하지만 결혼 후, 남편은 때때로 그녀가 완벽하게 헌신하지 않는다고 느끼며 분개한다. 그는 자기 아내가 이기적이고 애정이 없다며 불만을 터트릴 것이다. 그는 울며 엄마를 찾아다니는 아이처럼 행동하겠지만, 완벽한 엄마는 더 이상 거기 없다. 결혼생활에서 긴장만 고조될 뿐이다.

이러한 '보완적인 결혼'에는 더욱 복잡한 형태의 것도 있다. 이른바 '투사적 동일시projective identification'가 그것인데, 한쪽 배우자가 상대편 배우자로 하여금 자신의 어떤 특정한 면을 갖추고 체험하도록 만드는, 미묘하고도 무의식적인 쌍방향의 상호작용을 가리킨다.

자신의 불안한 심리상태를 견디지 못하는 케빈이라는 남자가 있다. 그는 자신의 불안을 아내인 린에게 떠넘기고 자신은 그 상태에서 벗어나려고 한다. 불안을 아내에게 투사한 다음, 그 부정적인 감정을 아내가 느끼도록 압박하는 것이다. 그래서 아들이 두 시간 정도 늦으면 린은 머리카락을 쥐어뜯으며 걱정하고 케빈은 "당신은 걱정이 너무 많아."라고 비웃는다. 그는 린이 자기 대신 걱정하게 만들기 때문에 자신은 걱정을 하지 않으면서 아내의 불안을 경멸할 수 있다.

이 밖에도 씀씀이가 헤픈 남편을 통해서 자신의 낭비벽을 감추는 아내도 있다. 심리학자 해리엣 러너Harriet Lerner는 말한다.

"만약 어떤 여성이 자신의 야심만만하고 경쟁적인 성격을 부정하도록 길러졌다면, 그녀는 그런 것들을 자기 대신 표현해줄 남자를 선택할 수도 있다. 만약 여자가 자신의 의존성을 인정할 수 없다면, 자신이 되고 싶지 않은 무능하고 무력한 사람의 역할을 해줄 남자를 구할 수도 있다. 여자들은 자기 안에서 꼭 부정해야 할 특성이나 자질, 또는 자신이 표현하고 싶지만 그럴 수 없는 특성을 표현해줄 배우자를 고르는 경우가 종종 있다. 그런 뒤에 남편을 선택한 이유가 되었던 바로 그 특성을 남편이 표현할 때, 그에게 분노할 수도 있다."

자신의 어떤 부분을 지니도록 배우자를 조종함으로써 결혼생활을 이어갈 수도 있다. 그러나 투사적 동일시가 붕괴될 때 다음과 같은 사태가 벌어지기도 한다.

삼십 대 중반의 한 여성은 집안일과 육아에 어려움을 느껴 심리치료를 받기 시작했다. 그녀는 결혼생활 내내 무력하고 불안했다. 일을 하면서 살림까지 도맡고 있는 남편은 "아내를 돕기 위해서라면 어떤 비용이나 수고도 아끼지 않겠다."는 의사를 진지하게 표현했다. 그러나 그녀가 치료를 받아 호전되는 조짐을 보이기 시작하자 남편은 점점 불만스러워져서 처음에는 치료를 폄하하더니, 그다음에는 치료비를 내지 않겠다고 거부하고 아내를 공격했다.

마침내 '아내에게 관심을 기울이고 사교적이며 상냥하고 융통성 있던 성숙한 사람'인 남편은 스스로 병원에 입원하고 말았다. 아내가 더 이상 그의 불안과 무력함을 표현해주지 않자 남편이 사실상 '병든' 아내가 된 것이다.

불가능한 기대, 충족되지 못한 욕구, 분리 욕구 등으로 결혼 생활은 끊임없이 긴장과 다툼 속에 있다. 게다가 결혼은 남자와 여자가 만나서 함께 사는 것이 아닌가! 남자와 여자가 함께 산다는 자체만으로도 결혼은 이미 불화의 씨앗을 품고 있다. 남자는 남자고 여자는 여자라는 사실이 결혼생활에서 일어나는 갈등의 근본적인 원인이 될 수밖에 없다.

심리학자 도로시 디너스타인Dorothy Dinnerstein은 남녀 간의 전쟁이 다음과 같이 시작되었다고 설명한다.

"여자는 우리가 만나는 생애 최초의 보호자다. 여자와의 만남을 통해 우리는 인간의 조건들을 채워 나간다. 그리고 우리 눈에는 보호자인 여자에게 모든 상황에 대해 책임이 있는 것처럼 보인다."

그래서 여자들이 우리의 가장 원초적인 기대를 받는 대상이 된다. 아버지를 비롯한 남자들은 그런 존재가 되지 않는다.

엄마에게서 보살핌받고자 하는 욕구, 엄마와의 분리로 인한 유아적인 분노, 모든 것을 통제하는 엄마로부터 벗어나고자 하는 우리의 반항심 등은 여자나 남자가 서로를 보는 시각을 왜곡하게 만든다.

우리는 여자가 대해서 선천적으로 타인의 인성을 양육하기에 적합한 존재라고 인식한다. 그래서 만약 그 역할을 제대로 해내지 못하면 변태적이고 쓸모없는 존재로 여기는 것이다. 그리하여 여자는 자신의 희생양이나 우상, 부양자로 여기는 한 삶의 고통과 두려움, 증오에서 벗어날 수 없게 된다.

남녀 간의 전쟁에는 '양육과정'이 중요한 문제로 나타난다. 심리학은 이런 관점을 지지하는 근거들을 보여준다.

남자아이와 여자아이는 서로 다른 발달경로를 취한다. 특히 인간관계의 측면에서 엄청나게 다른 경험들을 하게 된다. 앞에서 설명했듯, 여자들은 엄마와 친밀하게 동일시를 하면서도 여자로 성장할 수 있는 반면, 남자들에게는 엄마와의 지나친 친밀이나 동일시가 위협이 될 수 있다. 그런데 이러한 성장과정은 남편과 아내가 종종 '낯익은 남남'으로 살아가는 데 중요한 원인으로 작동한다.

심리치료사 릴리언 루빈Lillian Rubin은 이렇게 진술했다.

"남편이 내게 이야기를 좀 했으면 좋겠어요. 자기 기분이 어떤지 내게 말하면 좋을 텐데요. 나는 남편이 괜찮은 척하는 가면을 벗고 약점을 보여주기를 원해요."

아내들은 자기가 꽉 닫힌 문을 주먹으로 두드리고 있는 것 같다고 불평한다. 그리고 루빈 박사의 환자가 다음 대화에서 보여주듯이, 남자들은 그런 아내로 인해 종종 당황하고 성가시다고 느낀다.

"선생님이 친밀함이라 부르는 이 빌어먹을 문제가 저를 무척 괴롭힙니다. 저는 여자들이 친밀함을 이야기할 때 무엇을 뜻하는지 도통 모르겠어요. 카렌은 내가 자기에게 이야기를 하지 않는다고 불평하지만, 그냥 아무 이야기나 하기를 바라는 것도 아닙니다. 뭔가 다른 것을 원하는데 난 그게 도대체 뭔지 모르겠단 말입니다. 그녀는 계속해서 제 감정을 표현하라고 요구합니다. 만약 내가 어떤 말도 하고 싶지 않은데 아내가 문득 제 감정에 대해 말하라고 한다면 어떻게 해야 하는 겁니까? 제발 말씀해주세요. 저도 가정의 평화를 얻고 싶어요."

감정을 함께 나누고 싶다는 여자의 욕구는, 반대로 너무 얽히고 싶지 않다며 거리를 두는 남자와 충돌한다. 월리와 낸의 경우에도 의사소통의 간격이 너무나 벌어져서 결혼생활이 침몰될 지경에 이르렀다.

낸은 윌리가 "이야기를 많이 하는 사람"이 아니었다고 말한다. 그렇지만 그때만 해도 그들 사이에는 결혼생활을 이끌어갈 만큼의 충분한 무엇이 있었다. 그러던 중 윌리가 백악관에서 중요한 직무를 맡으면서 그들 부부는 워싱턴으로 이사를 갔다.

"처음 석 달 동안은 괜찮았어요. 저도 새로운 생활을 즐겼죠. 그러다가 윌리의 일이 너무 많아졌어요. 우리 사이에서 의사소통은 완전히 단절되었죠. 그이는 제게 아예 말을 안 했어요."

윌리는 낸이 아침에 일어나기도 전에 집을 나섰다. 그가 한밤중에 퇴근해서 들어오는 순간에도 전화기 두 대가 동시에 울릴 정도였다. 그녀가 무엇인가 이야기하려고 할 때면 그는 테이블을 손가락으로 조급하게 두드리면서 짜증을 냈다. "그래서 결론이 뭐야?"라면서 말이다.

"그이는 제 기분이 어떤지 들으려고 하지 않았어요. 그래서 그에게 내 기분을 말하는 것을 포기했지요."라고 낸은 말한다.

그러던 중 아들이 사고로 죽고 말았다. 윌리는 일에 더욱 몰두하는 것으로 고통을 피했다. 낸은 폭언과 발광으로 슬픔과 분노를 표현했다. 그래도 윌리가 무시하자 그녀는 진정제를 먹기 시작했다. 그리고 한 이 년쯤 약을 집어삼키고 나니 약물 과용으로 거의 죽음의 문턱에 이르러 있었다.

나중에 정신과 의사가 윌리에게 아내가 약을 먹는 것에 대해 어떻게 느꼈는지를 물었다. 윌리는 약이 결혼생활에 도움이 되었다고 대답했다. 낸은 소리를 지르고 싶었다.

"그 사람 말은 약을 먹으면 내가 신경질 내지 않고 자신을 비판하지 않으니까 좋았다는 거지요. 그 사람이나 나나 서로에게 기계 같은 존재가 되고 만 거예요."

낸은 남편을 증오했다. 그러다 그녀는 애인이 생겨서 남편을 버리고 그와 함께 유럽으로 떠났다. 그러나 9개월 뒤, 낸과 윌리는 삶의 잔해를 건너서 다시 서로에게로 돌아왔다.

오래전의 이야기다. 이제 낸과 윌리는 결혼 20주년을 맞는다. 그렇다면 무엇이 이 결혼생활을 지탱해주었을까? 윌리는 심리상담을 받으면서 서서히 아내에게 귀를 기울이기 시작했다. 아주 잘 듣게 되었다는 것이 아니라 전보다 나아졌다는 말이다. 낸시도 상담을 통해서 그런대로 지낼 수 있게 되었다. 둘이 함께 즐거운 시간도 많이 나누었다. 이제 낸시는 이렇게 말한다.

"저는 이제 제가 그를 필요로 하면 그가 제 곁에 있어줄 것이라는 사실을 압니다."

유감스럽게도 남편이나 아내만큼 서로에게 피해를 줄 수 있는 사람은 없다. 남자는 자율성을 추구하고 여자는 친밀함을 갈망한다. 남녀 간의 이런 차이점이 결혼생활에서 긴장을 일으킨다.

여러 연구에 따르면 "남편보다 아내가 결혼생활에서 더 많은 좌절과 불만을 느낀다."고 한다. 아내 쪽이 더 자주 이혼이나 별거를 고려하는 등 결혼을 후회한다는 것이다.

다음과 같은 사실도 보고되었다. 남편이 아내의 기대에 따르기보다는 아내가 남편의 기대에 따르는 경우가 더 많다. 아내는 더 많이 양보하고 순응한다. 그리고 아내는 남편보다 우울이나 공포와 같은 정서적인 장애를 더 많이 겪는다.

사회학자 제시 버나드Jessie Bernard는 남편보다 아내가 결혼의 대가를 더 호되게 치른다고 결론을 내린다. 그리고 이렇게 말한다.

"모든 결혼에는 남편의 결혼과 아내의 결혼이라는 두 가지 결혼이 존재한다."

많은 연구결과에 따르면 결혼은 여자보다 남자에게 더 이롭다. 심리적인 측면에서 더욱 그러하다.

그러나 여자는 결혼에 대해서 남자보다 부정적인 반응을 보이면서도 결혼이 행복의 근원이라고 남자보다 더 확고하게 믿는다고 한다. 여자는 사랑하는 동반자와 지속적으로 관계를 갖고 싶다는 욕구가 남자보다 강하기 때문이다.

제시 버나드는 미래의 결혼에 대해서도 이렇게 예측했다.

"결혼제도는 어떤 형태로든 존속하겠지만, 남녀가 결혼생활에 거는 기대는 절대로 충족될 수 없을 것이다. 남녀는 어떤 약속에 기초해 결혼하든 서로를 즐겁게 해주기도 하겠지만 계속해서 서로를 실망시킬 것이다. 그리고 결혼은 '본질적으로 비극적인' 관계로 남을 것이다. 비극적이라 함은, 서로 양립될 수 없는 인간의 욕구들 사이에 해소될 수 없는 갈등이 포함되어 있다는 뜻이다."

이렇게 양립될 수 없는 인간적인 욕구들과 그로 인한 갈등이나 실망을 생각해보면, 결혼생활에서 온갖 증오가 생길 수밖에 없음을 납득하게 된다. 그러나 증오라는 잔인하고 무정한 어휘를 입에 올릴 때 어쩔 수 없이 우리는 움찔한다. 만약 상냥하고 온화한 성품의 사람이라면 자신이 그토록 격렬한 감정에 빠질 수 있다는 사실에 더욱 놀라고 말 것이다. 더구나 결혼생활에서, 특히 사랑하는 사람과의 관계에서는 말이다.

증오는 의식적일 수도 있지만 무의식적일 수도 있다. 지속적일 수도 있지만 스쳐 지나가는 것일 수도 있다. 쓰디쓴 분노와 고통을 전달하는 멈추지 않는 북소리일 수도 있지만 한순간 들렸다 사라지는 소음일 수도 있다. 증오는 언제나 요란하게 들리는 소리가 아니다. 때로는 낮게 훌쩍이는 소리일지도 모른다.

'개와 고양이의 결혼'이라고 묘사되는 결혼생활에서는 증오를 보기 쉽다. 그런 부부는 서로에게 깊이 구속되어 있으면서 밤낮으로 끊임없이 전쟁을 치른다. 그러나 행복한 겉모습만 보여주며 '내면의 현실을 보이지 않는 곳에 감추고 부정하는' 화사한 결혼생활도 있다. 그런 부부는 이웃과 친구들의 부러움의 대상이 되지만 모든 갈등을 부정하는 대가로 건강한 정신을 지불할 수도 있다. 신체적인 고통으로 오랜 기간 힘들 수도 있다. 또는 그렇게 애쓰는 동안 쌓이는 은밀한 긴장이 자녀들에게 영향을 미쳐서 부모 대신 아이들이 대가를 치를 수도 있다.

이런 부부도 있다. 모든 연결이 끊어지고 어둠이 지배할 때, 충족되지 못한 기대들을 참아낼 인내심이 바닥날 때, 상대방에게 증오를 느낀다고 인정할 수밖에 없을 때 부부들은 결혼생활에서 기복을 겪는다. 그런 시기에 때로는 신체적인 학대나 야만적인 언어로 증오를 표현하기도 한다. 또 때로는 그보다 간접적이고 위장된 방법으로 증오의 메시지를 전달하기도 한다.

예를 들어 에드워드와 웬디의 집에서는 고성이 오가는 사태가 벌어지지 않는다. 20여 년째 내색하지 않는 것이 이 부부의 스타일이다.

한번은 이런 일이 있었다. 사과할 일이 생긴 에드워드는 웬디에게 커다란 장미 꽃다발을 선사했다. 웬디는 꽃을 받아 꽃병에 꽂고 둘이 함께 저녁 식사를 하러 나갔다. 돌아와 보니 장미가 시들어 있었다. 에드워드는 말했다. "아내는 웬일인지 꽃병에 물을 채우는 것을 잊어버렸어요. 그래서 꽃은 죽어버렸죠. 아마 내게 무엇인가 이야기하려고 했던 것 같습니다." 웬디는 자신이 언제 남편에게 적대감을 느끼는지 잘 알지 못한다.

반면 레이첼이라는 여자는 자신의 감정을 훤히 알고 있다. "우리 부부와 친구 부부가 테니스 코트에서 복식경기를 하고 있었어요. 그런데 제가 갑자기 남편에 대항해서 경기를 하고 있는 거예요. 저는 남편이 미울 때마다 상대방 쪽에 유리하게 경기를 합니다. 남편이 이기는 것을 보고 싶지 않거든요."

이처럼 적대감을 공공연하게 주고받는 부부도 있다. 하지만 그러지 않고도 결혼생활에서 생기는 증오를 표현하는 다른 방법이 있다. 바로 환상을 가지는 것이다.

성격이 온화한 코니는 남편이 탄 비행기가 바다 한가운데로 떨어지는 상상을 하곤 한다. 마피아 청부살인업자의 손을 빌려 남편을 처치하는 환상도 즐긴다.

"내게 정말 그럴 뜻이 있다고는 생각하지 않아요. 그렇지만 전혀 그럴 뜻이 없는 것도 아니죠. 그냥 그런 상상을 하는 것만으로 기분이 좋아져요."

내가 코니의 환상을 결혼한 사람들에게 이야기하자 많은 사람이 진심으로 놀라워했다. 그러나 어쩌면 코니의 환상은 결혼생활에서 느끼는 증오의 감정을 처리하는 방법 중 하나로 그다지 끔찍한 방법이 아닐지도 모른다. 정신분석학자 레온 알트만은 우리가 더 잘 증오할 수 있다면 더 잘 사랑할 수도 있을 것이라고 말한다.

한 동물연구에 따르면, 동물들은 공격성이 없으면 결속력도 생기지 않는다고 한다. 어쩌면 인간도 그럴지 모른다. 노벨상을 받은 과학자 콘라드 로렌츠 Konrad Lorenz 는 공격성이 없다면 사랑도 없다고 분명하게 결론을 내린다.

사춘기의 사랑도 사랑하는 사람을 이상화한다는 면에서 역시 자아 몰입적이고 자기애적이다. 조지 버나드 쇼 George Bernard Shaw의 말처럼 사랑에 빠지려면 한 사람과 다른 사람 사이의 다른 점을 크게 과장할 필요가 있다. 하지만 사춘기의 사랑은 종종 극단으로 치닫는다. 과도한 이상화는 때로 상대방에게 어떤 속성을 부여함으로써 자신이 그것을 얻으려는 방편이기도 하다. '나는 완전하지 않아. 그러니까 내가 당신만은 완벽하게 만들 거야.'라는 의도가 이상화에 깔려 있다.

우리가 정상적으로 성장한다면, 성인이 되었을 때 이러한 자기애적 요소는 줄어든다. 그리고 상대방의 실제 모습을 보기 시작한다. 공감하고 보살피는 능력, 고통을 일으켰다면 죄책감을 느낄 수 있는 능력, 피해를 보상하고 위안을 주려는 능력을 관계 속에서 발휘한다.

만약 사랑하는 사람이 자신의 이상에 부합하는 사람이라 하더라도, 우리는 여전히 그 사람을 현실적인 분별력을 갖고 바라볼 수 있다.

때로 우리는 배우자가 아닌 다른 사람에게서 자신의 욕구를 충족시킬 수 있는 현실에 직면할지도 모른다. 그리하여 우리는 다른 관계를 갈망할지도 모른다. 하지만 사랑이 지속되려면 그런 갈망은 단념해야 한다. 이러한 갈망과 포기는 성숙한 사랑을 더 풍부하게 해줄 수 있다.

컨버그는 성숙한 사랑의 특징을 논하면서 "모든 인간관계에는 반드시 끝이 있다. 상실과 버려짐의 위협 그리고 죽음의 위협은 사랑이 가장 깊을 때 가장 크다."라고 말한다.

시인 위스턴 휴 오든Wystan Hugh Auden은 「어느 날 저녁 산책길에As I walked out one evening」란 시에서 사랑에 대한 두 가지 시각을 노래한다.

바다가 접혀서 널린 채 마를 때까지
별자리 묘성이 하늘을 나는 거위처럼
꽥꽥거릴 때까지
당신을 사랑할 거야.

오든은 이런 행복한 그림과 대조되는 장면도 묘사한다. 시간은 "그늘에서 지켜보다가 당신이 키스할 때 기침 소리를 낸다." 즉 시간은 완전함이나 행복, 구원, 초월, 열정이라는 사춘기의 꿈을 침식하고, 우리가 내린 선택의 본질이 무엇이었는지를 결국 가르쳐준다. 오든은 이렇게 시를 끝맺는다.

오, 와서 창가에 서라.
눈물이 끓어올라 흐르기 시작하면
당신은 비뚤어진 가슴으로
비뚤어진 이웃을 사랑하게 될 것이다.

완전한 사랑, 영원한 사랑, 중국과 아프리카가 만날 때까지 지속되는 사랑의 결말은 이러하다. 오랜 세월에 걸쳐 사랑을 하는 우리들은 분명히 슬픔과 비뚤어진 가슴이 어떤 것인지 배우게 될 것이다. 그리고 언젠가 상대를 이해하지 못하는 것과, 익숙해서 정이 떨어지는 것이 어떤 경험인지 분명히 직면하게 될 것이다. 상대방에게서 기대하지 말아야 할 것이 무엇인지 분명히 알게 될 것이다.

이렇게 기대를 놓아버리는 것도 필연적인 상실이다. 그러나 기대를 버림으로써 우리는 성숙한 사랑을 쌓아 올릴 수 있다. 우리는 사랑의 한계와 나약함에 굴복하면서도 별빛 아래를 거닐고 달까지 날아갈 수 있다. 우리는 사랑하고 동시에 증오하면서 결혼이라는, 몹시도 불완전한 연결을 보존할 수 있다. 인간의 사랑에는 상반된 감정이 포함된다는 사실을 늘 새롭게 기억한다면 불완전한 연결이나마 보존할 수 있다.

"영원히 사랑한다, 절대로 증오하지 않는다."라는 환상을 어떻게 처리해야 하는지 배운다면, 그 꿈을 놓아줄 수 있다면, 불완전한 연결이나마 이어갈 수 있을 것이다.

괜찮은
부모 되기

– 끔찍한 현실로 향하는 아이를 위해 해야 할 일

우리가 인생의 위험과 고통으로부터 아이를 보호하기를 아무리 간절히 원할지라도 아이를 위해 할 수 있는 것과 해야 할 것들에는 엄연히 한계가 있다. 우리는 자신이 아이를 위해서 해줄 수 있을 것이라고 희망했던 것들 중에서 상당 부분을 놓아주어야 한다. 그리고 결국에는 아이 자체도 놓아주어야 할 것이다.

아이가 부모로부터 한 발자국씩 떨어져 나가면 이에 맞춰 우리도 아이로부터 한 발자국씩 떨어져 나와야 한다. 그리고 아마 대부분의 부모는 어느 정도 분리불안으로 고통을 받을 것이다.

언젠가 달콤한 공생관계는 끝나게 되어 있다. 부모의 힘과 통제력은 점점 줄어들 것이다. 그러면 부모는 점점 자신이 덜 필요하고 덜 중요한 존재라고 느끼게 된다.

여덟 자녀를 둔 램지 부인은 삶이라는 끔찍하고 적대적인 괴물이 잠시라도 방심하면 얼른 덮칠 것만 같아 불안했다. 그렇지만 자녀들에게 그것은 어차피 모두가 겪게 될 일이라고 말했다. 아이들 앞날에 무엇이 기다리고 있는지 알기 때문에, 황량한 곳에 비참하게 혼자 남겨져야 하는 외로움을 알기 때문에. 하지만 그녀는 왜 아이들이 꼭 성장을 해야 할까, 그래서 왜 꼭 고통을 맛봐야 할까 의문을 가질 때가 많았다. 그리고 삶을 향해 칼을 휘두르면서 '어림없어, 우리 아이들은 완벽하게 행복할 거야'라고 자신에게 다짐했다.

버지니아 울프Virginia Woolf의 소설 『등대로To the Lighthouse』의 여주인공 램지가 아무리 강하더라도 그녀가 겨누는 칼은 느닷없이 덮치는 삶의 공격을 막을 수 없다. 그녀의 아름다운 딸 프루는 잘 자라서 결혼하지만, 아기를 낳다가 비극적으로 죽고 만다. 수학에 놀라운 재능을 타고난 아들 앤드류는 전쟁 중에 프랑스에서 폭탄이 터지면서 전사하고 만다.

『가아프가 본 세상The World According to Garp』이라는 책에서 아이는 '물결의 역류(undertow)'를 '물밑 두꺼비(Under Toad)'로 잘못 알아듣고 괴물을 연상한다. 끈적끈적하고 퉁퉁 불어터진 동물, 사악하고 불결한 동물, 물밑에 숨어 있다가 우리를 바닷속으로 끌어들이려고 노리는 동물, 두꺼비를 떠올리는 것이다. 내 아이가 두꺼비가 숨어 사는 위험한 세상으로 혼자 나가는 것을 지켜보는 일이란 참으로 어렵고도 두려운 일이다.

많은 엄마들은 자신이 세상의 위험으로부터 아이를 보호하고 있다고 믿는다. 나도 한때 그렇게 생각했다. 내가 곁에 있는 한 우리 아들이 고기 조각이 목에 걸려서 죽는 일은 없을 것이라고 확신했다. 왜? 내가 아이에게 고기를 조그맣게 잘라서 잘 씹어 먹으라고 계속 잔소리를 할 것이기 때문이다. 그리고 정말 사태가 최악으로 치달으면 목구멍을 절개하는 한이 있더라도 아이를 살려낼 것임을 알았기 때문이었다. 나는 다른 엄마들처럼 내가 아이들의 수호천사라고 생각했고, 어떤 면에서는 지금도 그런 생각을 가지고 있다. 그리고 아이들이 이 위험한 세상을 혼자 탐험하도록 놓아주어야 했지만, 지금도 여전히 내가 없으면 아이들이 더 위험할 것이라는 불안에 시달리고 있다.

이러한 분리로 인한 위험을 엄마들만 염려하는 것은 아니다. 아빠들도 분리와 위험을 묶어서 생각한다. 한 아버지는 아들이 처음으로 기기 시작했을 때 갑자기 천장에서 조명이 떨어지기라도 할까 두려워서 아이 뒤를 따라다녔다고 한다.

우리는 부모와의 분리가 아이의 신체뿐 아니라 마음에도 영향을 미치기 때문에 걱정한다. 몇몇 엄마들은 아이를 캠프나 학교에 보내는 새로운 상황을 맞으면 인솔하는 선생님에게 아이의 온갖 미묘한 특성들을 설명하려고 터무니없이 많은 시간을 보낸다고 말한다. 조용하지만 사려 깊은 아이라든지, 식사를 서두르면 당황한다든지, 강해 보이지만 사실 예민하다든지, 심지어는 저녁식사 시간이나 욕조에서도 절대로 야구모자를 벗으라고 하면 안 된다는 등의 사실을 알려주는 것이다. 엄마들은 말한다.

"최근에야 내가 아이를 놓아주지 않으려고 한다는 것을 깨달았어요."

"아이가 어디를 가든지 나는 언제나 먼저 그곳에 가서 그 환경을 조절하려고 최선을 다하죠."

때로 우리가 아이와 떨어지지 못한다는 사실, 아이에게 지나치게 매달리고 있다는 사실을 의식하지 못할지도 모른다. 의식하지 못하기 때문에 자신의 문제를 아이의 문제로 만들 수도 있다.

유치원에 가면 금방 나무못을 못 판에 집어넣는 게임에 몰두하는 네 살배기 아이의 엄마가 있다. "안녕, 엄마 이제 갈게." 엄마가 아이에게 말한다. 아이는 엄마를 쳐다보고 명랑하게 인사한다. "그렇지만 금방 돌아올게." 엄마가 다시 이른다. 아이는 이번에는 쳐다보지도 않고 인사한다. 엄마는 "그래, 열두 시까지는 돌아올게."라고 말하며 아이를 안심시키지만, 그 말에도 아이가 놀라지 않자 덧붙인다. "걱정하지 마." 그쯤에 이르면 엄마가 떠나는 것이 걱정해야 할 만한 일이라는 사실을 아이도 알아차린다. 그리하여 설득당한 아이가 드디어 울음을 터뜨린다.

우리가 어린 시절에 고통스러운 분리를 경험한 적이 있다면, 그 경험이 자녀와 떨어지는 상황에 영향을 미칠 수 있다. 우리는 아이들을 통해 과거를 다시 살 때가 있다. 우리는 자신이 어릴 때 잃어버린 것들을 자녀를 통해 보상받으려 할지도 모른다.

어렸을 때 버림받아 정신적 외상을 입었던 셀레나는 친밀한 사람의 곁을 떠나는 것은 끔찍한 일이라고 생각했다. 자기 아들도 그것을 견딜 수 없을 것이라고 여겼다. 그래서 남편과 휴가를 떠날 때마다 아이들의 불안을 달래주기 위해 여행 책자를 만들어 주었다.

"그 책에 저와 제 남편의 사진을 붙여 놓았습니다. 또 우리가 갈 곳의 사진도 붙였지요. 그림도 있고 '우리는 너를 사랑해. 겁내지 마. 우린 곧 만날 거야'라는 메시지도 들어 있습니다."

나는 그것이 셀레나가 한때 절박하게 원했던 종류의 위안이었을 것이라고 짐작한다.

그러나 막내아들 빌리는 엄마인 셀레나보다 훨씬 강하다. 어느 날 셀레나 부부가 자신들의 여행 계획을 말하자 빌리는 잘 다녀오라고 의젓하게 말했다.

"엄마, 우리한테 그 바보 같은 여행책을 만들어줄 필요 없어."

세상에는 '지나치게 좋은 엄마'라는 존재도 있다. 그런 엄마는 엄청나게 많은 것을 해주고 아이가 조그만 좌절을 느끼는 것도 허용하지 않음으로써 아이의 발달을 저해한다. 나아가서 그런 엄마는 너무나 즉각적이며 전폭적으로 공감해주기 때문에 아이는 자신의 느낌이 정말 자기 것인지 확신할 수가 없다.

어머니로부터 정서적으로 떨어지는 것을 힘겨워하는 한 젊은 여자는 다음과 같이 말했다.

"어떤 때는 말을 해놓고도 그것이 제 생각인지, 엄마 생각인지, 또는 엄마가 원하는 대로 제가 생각한 것인지 확신할 수가 없어요."

그녀의 어머니는 그녀를 붙잡기만 했지, 놓아주지 못한 것이다.

정신분석학자 하인즈 코헛Heinz Kohut 은 심리학 지식에 정통해 있는 어떤 부모들의 자녀들은 종종 문제를 겪으며 정서적으로 죽어 있다고 이야기한다. 그런 부모들은 어릴 때부터 아이에게, 아이가 무엇을 생각하고 무엇을 바라고 무엇을 느끼는지를 아주 상세하게 이야기해준다는 것이다. 이런 부모들은 대개 냉담한 사람들이 아니다. 실제로 아이의 감정을 아이 자신보다 잘 알기도 한다. 그러나 아이의 관점에서 보자면 이렇게 열성적인 부모의 통찰은 일종의 침입이며 자아에 위협이 된다. 아이는 자신만의 세계를 보호하기 위해 정서적으로 자기 주위에 벽을 쌓는다.

부모는 자녀를 자신들로부터 심리적으로 멀어져가는 독립된 인간으로 보는 것을 힘들어한다.

나는 어느 날 우연히 한 엄마가 하는 이야기를 들었다. 엄마는 아주 유쾌하게 말했다.

"우리는 학교에 가는 길이에요. 우리는 정말로 학교를 좋아해요. 우리는 학교에서 잘 지내고 선생님도 아주 좋아요."

그때 아이가 무척 화를 내면서 말했다.

"엄마, 우리가 학교에 가는 게 아니야. 내가 가는 거지!"

어떤 측면에서 아이를 놓아주는 것은 아이가 자기 자신으로 자라게끔 해준다는 뜻이다. 그것은 또한 우리가 아이에게 거는 기대를 놓아버린다는 의미이기도 하다.

하지만 부모는 아이를 자신의 연장으로 생각한다. 그리하여 아이가 바깥세상에서 자신을 돋보이게 할 수 있는 존재로 자라기를 기대한다. 매력적이고 뛰어나고 예절 바르며 정신적으로 건강한 아이이기를 기대하는 것이다.

데일이라는 여자가 아홉 살짜리 아이에게 "손톱 물어뜯지 마. 네가 엄마의 명예를 더럽히는 거야."라고 꾸짖었을 때 그 농담 같은 말 속에는 진심이 담겨 있었다.

우리는 아이가 자기보다 개선된 존재가 되어 자신의 나쁜 특징들을 지니지 않기를 바란다. "저는 우리 아이 나이였을 때 늘 징징거리고 큰 소리로 떠들고 멍청했어요. 그런데 우리 아이가 그러는 꼴은 못 보겠어요."라고 로다라는 여자가 말했다.

우리는 아이가 우리 인생에 주어진 두 번째 기회라고 생각한다. 그래서 그 기회들을 제대로 활용하기를 기대한다. 스캇이라는 아빠는 "내게도 그런 것들이 넉넉하게 주어졌더라면 얼마나 좋았을까요?"라고 말한다.

그리고 우리는 부모보다 자신이 더 나은 부모라고 믿기 때문에 그들이 길러낸 우리보다 '더 나은' 아이를 길러낼 것이라고 기대한다.

태어날 때 아이의 귀가 어땠는가, 얼마나 수월하게 기저귀를 뗐는가, 열한 살에 공을 얼마나 멀리 얼마나 빠른 속도로 던질 수 있었는가. 스물일곱 살에 누구와 잤는가, 어떤 옷을 입었는가, 나이 서른에 어떤 차를 갖는가 등 아이가 한 걸음씩 발을 떼어 놓을 때마다 우리는 기대를 품는 것이다.

어떤 기대는 실현되기도 한다. 그러나 실망도 할 것이다. 딸이 책을 읽지 않는다, 아들이 야구팀에 뽑히지 못했다, 우리 아들은 여자아이들에게 인기가 없다 등 아이들은 끊임없이 우리의 기대에 어긋날 것이다.

에리히 프롬은 성애와 모성애의 특성을 연구하면서 다음과 같은 구분을 제안했다.

"성애는 분리되어 있던 두 사람이 하나가 되는 것이다. 반면 모성애는 하나였던 두 사람이 분리되는 것이다."

그리고 그는 덧붙인다.

"엄마는 아이가 떨어져 나가는 것을 견뎌내야 할뿐더러 그것을 바라고 격려해야 한다."

처음에 엄마와 아기는 춤을 추듯이 지낸다. 어느 한쪽이 딱히 리더라고 할 것도 없이 함께 움직이고 멈추는 조화가 자연스럽게 형성이 된다.

정신분석학자 도널드 위니코트는 "엄마는 아기와 자기를 밀접하게 동일시하기 때문에, 아기의 욕구를 의식해서 적절한 시간에 적절한 장소에서 아기에게 필요한 것을 제공할 수 있다"고 했다.

그러나 나중에 아이가 성장하려면 엄마는 선택적으로, 또 점차적으로 모든 것을 놓아주어야 한다. 위니코트는 엄마가 아기에게 헌신적으로 노력하는 것을 '엄마의 최고 의무'라고 일컬었다. 하지만 이러한 위니코트 또한 아기가 분리될 필요가 있을 때는 엄마가 자진해서 아이를 놓아주어야 한다고 말한다. 다만 아이가 엄마로부터 떨어질 필요가 생기는 지점과 속도는, 엄마가 아기로부터 떨어지려는 지점과 속도와 다를 수 있다. 이것을 맞추기란 참으로 어려운 일이다. 그러므로 좋은 엄마는 이를 세심하게 조절하면서 아이가 현실감을 얻을 수 있도록 도움을 줄 수 있어야 한다.

분석가인 마가렛 말러는 분리와 개별화에 대한 독창적인 연구에서 이렇게 썼다.

"양육을 하는 엄마의 정서적인 성장, 유아를 놓아주겠다는 정서적인 자발성은 마치 엄마 새가 아이를 살짝 밀어내서 독립을 향해 나아가도록 격려하는 것처럼 말할 수 없이 유익하다는 사실을 발견했다. 그것은 어쩌면 정상적인 혹은 건강한 개별화의 필수조건인지도 모른다."

모든 전문가들은 놓아주어야 할 때가 되면 놓아주어야 한다고 한결같이 말한다.

붙잡아주어야 할 때 붙잡고 놓아주어야 할 때 놓는 능력은 '적당히 좋은 엄마'라면 배우지 않아도 자연스럽게 지니고 있다. 위니코트는 적당히 좋은 엄마는 '그저 거기 있어 주는 엄마'라고 했다. 그런 엄마는 아기를 서서히 세상에 접하게 해준다. 그리고 아기가 처음부터 고유한 인간으로 존재한다고 생각한다. 놓아주어야 할 때가 오면 적당히 좋은 엄마는 아이를 기꺼이 도와줄 것이다.

철학자 쇠렌 키르케고르 Søren Kierkegaard가 한 말을 살펴보자.

"아이를 사랑하는 엄마는 아이가 혼자 걷도록 가르친다. 그녀는 거리를 두고 있어서 실제로 아이를 잡아줄 수는 없지만 아이에게 팔을 내밀고 있다. 그녀는 아이의 움직임을 따라 하면서 아이가 비틀거리면 잡아줄 것처럼 재빨리 몸을 구부린다. 그래서 아이는 혼자 걷고 있지 않다고 믿을 수 있다. 실제로 그녀는 그 이상의 것을 해주고 있다. 그녀는 얼굴로 격려의 신호를 보낸다. 그러면 아이는 자기가 가는 길이 아니라 엄마의 얼굴에 눈길을 고정한 채 혼자 걸어간다. 아이는 자기를 잡아주지 않는 팔에 의지하며 엄마의 품이라는 안식처를 향해서 끊임없이 걸어간다. 아이는 자기가 엄마를 필요로 한다고 강조하는 그 순간에도, 엄마 없이 할 수 있다는 것을 보여주고 있다고 확신한다. 혼자 걷고 있기 때문이다."

그러나 엄마와 아빠가 유아기 때 한 차례만 아이를 정서적으로 놓아준다고 해서 아이의 분리가 완결되는 것은 아니다. 자신을 규정하고 자율성의 영역을 넓혀가는 과정에서 아이들은 자기를 묶은 끈을 자꾸 잡아당기며 멀어질 것이다. 또한 우리는 아이들이 어릴 때뿐만 아니라, 성인이 된 후에도 자녀들과 지속적으로 관계를 재조정하면서 분리의 여러 단계들을 거쳐야 한다.

정신분석가 주디스 케스텐버그 Judith Kestenberg 는 이렇게 말했다.

"한 단계에서 다음 단계로 넘어간다는 것은 부모와 자녀 모두가 지금까지의 상호작용의 형식을 포기하고, 새로운 공존체계에 적응해야 한다는 것을 의미한다. 부모의 내면에서 어느 정도 준비가 되었는가에 따라 부모가 해낼 수 있는 몫이 결정된다. 부모는 아이가 형성하는 새로운 자아를 흔쾌히 받아들이고, 부모도 아이에 대해 새로운 이미지를 형성할 수 있는 준비가 되어 있어야 한다."

"우리 중에 자식을 의도적으로 도덕적 혹은 정서적 불구로 만들려는 사람은 아무도 없을 것입니다. 그러나 그런 일들이 벌어집니다. 나는 생각 없이 말하거나 한 일 때문에 종종 마음속으로 눈물을 흘리며 다시는 이를 되풀이하지 않게 해달라고 기도합니다. 어쩌면 그와 똑같은 잘못은 되풀이하지 않겠지만 그에 못지않게 나쁜 다른 일을 하겠지요. 그러고는 내가 아이의 인생을 망쳐 놓았다는 두려움으로 미칠 지경이 됩니다."

이 여자가 이야기하는 두려움은 거의 모든 엄마들이 공통적으로 느끼는 두려움이다. 부모이자 인간으로서 우리가 지닌 결점이 자녀에게 영구적인 피해를 입힐 것이며, 우리가 아무리 좋은 의도를 가지고 있다 하더라도 아이들을 보호하지 못할 것이라는 두려움, 그런 것이 엄마들에게는 있다.

엘렌의 말을 들어보자.

"우리 엄마는 내게 그러지 못했지만, 나만큼은 이성적이고 분별 있고 공정하게 아이들을 기르자고 맹세했습니다. 그런데 기억하고 싶지 않을 정도로 자주 비합리적이고 불공평하게 행동하는 자신을 봅니다. 나는 아이를 가지기 전 슈퍼마켓에서 과자를 사달라고 조르는 아이를 본 적이 있어요. 그 아이의 엄마는 많은 사람이 보는 앞에서 아이를 울리고 야단치며 너무나도 천박하고 혐오스럽게 행동했지요. 저는 그 엄마를 보면서 한심하다고 생각했습니다. 나는 죽어도 그런 짓은 안 하리라고 결심했지요. 그런데 저도 그렇게 하고 있답니다."

아무리 굳게 결심해도 우리는 때때로 자신이 학대당했던 방식으로 자식을 학대하고 있는 자신의 모습을 발견할 것이다. 그리고 아들딸을 다양하게 변장시켜서 우리가 만든 드라마에 등장인물로 쓰기도 할 것이다. 어쩌면 자신의 상처 입은 과거를 재연할지도 모른다. 앞서 보았듯이 인간에게는 과거에 중요했던 관계들을 되풀이하려는 강박적인 심리가 존재하기 때문이다. 그 심리의 저변에는 우리가 어렸을 때 경험했던 결핍과 상처와 원망과 분노가 깔려 있다. 정신과 의사들은 "부모가 새로운 등장인물들을 써서 오래된 두려움과 갈등을 재연하려는 경향은, 대개 의도적이지는 않지만 불가사의할 정도로 거듭되면서 가정의 평화를 파괴한다."고 우리에게 알려준다.

이따금 우리는 자녀에게 자신의 엄마나 아빠 혹은 쓰라리게 질투했던 언니 역할을 시킨다. 그렇게 함으로써 우리가 과거에 했던 일 또는 하고 싶어 했던 일을 아이들과 되풀이한다. 그러다 문득 자신이 아이에게 영구적인 정신적 손상을 입히는 것은 아닐까 두려움을 느끼기도 한다. 또한 자신의 불완전한 사랑이 아이들에게 피해를 줄까 염려도 한다.

그리고 비록 우리 자신은 수많은 결점을 가지고 있는 존재지만 자녀에게 모순 없는 사랑, 조건 없는 사랑을 준다면 아이들의 정서적인 안녕을 증진할 수 있지 않을까 생각한다. 우리가 다른 어떤 잘못을 저지르더라도 완벽한 사랑을 줄 수만 있다면, 자녀들을 든든히 무장시켜 비정하고 힘든 세상 속으로 내보낼 수 있을 것이라고 믿는다.

위니코트는 엄마가 아기를 증오할 수 있는 이유들을 열거함으로써 모성에 대한 이해를 보여줬다.

"아기는 엄마의 개인적인 삶에 방해가 된다. 아기는 무례하며 엄마를 노예, 쓰레기로 취급한다. 아기의 사랑은 필요한 것을 꺼내 가는 찬장 같은 사랑이다. 그래서 아기는 자기가 원하는 것을 가지고 나면 엄마를 오렌지 껍질처럼 던져버린다. 아기는 의심을 하고 엄마가 만든 좋은 음식을 거부해서 엄마조차 스스로를 의심하게 만든다. 그러면서도 다른 아줌마가 주는 음식은 잘 받아먹는다. 아기와 씨름하며 끔찍한 아침 시간을 보낸 후에 엄마가 아기를 데리고 외출을 하면 아기는 낯선 사람에게 미소를 보낸다. '너무 귀여워요.'라고 그 사람은 말할 것이다. 엄마는 자기가 아기를 실망시키면 아이가 평생 보복할 것임을 안다."

위니코트가 보기에 엄마는 아기를 사랑하는 동시에 증오할 수 있다. 그러나 그런 감정에 직면한 대부분의 사람들은 불안과 죄책감을 느끼고 자신이 징그러운 두꺼비라도 되었을까 봐 두려워한다.

제인 라자르는 엄마로서 힘들었던 하루를 묘사하며 이렇게 말했다.

"나는 내 아이에게 화가 났어요. 아이가 끝없이 울어서 그 작은 얼굴에 대고 소리를 지르고 아이를 침대에 거칠게 던져버렸어요. 그런 다음 나라는 미친 엄마로부터 아이를 보호하겠다고 얼른 아이를 안아 올렸지요. 내가 아이를 미치게 만들까 봐 두려웠어요. 내가 전문가들의 의견을 정확히 이해한 것이 맞다면, 아이를 미치게 만드는 것은 그다지 어려운 일이 아니라는 생각이 들었죠."

우리는 육아 정보를 닥치는 대로 읽으면서 좀 더 성숙하고 의식 있는 엄마가 되려고 노력할 수 있다. 그러나 그 모든 노력에도 불구하고 때로는 자녀 양육에 실패할 수도 있다. 아는 것과 행하는 것 사이에는 크나큰 간격이 있기 때문이다. 성숙하고 의식 있는 사람들도 완전하지는 않다.

또는 현재 일어나는 사건이 우리를 우울하게 하거나 우리의 마음을 온통 사로잡아서, 아이가 우리를 필요로 할 때 도와줄 수 없는 경우도 있다. 친정어머니가 돌아가시거나 남편이 바람을 피웠거나 우리의 건강이나 일에 문제가 생길 수도 있다. 우리가 해야 할 일을 아이들에게 떠넘길 생각은 아니었지만 어쩔 수 없이 여러 가지 어수선한 감정들 때문에 소홀해지기도 한다.

열심히 노력만 하면 아이에게 늘 바른 일을 할 수 있을 것이라는 희망을 버려야 한다. 우리는 이따금 잘못을 저지른다. 엄마와 아빠로서 자신이 오류를 범할 가능성이 있다는 사실을 똑바로 보는 것이 우리가 맞아야 할 또 하나의 필연적인 상실이다.

　인간은 언제나 오류를 피하지 못하는 불완전한 인간들의 손에 길러졌다. 우리에게 필요한 것은 적당히 좋은 정도의 부모다. 적당히 좋은 엄마는 아이를 놓아주면서 자신이 괜찮은 정서적 자산을 공급했다고 생각해도 좋다. 그리고 인간으로서 가능한 한 최고의 부모가 되어서 아이를 사랑하고 보호하고 신뢰하고 지원하고 자기를 희생하더라도 아이들이 실패할 수 있다는 사실 또한 기억할 필요가 있다.

　정신과 의사들이 '부모의 진정한 딜레마 이론True Dilemma Theory of Parenthood'이라고 부르는 현상이 있다. 아무리 아이에게 헌신을 하더라도 우리가 그 결과까지는 통제할 수 없다는 의미를 담고 있다. 아이에게 일어나는 일은 가족의 울타리를 벗어난 세상에서의 사건에도 영향을 받을 수 있다. 또 아이의 머릿속에서 일어나는 일이나 아이의 타고난 본성에 따라서도 달라진다.

　아이를 마음껏 주무를 수 있는 진흙 덩어리로 보았던 과거의 견해는 아기가 특정한 기질과 적응 능력을 가지고 태어난다는 인식에 밀려났다. 아기는 우리가 짐작하는 것보다 훨씬 많은 것을 훨씬 빨리 갖추고서 세상으로 나온다. 모든 아기는 태어나는 순간부터 마치 눈꽃처럼 다른 아기와 구별된다고 말하는 학자들도 있다.

아주 능동적이고 생명력이 넘치는 아기들이 있다. 반면 쉽게 무관심해지고 수동적인 아기들도 있다. 지나치게 예민해서 엄마의 손길이나 목소리조차도 공격받는 것처럼 느끼는 아기들도 있다.

프로이트는 일찌감치 '타고난 요인의 중요성'에 주목했다. 그는 선천적인 기질과 우연이 만나서 인간의 운명이 결정되며, 이 중 어느 한 요인이 단독으로 운명을 결정하는 경우는 거의 없다고 말한다. 최근의 연구에 따르면 인간의 어떤 특성들은 분명히 선천적으로 주어지며, 부모의 힘으로는 절대로 그것을 부여하거나 억제할 수 없다고 한다.

그리고 아기의 행복감은 이처럼 어떤 특성을 가진 아이와 엄마가 최초의 단계부터 얼마나 서로 조화를 이루는가에 따라 크게 좌우된다. 이런 적합성은 엄마와 아이가 서로 신호를 주고받으며 감정의 대화를 나누는 것에서 비롯되며, 그것이 순조롭게 진행될 때 아이의 발달도 촉진된다. 그러나 때로는 엄마나 아기가 스타일과 리듬에서 어긋나 조화가 이루어지지 않을 수 있다.

예를 들어 수동적인 아기와 활기찬 엄마는 서로 기질이 맞지 않는 경우인데, 그럴 때 아기는 끊임없이 침해당한다고 느끼고 엄마는 계속 거부당한다고 느낄 것이다. 악순환 속에서 불편함과 실망이 증폭되고 나중에 문제로 이어질 수도 있다.

국립정신건강연구소의 영아발달 프로그램 책임자인 정신분석학자 스탠리 그린스펀은 나쁜 궁합의 예를 설명해주었다.

존스 부인은 활기찬 아기를 낳았는데, 그녀는 아기의 왕성한 활동력이 너무나 겁났다. 어쩌면 그녀가 자극에 쉽게 압도당하는 신경구조를 가지고 있는지도 모른다. 그녀는 아기를 사랑하지만, 때때로 아기의 공격적인 성향 때문에 겁을 먹고 움츠러들었다. 그런데 엄마가 이렇게 위축되면 아기의 정상적인 발달에 심각한 영향을 미칠 수 있다. 그녀는 나쁜 엄마가 아니다. 아기도 나쁜 아기가 아니다. 그러나 그 둘은 서로 잘 안 맞았다.

무척 자상하고 성실한 성품의 엄마와 까다로운 기질의 아기도 잘 안 맞을 수 있다. 아기는 원래 배앓이가 잦고 짜증을 잘 내며 끊임없이 울고 몸이 굳어지고 달래기 어려운 기질을 갖고 있지만, 엄마는 모든 것을 자신의 잘못이라고 책망할 수 있다. 그런 엄마는 자기가 아이를 망가뜨리기 전까지는 아기가 완벽하다고 믿고 끔찍한 죄책감과 수치심에 시달리기도 한다. 종종 그런 엄마들은 누군가의 도움을 받아 자기 탓하기를 그만두지 않는 한 아기와 더 좋은 관계를 맺을 수 없다.

그리하여 엄마와 아기의 행동을 연구하는 클리닉들이 '적합성'을 개선하는 방법을 제시하기 시작했다.

예를 들면 그린스펀 박사는 존스 부인에게 아기가 공격적인 것이 아니라 활동적이라는 사실을 깨닫도록 도와줄 수 있다고 말한다. 그녀는 여전히 겁을 내겠지만 좀 덜 위축될 것이다. 물론 그렇더라도 존스 부인과 아기 사이에는 여전히 긴장이 있을 것이다. "아이가 이런 긴장을 나중에 어떻게 처리할지 우리는 예측할 수 없다"고 그린스펀 박사는 덧붙인다.

우리는 엄마와 아빠가 어떤 특성들을 가지고 부모의 역할에 임하는지 이야기했다. 여기서 중요한 점은 갓난아이도 어떤 특성들을 지닌 채 관계에 들어온다는 것이다. 남자아이가 활동적이라 엄마가 안아주는 것이 갑갑하다고 느끼기 때문에 다정한 엄마의 포옹을 거절할 때, 여자아이가 소리에 지나치게 민감하기 때문에 엄마의 음성을 듣고 굳어지며 우는 반응을 보일 때, 또는 아기가 천성적으로 발달이 느려서 엄마가 새로운 경험을 제시할 때마다 움츠러들 때, 우리는 아기가 무에서 만들어지는 것이 아니라는 사실을 기억해야 한다. 우리는 적당히 안도하면서 부모가 지니는 힘의 한계를 받아들여야 한다.

우리가 자녀에 대해 전적으로 자기 덕이라거나 자기 탓이라고 할 수는 없지만, 우리는 아이가 태어난 후에 그의 환경을 주도하는 사람이다. 그러므로 자녀와 기질적으로 맞지 않는다 하더라도 부모로서 현실을 이해하고 아이의 욕구에 잘 맞춰주면서 둘 사이의 궁합을 개선할 수 있어야 한다. 아울러 우리는 '어린 시절에 일어나는 일'들이 무척 중요하다는 사실을 믿고 아이가 그 시기를 유익하게 보낼 수 있도록 도와야 한다. 이때 '어린 시절에 일어나는 일'은 외부적인 사건과 아이의 내면에서 일어나는 일, 즉 내면적인 사건을 모두 포함한다.

그 두 영역에서 펼쳐지는 드라마에 있어 우리가 할 수 있는 일에는 한계가 있다. 우리는 아들이 반에서 제일 키가 작은 아이가 되지 않도록 보호할 능력이 없으며, 딸의 외모가 우스꽝스러워지지 않도록 막을 길이 없고, 아이의 실력이 부족해 선수로 선발되지 못하는 것을 방지할 수 없으며, 학습장애가 생기지 않도록 보호할 수도 없다. 우리는 아이들을 각종 사고로부터 보호할 수 없으며, 죽음이나 이혼으로 부모를 잃는 사태를 막아줄 수도 없다. 그리고 아이를 아무리 사랑하더라도 아이는 자신이 부적절하다거나 버림받았다고 느낄 수도 있다.

셸리 판스워스는 열여섯 살에 자살을 시도했다. 그녀의 부모는 셸리를 이해하기 위해서 과거의 기억들을 꺼내 보았다. 셸리는 작고 약한 아기였다. 판스워스 부인은 아기가 죽을까 봐 몹시 두려웠다. 그녀의 불안감이 셸리에게 전달된 것일까? 판스워스 부부는 셸리가 태어난 지 12개월쯤 되었을 때 장기 휴가를 떠났다. 어쩌면 아이는 부모가 다시는 돌아오지 않을 것이라고 두려워했을지도 모른다.

판스워스 부부는 셸리가 18개월이 되었을 때 둘째 아이를 낳았다. 시기가 너무 일렀다는 것은 의심할 여지가 없다. 판스워스 가족은 셸리가 아홉 살 때 이사를 갔다. 모든 사람이 알다시 피 이사는 심한 혼란을 일으킬 수 있다. 셸리가 열두 살 때 판스 워스 부부의 결혼생활은 끔찍한 위기를 겪었다. 그때의 긴장과 격한 싸움이 그녀에게 어떻게 영향을 미쳤을까?

셸리는 열세 살에 대마초를 피우기 시작했다. 판스워스 부부 는 그것을 용인하지는 않았지만 사실 그다지 심각하게 받아들 이지도 않았다. 셸리가 고등학교 1학년이 되자 판스워스 부부는 성적을 잘 받아서 좋은 대학에 가라고 아이에게 압력을 가하기 시작했다. 너무 부담을 주었던 것일까? 판스워스 부부의 아름답 고 똑똑하고 사랑받는 딸은 다음 해에 수면제를 과다 복용했다.

판스워스 부부가 작성한 죄책감 목록에 있는 이런 요인들 중 어떤 것이 셸리를 그 지경에 이르게 했을까? 우리는 절대로 알 수 없다.

프로이트는 처음에는 주로 어린 시절에 겪었던 성적인 유혹 이 성인이 되었을 때 신경증적인 문제의 원인이 된다고 믿었다. 그러나 그는 후에 진료실에서 환자들이 털어놓는 성과 관련된 이야기들이 외부적인 현실이 아니라 환상이라고 믿게 되었다. 이런 믿음에 기초해서 프로이트는 무의식에서 일어나는 간절 한 상상, 그리고 그런 상상이 일으키는 갈등과 죄책감과 불안감 이 삶에서 일어나는 실제적인 사건들에 영향을 미친다고 결론을 내렸다. 그렇다면 아이의 외부세계, 즉 실제 세계가 아주 양호할지라도 내면세계는 불안감으로 넘칠 수 있다.

예를 들어 오이디푸스 단계에 있는 어떤 소년이 엄마를 유난히 간절하게 원하고 아빠를 제거하고자 하는 특별히 잔인한 꿈을 가지고 있다고 해 보자. 그 아이는 아빠가 자기를 위협적으로 대하지 않고 사랑해주더라도 아버지를 매우 가혹한 사람으로 상상할지 모른다. 만약 이 소년이 그 이후로도 욕망과 처벌이라는 두려운 환상을 발전시킨다면 문제가 있는 사람으로 자랄 수도 있다. 자신이 어릴 때 가졌던 오이디푸스적인 충동이 실제로 잔인하게 진압되었기 때문이 아니다. 그 충동이 무척 강렬해서 너무나 두려웠기 때문에 직장이나 사랑에서의 성공 또는 그 두 가지 모두에서 성공을 거두는 것을 두려워하게 되는 것이다.

한편 현실에서는 대단히 잔인한 사건들을 겪으면서도 건강과 능력을 온전하게 보존한 어른으로 성장하는 아이들도 있다.

여러 연구들은 불우한 유년기를 고생스럽게 지낸 사람들이 모두 손상을 입은 인간으로 자라는 것은 아님을 보여준다. 정신분석학자 레오날드 셴골드에 따르면, 어떤 아이들은 공격과 결핍을 겪으면서도 뛰어난 적응력과 생존력을 발휘해서 당당하게 승리를 거두고 '불굴의 인간상'으로 우뚝 서기도 한다. 어떤 아이들은 악몽 같은 과거, '영혼을 파괴하는' 체험을 하고도 나중에 크나큰 성취를 함으로써 우리에게 '영혼의 불가해하고 모순적인 작용'에 대한 무한한 존경심을 가르쳐준다.

셴골드는 "인간은 신비스럽도록 기량이 풍부한 존재다. 어떤 사람들의 영혼은 상처를 전혀 입지 않거나 뒤틀리지 않는 것은 아니지만 적어도 일부는 고스란히 보존한 채 그런 끔찍한 유년 기를 이겨낸다. 왜 그런지는 불가사의하다. 타고난 기질이 설명의 일부가 될 수 있을 것이다."라고 말한다.

양친이 모두 정신병력이 있는 한 환자는 어릴 때부터 집안의 실질적인 가장 노릇을 도맡으면서 형제들과 부모까지 돌보는 건전하고 친절한 사람으로 성장했다. 그는 어떻게 이런 일을 해 냈을까? 나는 적당한 대답을 내놓을 수 없다.

그렇다고 이런 소수의 예로 어릴 때의 환경이 성장에 별 영향을 미치지 않는다고 말할 수는 없다. 좋은 환경에서 자란 아이가 심리적으로 손상을 입은 사례도 어린 시절의 좋은 양육이 시간 낭비임을 증명하지는 못한다.

어느 연령에서나 정서적인 상처를 받을 수 있다는 것은 분명하다. 평생에 걸쳐 자신을 변경하고 수정할 수 있는 것도 사실이다. 그러나 이 책은 어린 시절에 일어나는 일이 무척 중요하다고 믿는 대다수의 견해와 분명히 입장을 같이한다. 태어나서 처음 몇 년 동안에 아이들의 정서가 최초로 형성되기 때문에, 이때가 아이들에게 가장 중요한 시기라고 말하는 대다수의 의

견에 나는 동조한다.

블라디미르 나보코프Vladimir Nabokov의 비망록『말하라, 기억이여Speak, Memory』에서 그는 갓난 아들의 눈을 들여다보던 한순간의 체험에 대해 "호랑이보다 새가, 가시보다 과일이 더 많았던 태곳적 멋진 숲의 그늘을 보았다."라고 표현한다. 우리는 그러한 상태를 보존할 수 있다는 환상을 가지고 있다. 아이를 사랑하는 좋은 부모는 호랑이와 가시를 막을 수 있을 것이라는 환상을 가지고 있다.

하지만 현실에서는 아이가 밤늦게까지 외출에서 돌아오지 않았는데 전화벨이 울리는 일이 생긴다. 수화기를 집어들 때까지의 짧고 고요한 순간에 우리는 심장이 멎을 듯한 느낌을 받으면서, 현실에서는 어떤 끔찍한 일도 벌어질 수 있음을 알아차린다.

그렇더라도 우리는 때가 되면 아이를 놓아주어야 한다. 아이가 여행할 채비를 단단히 차려주기를 바라면서, 아이들이 눈이 오면 부츠를 신을 것을 바라면서, 아이들이 넘어지면 다시 일어설 수 있을 것이라고 바라면서, 그저 바라기만 하면서 그렇게 보내주어야 하는 것이다.

가족이라는
중독성에서 벗어나기

– 엄마가 "너도 아이 낳아 봐!"라고 말하는 이유

우리는 20대와 30대 초쯤 되면, 누군가의 연인이자 근로자이며 친구로 살아간다. 결혼생활의 동반자이자 아이들의 부모로 살아갈 수도 있다. 그러나 우리는 여전히 부모의 자녀로서 살아간다. 더 이상 자신에게 어울리지 않는다고 느낄지도 모르지만 말이다.

우리가 분리된 자아를 확립했던 배경이자, 우리가 몸담았던 최초의 사회적인 단위는 바로 이 본래의 가족이다. 우리는 가족을 떠날 때에도 가족에게서 배웠던 중요한 가르침들을 가지고 떠난다. 아무리 스스로 만들어가는 존재가 되려고 노력하더라도, 우리는 내면적으로나 외부적으로 그 가족에 구속되어 있다.

그러나 우리는 성장하면서 끊임없이 가족과는 다른 정체성을 가진 사람이 되려고 노력한다. 부모의 눈 대신 자신의 눈으로 세상을 보는 방법을 키우면서, 부모가 의식적 혹은 무의식적으로 우리에게 맡겨준 역할을 재평가함으로써, 우리 가족만의 믿음과 습관들을 재검토함으로써 그러려고 애쓴다.

가족과 연결되어 있더라도 우리는 자신만의 집을 갖기 위해서 아니면 새로운 상대와의 인생을 위해서 많은 것들을 포기하고자 한다.

가족마다 그들만의 '집단적인 특성'이 있다. 꼬리표를 붙이기가 너무나 쉬운 가족들도 있다. 이를테면 케네디가는 '야망이 크고 운동을 좋아하는 가족'이라는 꼬리표를 붙일 수 있다. 바흐의 집안은 '음악가 가문'이라는 특성을 갖고 있다.

이러한 집단 특성은 가족의 공적인 얼굴인 셈이다. 가족이 가지고 있는 내면의 이미지를 '가족 신화'라고 한다. 가족의 공적인 얼굴과 가족 내부의 신화는 일치될 수도 있지만, 그렇지 않을 수도 있다.

가족의 신화는 가족이라는 틀을 안정시키는 데 도움이 되며, 특정한 정서적 통일성을 보존해준다. 그리고 가족 구성원들은 그 통일성이 깨지지 않도록 열심히 방어한다. 그러나 가족 내에 존재하는 많은 신화들은 현실을 왜곡한다. 그것도 때로는 아주 기괴하고 해로운 방식으로 말이다.

우리 가족은 화목한 가족이라는 신화, 우리 집안 남자들은 모두 부실하고 여자들이 강하다는 신화, 우리는 불행한 가족이라는 신화, 우리는 특별하고 우월한 가족이라는 신화, 우리는 절대로 포기하거나 실패하거나 잘못을 하지 않는다는 신화, 또는 바깥세상은 적대적이고 위험하기 때문에 우리끼리만 서로 의지해야 한다는 신화 등 가족의 신화는 참으로 많다.

그렇다면 가족의 신화 중에서 우리는 어떤 것들을 믿으며 성장하게 되는가? 당신은 아직까지도 신봉하고 있는 가족의 신화가 있는가?

"우리 집은 동굴이었고 엄마는 그곳을 지키는 용이었어. 관계자 외에는 출입금지였지."

내 친구 제럴딘은 이렇게 말한다. 그녀는 자신과 남동생이 결혼을 하고 나서야 비로소 친구들도 친척만큼 신뢰할 수 있는 대상이라는 사실을 알았다고 고백했다.

수많은 가족의 신화들 중에서도 자기들이 통일되고 화목한 가족이라는 신화가 특히 문제를 일으킨다. 그 신화를 지키려면 가족 구성원들 사이에서 일어나는 모든 불화를 필사적으로 부정할 필요가 있기 때문이다. 자기네 가정이 화목하고 행복하다고 주장하는 이 어머니의 이야기에 귀를 기울여보자.

"우리는 다들 평화롭다. 나는 평화를 얻기 위해 누군가를 죽여야 한다 해도 평화를 원한다. 우리 아이들보다 더 정상적이고 행복한 아이들을 찾아보기는 어려울 것이다. 나는 우리 아이들에게 너무나 만족한다! 남편에게도 너무나 만족한다! 우리는 25년간 세상에서 가장 행복한 결혼생활을 해왔으며, 엄마와 아빠로서도 행복한 세월을 살았다."

이런 가족은 절대적으로 완전하게 조화를 이루려는 열망, '허위 상호관계'를 추구하려는 열망이 너무 강렬한 나머지 어떠한 다른 의견도 관계에 대한 위협으로 취급한다. 그리고 가족 누구도 떨어져 나가거나 변화되거나 성장하는 것을 허용치 않는다.

조현병 환자의 가족들이 이렇게 '강렬하고 지속적인' 허위 상호관계를 보인다는 주장이 제기되기도 했다. 그런데 정상적인 가족으로 보이는 많은 가정에서도 이러한 현상이 발견되고는 한다. 다만 좀 변형된 형태로 나타날 뿐이다.

이렇게 화목을 강조하는 가족에서 자란 아이들은 나중에 결혼한 후 특정한 심리 문제를 겪을 수 있다. 부부가 서로 의견이 다를 때마다 아이처럼 심한 상실감과 버림받은 느낌에 시달릴 수 있는 것이다. 또는 자신의 적극성이 너무 두려워서 경쟁을 하지 못하는 어른으로 자랄 수도 있다. '다름'은 해로우며 분리는 치명적이라는 삶을 제약하는 가르침을 자기의 어린 자녀들에게 되풀이하여 물려줄 수도 있다.

그런데 한 가족의 신화가 모든 가족 구성원들에게 동일한 영향을 미치는 것은 아니다. 각자 개별적인 방식으로 그에 반응할 것이다. 그렇더라도 이런 신화가 강력하고 끈질기다면 언젠가는 청산되어야 한다. 우리는 그로부터 도피할 것인가 또는 진정으로 자신의 것으로 만들 것인가를 선택해야 한다.

우리는 가족의 신화체계가 우리에게 부과하는 역할들도 파헤쳐볼 필요가 있다. 부모 두 사람이나 어느 한쪽이 우리를 위해서 때로는 우리가 태어나기도 전부터 무의식적으로 만들어놓은 역할들을 살펴보아야 한다.

정신분석학자 페레이라 박사는 어린 시절에 '엄마처럼 멍청하고 바보 같은' 사람이 되라는 역할을 지정받았던 어떤 남자의 경우를 이야기해준다. 그 남자는 이렇게 말했다.

"어머니가 바라는 대로 되기 위해 열심히 노력하다 보니, 제 자신이 멍청한 것을 실제로 무척 자랑스러워하게 되었어요. 그러면 어머니가 저 때문에 기뻐하고 제 어리석음에 웃으면서 '그래, 너는 내 아들이야'라고 말했기 때문이죠. 저도 어머니처럼 학교에서나 또 다른 어떤 일에서나 별로 신통치 못할 것 같았기 때문입니다. 그리고 오늘날까지도 저는 부모님 앞에서는 멍청하게 행동하려고 노력합니다."

가족이 자녀에게 부과하는 역할에는 무척 다양한 것이 있다. 예를 들어 의존적인 엄마는 어쩌면 역할을 뒤바꿔서 아이에게 엄마 역할을 시킬지도 모른다. 불행한 결혼생활을 겪은 아버지는 딸에게 아내의 역할을 맡길 수도 있다. 어떤 부모는 자신들이 되고 싶었던 존재가 되도록 자식을 압박할 수도 있다. 또 어떤 부모는 때로는 노골적으로 때로는 은밀하게 자녀에게 가족의 희생양 역할을 떠맡기기도 한다. 정신분석가인 피터 로마스는 말한다.

"종종 정체감은 가족 구조 안에서 분명한 역할을 분담하면서부터 생겨난다고 추정된다. 그러나 어떤 사람을 고유한 인간으로 인정하는 것과 그 사람을 단순히 맡은 역할로만 인정하는 것 사이에는 중요한 차이점이 있다."

아이가 어떤 사람인지를 무시한 채 지정된 역할을 해내도록 요구하는 부모는 큰 불행을 초래할 수 있다.

『세일즈맨의 죽음 Death of a Salesman』에 등장하는 불운하고 처량한 윌리의 아들 비프 로만의 경우를 보자. 비프는 "삶에 뿌리를 내릴 수가 없다."고 말한다. 도망을 칠 수도 없고 아버지가 자신에게 맡긴 수완가의 역할도 해낼 수도 없기 때문에 뿌리를 내리지 못한다. 서른네 살이 된 비프는 속이 상하고 화가 치밀어서 마침내 폭발한다.

"아버지, 저는 리더가 아니에요, 아버지도 마찬가지고요. 아버지, 전 시급 1달러짜리 일꾼이라고요. 다른 곳을 찾아봤지만 그보다 더 받을 수는 없었어요. 한 시간에 1달러라고요! 무슨 뜻인지 아시겠어요? 저는 더 이상 무슨 상을 받아올 수가 없어요.

제가 그럴 거라는 기대는 이제 접으셔야 해요!"

월리가 그 말을 들으려 하지 않자 비프는 계속 분노한다.

"아버지, 전 아무것도 아니라고요! 찌질이예요. 아버지, 그걸 이해 못 하시겠어요? 저는 그냥 이렇게 생겨 먹은 놈이에요, 그게 다라고요."

월리는 그래도 듣지 않으려고 한다. 아들은 분노 끝에 흐느끼면서 꿈속에서 살고 있는 아버지와 의사소통을 해 보려고 노력한다.

"제발, 절 좀 놓아주시겠어요? 무슨 일이 벌어지기 전에 그 허황된 꿈을 거둬들여서 태워버리셔야 해요."

월리는 꿈을 태우느니 아들을 망가뜨리는 편을 택할 것이다. 차라리 자기가 죽는 편을 택할 것이다.

역할 배정은 문제 가정에서만 일어나는 일은 아니다. 건강한 가정에서도 아이들에게 역할을 할당한다. 장남이 대통령이 되기를 원했던 조 케네디의 경우처럼 때로는 분명하게 지정해주기도 한다. 때로는 말로 표현하지 않고도 이런 메시지가 전달된다. 연구 결과를 보면 아이들은 부모가 어떤 역할을 자기에게 맡기는지 무의식적으로 정확히 안다고 한다. 우리가 그런 역할을 거부할 자유를 얼마나 누릴 수 있는가가 어쩌면 가족 건강을 재는 하나의 척도가 될 수도 있다.

삶을 일구다 보면 우리는 자랄 때 주입받은 가족의 신화와 역할에 도전하게 된다. 그리고 어린 시절에 지켜야 했던 엄격한 규칙들에도 도전을 한다. 정신분석학자 로저 굴드Roger Gould는 말한다.

"우리는 자라면서 자신을 불필요하게 구속하고 억압했던 믿음들을 수정한다. 젊은이로 성장한 우리는 예를 들어 반드시 부모가 원하는 사람이 되어야 한다는 보편적인 법칙이란 존재하지 않는다는 사실을 터득한다. 그러면서 세상을 보다 넓게 탐색하고 실험한다. 새로운 수준의 의식으로 깨어나는 문이 열린다."

그러나 그런 문을 연다는 것은 종종 겁이 나는 사건이다. 우리는 부모 곁에, 즉 부모의 품 안에 그리고 부모의 규칙과 규범들 안에 머무는 것을 안전하다고 느낄 수 있다. 스스로 선택해서 부모와 거리를 둘 때는 위험하다고 느낄 수 있다. 우리가 의사가 되지 못하거나 심지어는 의사와 결혼하지 못했을 때, 전혀 다른 인종이나 피부색, 신조를 가진 배우자를 만났을 때, 또는 부모의 조언을 거부할 때 불현듯 위험하다는 생각이 들 수 있다.

우리가 자기 식으로 살겠다고 통보해서 부모가 화를 내고 비통해하고 고통을 느끼는 것을 보아야 하는 괴로운 순간도 있을 것이다. 자율성을 표현했을 때 혹시 부모가 "네 멋대로 해라."라는 반응을 보이면 어쩌나 고민하는 괴로운 순간도 있다.

스물세 살의 비키는 "엄마를 잃을까 봐 언제나 두렵기 때문에 울면서 내 주장을 해요."라고 말했다. 그러나 아무리 엄마를 깊이 사랑하고 두려운 마음이 들더라도 "내가 해야 할 일은 한다."라고 말한다.

그러나 누구나 그럴 수 있는 것은 아니다.

카터는 홀어머니가 사는 호사스러운 아파트로부터 15분쯤 떨어진 곳에서 변호사 일을 한다. 늘 어머니를 카드 게임장과 병원에 데려다주며 화요일과 일요일에는 함께 외식을 한다. 모자 간에 암묵적으로 합의된 기준에 따르면 이 효자는 아버지가 생존해 있었더라면 어머니에게 해주었을 일을 대신 한다. 카터는 돌아가신 아버지와 달리 가끔 다른 여자들과 자기도 하지만, 이 삼십 대 내내 정서적으로 어머니에게 충실하게 지내면서 미혼으로 살았다.

거스는 언제나 수의사가 되고 싶었지만 결국은 가업인 식료품 공급업에 뛰어들었다. 집에서 먼 곳으로 이사 가서 직장과 아파트를 얻고 애인도 사귀었던 질은 아버지의 건강이 나빠지자 다시 고향으로 돌아오도록 설득당했다. 그리고 고향에 사는 한 직장 여성과 무난한 결혼을 하라는 요구를 받아들였다. 로다는 '잘못된 상대'와 결혼함으로써 부모의 마음을 아프게 하고 뉴욕으로 떠났지만 규칙적으로 뉴저지에 들러 엄마와 함께 쇼핑을 한다.

누구나 한때는 엄마나 아빠가 무엇이든 제일 잘 안다고 생각하며 지낸다. 그리고 정말로 부모가 제일 잘 알까 봐 마음속으로 두려울 때도 있다. 자신의 길을 선택하면 부모가 승인하지 않거나 사랑을 거두거나 존중하지 않을까 봐 겁을 먹을 수도 있다.

로저 굴드는 "부모들은 20대에도 계속해서 우리를 감시한다"고 진술한다.

"우리는 부모의 방식을 따르면 항복하는 것 같아서 두렵다. 그러나 부모가 제시한 규칙을 어기고 성공을 거두면 자유와 승리감을 느끼는 한편으로 죄책감도 든다. 실패에 직면하면 부모님의 생각이 처음부터 옳았던 것은 아닐까 고민한다."

반드시 부모를 괴롭혀야만 자유를 얻을 수 있다는 얘기는 아니다. 또한 부모의 마음에 드는 선택을 하는 것이 자신의 신념을 저버리는 일이 된다고 말하는 것도 아니다. '반항이냐 순종이냐 양자택일을 해야만 하는 것은 아니다. 아버지처럼 치과의사가 되거나 부모가 사는 동네에 살고 싶은 사람도 있을 수 있다. 자신의 가족은 보수적인 백인으로 남부 출신인데 사귀는 여자가 흑인이기 때문에 실제로 사랑하지 않으면서 반항을 위해 그녀와 결혼하는 사람도 있을 수 있다. 후자처럼 부모로부터 분리되기 위해 반드시 그들을 부정해야 하는 것은 아니다. 자유롭게 선택할 수만 있으면 된다.

20대에 이르면 우리는 부모로부터 독립된 나만의 삶을 확립하거나 또는 그렇게 했다고 믿는다. 이성적인 판단을 했으므로 우리가 원하지 않는 부모의 모습을 닮지 않을 것이라는 환상을 품는다. 그러나 30대에 들어서면 자신도 모르게 부모와 닮은 점이 많다는 것을 발견한다. 자신이 해왔던 동일시를 인식하기 시작하는 것이다.

비록 조금 덜하기는 해도 아버지처럼 권위적이라는 사실, 혼자 유럽 여행을 갈 수도 있지만 어머니와 별 차이 없이 소심하다는 사실 등을 우리는 깨닫는다. 어머니나 아버지의 것이며 우리가 몹시 싫어했으나 또한 우리 것이 되기도 한 어조, 표정, 태도, 습관 따위를 알아차리는 것이다.

이렇게 우리를 불편하게 하는 부모와의 동일시를 인정한 후, 어쩌면 우리는 그것으로부터 해방될지도 모른다. 혹은 내 안에 있는 어머니와 아버지의 특성들을 수용하고 인정하고, 저 밖에 있는 실제 부모님을 향해서 좀 더 인내심을 가지게 될지도 모른다. 특히 부모가 되고 나서 어머니나 아버지의 입장을 체험하다 보면 그들을 좀 덜 비판하게 되기도 한다.

실제로 자신이 부모가 되면 부모가 어떤 일을 겪었는지 이해할 수 있다. 그래서 부모 아래서 우리가 겪었던 모든 고통에 대해 이전처럼 쉽게 탓하고 비난할 수가 없어진다. 부모로서 살아가는 시기는 자신이 유년기에 겪었던 어떤 상처를 치유할 수 있는 건설적인 단계가 되기도 한다. 또 그러면서 어린 시절에 대한 오래된 인식을 개작해서 덜 소외되고 보다 조화로운 자신으로 거듭날 수도 있다.

우리는 부모가 되면 자신의 부모에게 더 나은 역할을 맡김으로써 화해를 이끌어낼 수도 있다. 그들은 엄마나 아빠 역할을 맡았던 이전보다 홀가분하게 해방되기 때문에 할머니나 할아버지로서 좀 더 자애롭고 관대하며 친절하고 참을성 있고 너그러워질 것이다. 또한 도덕적인 가치관을 주입해야 한다는 염려를 더 이상 하지 않고, 훈육과 규칙을 책임지지 않아도 되고, 아이의 성격을 형성하는 일에 전념하지 않아도 되기 때문에 자신이 될 수 있는 최고의 모습을 보여줄지도 모른다. 우리는 그들이 손주들에게 베푸는 모든 것을 기뻐하면서 우리가 상상했던 그리고 실제로 그들이 저질렀던 잘못을 용서하기 시작한다.

나의 어머니 루스 스털과 나 사이에서는 그러한 과정이 어떻게 펼쳐졌는지 소개하겠다.

나는 언제나 어머니로부터 엄청난 것을 원했던 것으로 기억한다. 그렇지만 어머니는 내게서 그보다도 더 많은 것을 원했다. 우리는 실망과 상처와 분노와 좌절과 열정적인 사랑으로 얽힌 채 함께 자라났다. 함께 씨름했다. 어느 정도의 행복도 함께 누렸다. 그러나 우리가 마침내 서로에게 완벽하게 맞아들어가는 역할을 발견한 것은 내가 아이들을 가지고 난 뒤부터였다.

당신의 귀하디귀한 손주들의 엄마로서의 내 역할 그리고 세상에서 가장 훌륭한 할머니로서의 역할이 그것이었다.

이 특별한 관계 속에서 나는 처음으로 어머니를 알기 시작했다고 생각한다. 어머니의 과거 어떤 부분을 이해하기 시작했다. 어머니가 용감할 수도 있으며 재미있을 수도 있고 포우의 시 「애너벨 리Annabel Lee」를 한 글자도 빼놓지 않고 암송할 수도 있는 분임을 알게 되었다. 그제야 비로소 라일락과 책과 여자 친구들과의 우정이 주는 즐거움을 내게 가르쳐준 어머니를 사랑하기 시작했다.

어머니는 내게 언제나 매혹적이면서도 몹시 혼란스러운 존재였다. 어머니를 사랑하는 것에는 언제나 큰 대가가 따랐다. 그러나 내 아이들을 대할 때 어머니는 변함없이 미소 띤 얼굴만을 보여주셨다. 어머니는 돌아가시는 날까지 아이들에게 사랑을 베푸셨다. "할머니는 내가 완벽하고 훌륭하다고 하셨어요."라고 할머니를 한결같은 존재로 보았던 내 맏아이가 말했다. 그러나 어머니와 나 사이에는 오랜 세월 상반된 감정이 존재해왔다.

나는 분노와 사랑 속에서 어머니와 살아왔다. 아마 대부분의 딸들이 그럴 것이다. 그러나 내 아이들은 어머니의 너그러운 면만을 알고 있다. 자신들을 아인슈타인보다도 더 똑똑하다고 생각해준 할머니로, 자신들이 그리는 모든 그림이 렘브란트의 작품에 견줄 만하다고 생각해준 할머니로, 아이들이 누구이며 무엇이 되고자 하든 그것이 절대적으로 훌륭하다고 생각해주는 할머니로만 알고 있다.

어머니는 내 아이들에게 함께 있는 즐거움 외에 아무것도 요구하지 않았다. 나에 대해서는 훨씬 엄격한 계획들을 가지고 계셨다. "더 나아져야 해."라고 어머니는 늘 말씀하셨다. "내가 하라는 방식으로 해.", "나쁜 일은 절대로 하면 안 돼.", "더 열심히 해."라는 말씀도 자주 하셨다. "안 그러면 너 때문에 엄마는 슬플 거야. 착한 아이가 되어야지."

나는 어머니의 사랑과 인정을 갈구하고 좋은 딸이 되기를 원하면서도 자유를 몹시 원했다. 그리고 내가 그 모든 것을 다 가질 수는 없다는 사실을 깨닫는 것이 바로 성장의 고통이었다. 그래서 어머니가 "왜 너는 내 말을 듣지 않니? 나는 너한테 유익한 것만을 바랄 뿐인데."라고 간청할 때, 이 반항적인 딸은 고개를 저으며 "내게 무엇이 좋은지 스스로 결정하게 해줘요."라고 대답하며 선을 그었다.

그러나 나의 어머니는 내 아이들에게는 그렇게 강요할 꿈이 없었다. 어머니는 여러 가지 꿈들을 나와 내 동생에게 시도했고, 성공과 실패를 경험했다. 이제 어머니의 그런 역할은 끝났고 손주들은 할머니를 패배시킬 수 없었고 실망시킬 수도 없었다. 나는 어머니가 야심, 통제하고 싶은 욕구, 불안 등으로부터 자유로워진 모습을 보았다. 어머니가 자주 썼던 표현을 빌리자면 자유롭게 즐길 수 있게 된 것이다.

"조부모 역할은 부모 역할에서 한발 물러선 것이다. 직접적인 스트레스부터 해방된 조부모는, 자기 자녀를 기를 때보다 손주 돌보는 것을 더 즐기는 듯하다."라고 정신분석학자 테레즈 베네데크는 이야기한다.

아이들은 얼마나 행운인가. 할머니는 얼마나 행운인가. 나는 또 얼마나 다행인가. 우리 사이에 아이가 있음으로 해서 우리는 마침내 너무 가깝지도, 너무 멀지도 않은 적당한 거리를 발견했으니 말이다. 어머니와 나는 내 아이들을 매개로 새롭게 연결되었다.

그러나 나는 가족의 화해를 마냥 미화하지만은 않겠다. 이런 연결은 다른 모든 연결과 마찬가지로 불완전하다. 그리고 모든 모녀가 새로운 세대를 활용해서 과거의 상처를 치유할 수 있는 것도 아니다.

딸과 왕래할 수 없는 곳에 사는 엄마도 있다. 숨 막힐 듯 붙어 살고 있는 엄마도 있다. 딸아이가 절대로 자신을 보모로 부리지 못하도록 하려는 엄마도 있다. 손주를 놀이터나 동물원에 데리고 갈 시간이 없을 정도로 바쁘고 독립적인 엄마도 있다. 딸이 손주들에게 주는 사랑과 관심을 질투하는 엄마도 있다. 자기 엄마가 손주들에게 주는 사랑과 관심을 시기하는 딸도 있다. 엄마로부터 달아날 궁리에 몰두하는 딸도 있다. 엄마와 함께 있으면

늘 네 살짜리 아기가 되는 딸도 있다. 대학에서 아동심리서를 좀 읽고는 자기 엄마가 단 한 번도 제대로 육아를 하지 못했다고 판단하는 딸도 있다.

너무나 벌어져서 이어질 수 없는 거리도 있다. 그러나 많은 사람들의 경우, 중년에 이르면서 그 간격을 좁혀볼 마음이 생긴다.

우리는 중년이 되면 자신의 '뿌리'와 자신을 다시 연결시키려고 노력하기도 한다. 동일시를 피하는 대신 오히려 추구할 수도 있다. 우리는 자신만이 자신의 삶에 전적으로 책임이 있다는 사실을 잘 의식한다. 또한 자신의 장점을 가족적인 특질을 물려받은 것으로 받아들이고, 그것을 실제 생활에서 활용하기도 한다.

증조할머니 에발린이 소규모 오페라단에서 노래를 불렀다거나, 아버지가 위블리 세계 산업노동자 동맹원이었다거나, 외삼촌인 네이트가 정글로 들어갔다가 백만장자가 되었다는 사실을 발견하면 기쁘다. 이렇게 놀라운 업적을 이루어냈던 자질들을 자신도 유전으로 일부 물려받았다고 생각하고 싶다.

나이가 들면 우리는 부모를 새로운 빛으로 조명해볼 수 있다. 그들이 어떤 삶을 살았는지 찬찬히 보기 시작한다. 그리고 우리는 종종 가족 감정에 크게 영향을 미칠 수 있는 비밀을 발견한다. 사실상 거의 모든 가족은 비밀을 간직하고 있다.

그 와중에 때로는 정교하게 수정한 기만의 허울을 들추고 부모가 실제로 어떤 사람인지 발견하기도 한다. 그러나 완전하게 알아낼 수는 없다.

35세에서 45세, 또는 50세에 해당되는 중년기에 우리는 많은 희망이 실현되지 못한 채 남는다는 사실을 배운다. 우리가 부모로부터 원했으나 받지 못한 것들이 많이 있다. 이제는 그런 것들을 앞으로도 결코 받을 수 없을 것이라는 사실을 깨닫고 수용해야 하는 때가 되었다.

페더스톤은 가족을 연구하면서 "사람들이 반드시 자신이 정한 조건에 맞춰서만 자신을 내어주거나 거둬들이는 불가사의한 모습에 거듭 충격을 받는다."라고 언급한다. 그러나 우리가 중년기에 이르러 부모가 늙고 병들어서 세상을 떠날 때가 다가오면 이런 애정의 조건들을 수정하기 시작한다. 이제 세상은 부모가 아니라 우리 세대의 것이며, 그들이 얼마나 힘이 없는지를 보기 때문이다. 그들은 우리를 완전히 사랑할 힘이 없으며, 우리를 완전히 이해할 수도 없고, 우리를 슬픔과 고독과 죽음으로부터 구해줄 수도 없다.

우리는 부모와 우리를 갈라놓는 심연을 이어주는 든든한 다리를 세우기에는 부모가 무력하다는 것을 깨닫는다. 그리고 부모, 자녀, 배우자, 친구로서 우리가 가진 헛된 기대를 놓아줌으로써, 불완전하지만 그나마 연결되어 있음에 감사하는 법을 배운다.

Necessary
Losses

"우리는 불가능하고 금지된 것들의 제약을 받으며 타인과 몹시도 불완전한 관계를 만들어가는 분리된 인간들이다. 우리는 끊임없이 놓아주면서 살아간다. 그리고 조만간 크고 작은 고통들을 겪으면서 상실이 정말로 평생토록 따라다니는 인간의 조건이라는 사실을 깨닫게 될 것이다."

/ 4장 /

상처 입은
나와의 작별

젊음이 반드시 배워야 할 것은
여자, 사랑, 삶,
가지는 것과 가지지 못하는 것,
소비하는 것과 주는 것,
그리고 알지 못해서 우울한 시간.

노년이 반드시 배워야 할 것은
죽음의 초보 지식,
가는 것, 그러면서도 가지 않는 것,
사랑하는 것과 떠나는 것,
그리고 견디기 힘든 앎과 또 앎.

– E. B. 화이트

슬플 땐 버티지 말고
충분히 울기

- 따라서 죽지 않겠다면 고통을 넘어서라

우리는 불가능하고 금지된 것들의 제약을 받으며 타인과 몹시도 불완전한 관계를 만들어가는 분리된 인간들이다. 우리는 끊임없이 놓아주면서 살아간다. 그리고 크고 작은 고통들을 겪다 보면 상실이 우리를 평생토록 따라다니는 인간의 조건이라는 사실을 깨닫게 된다.

'애도'는 이러한 상실에 적응하는 과정이다. 프로이트는 『애도와 우수 Mourning and Melancholia』에서 "애도는 어떤 기능을 하는가?"라는 질문을 한다. 그리고 애도에는 무척 고통스러운 놓아줌의 과정이 포함되며, 그 과정은 내면에서 대단히 어렵고 더디게 진행된다고 자답한다.

이때 애도란 사랑하는 사람이 죽었을 때, 결혼이 파국을 맞았을 때, 특별했던 우정이 깨졌을 때, 한때 꿈꾸던 것을 상실할 때 등의 상황에서 우리가 겪는 일련의 과정을 가리킨다. 우리는 살면서 사랑했던 많은 것들의 '끝'을 보게 되고, 그것에 애도를 하게 된다. 물론 애도의 과정도 언젠가는 끝을 맞는다.

어떻게 애도하는가, 애도가 어떻게 끝나는가, 과연 끝이 나기는 하는가 등은 여러 요인에 따라 달라진다. 우리가 상실을 어떻게 인식하는가, 얼마나 준비되어 있는가, 우리가 내면에 얼마만큼의 힘을 가지고 있으며 외부로부터 어떤 지원을 받는가, 우리가 죽은 사람과 과거에 어떻게 지냈는가, 그리고 우리 각자가 과거에 어떤 사랑과 상실의 역사를 겪었는가에 달려 있다.

그렇지만 어른의 애도에는 제법 전형적인 패턴도 있다. 사람들은 대개 약 1년 동안 몇 단계의 애도 과정을 거친다. 그런 후 애도 과정의 상당 부분을 완료하게 된다. 물론 사람에 따라 때로는 그 과정이 더 짧거나 더 길 수 있다.

애도하면서 어떤 단계를 거치는가를 설명하는 이론이 있다. 이 이론은 지나치게 형식적으로 단계를 나누고 있지만, 사람들이 애도를 하면서 어떤 과정을 체험하는지 조명해 보는 도구로 활용할 수 있다. 그리고 이 이론을 살펴보면서 왜 '슬픔'이 고정된 상태가 아니라 일종의 '과정'인지 이해할 수 있다.

애도의 첫 단계는 '충격, 마비, 믿을 수 없다는 느낌'이다. 상실이 예견되었든 아니든 마찬가지다. '이런 일이 일어나다니!

아니, 그럴 수 없어!'라며 울부짖기도 한다. 어쩌면 망연자실한 채 주저앉을지도 모른다. 비탄의 파도에 휩싸이거나 불가해함으로 마비되는 순간이 번갈아 찾아올 것이다. 만약 죽은 사람이 오랜 기간 힘들게 지내면서 다가올 죽음을 예상했다면 충격은 그나마 가벼울 것이다. 오히려 충격보다 안도감이 들지도 모른다. 그렇지만 사랑했던 사람이 우리와 같은 시간과 공간 속에 더 이상 존재하지 않는다는 사실은 아직 완전히 현실로 다가오지 않을 것이다.

마크 트웨인Mark Twain은 자서전에서 딸 수지가 스물네 살에 갑자기 죽은 사건을 회고한 바 있다. 그는 도저히 믿을 수가 없어 마비되었던 최초의 경험을 이렇게 이야기한다.

전혀 준비되지 않았던 사람이 그렇게 벼락을 맞고도 살 수 있다는 것은 인간 본성이 지닌 불가사의다. 그렇게 말고는 납득이 되지 않는다. 지성은 충격으로 마비된 채 더듬더듬 언어의 의미를 주워 모은다. 그 안에 담긴 완전한 의미를 깨달을 수 있는 능력은 자비롭게도 미미하다. 정신은 거대한 상실에 무감각하다. 그뿐이다. 우리의 정신과 기억이 상실의 세부적인 내용을 다 모아서 그 전체를 배우고 알기까지는 몇 달, 어쩌면 몇 년이 걸릴지도 모른다.

예상했던 죽음이 준비 없이 맞는 죽음보다 덜 충격적이다. 불치병인 경우에는 진단이 내려질 때 이미 상당한 충격을 받는다. '예상 애도'라는 것이 있다. 그것은 죽음이 오기 전에 상실의 슬픔을 예측해 보는 행위이다.

그러나 아무리 마음의 준비를 했더라도 누구나 처음에는 사랑하는 사람의 죽음을 수용하기 힘들 것이다. 죽음은 머리가 아니라 가슴으로 받아들여야 하는 삶의 현실이다. 우리의 지성은 상실을 인정하지만 나머지 부분들은 그것을 부정하는 데 쓰인다.

어떤 남자는 아내의 장례식 날 부산하게 집을 청소하고 있었다. "가족과 친구들이 오는데 집이 지저분하면 마누라가 날 죽일 거예요."라고 그는 진지하게 말했다.

티나가 죽었을 때 남동생 앤드류는 "왜 꼭 누나가 죽었다고 말해야 하지요? 누나가 그냥 캘리포니아에 있다고 생각하면 안 되나요?"라고 물었다. 때로는 가족이 합심해서 실제의 죽음을 부정할 수도 있다.

한 고령의 여인이 뇌졸중 발작을 일으켜서 황급히 병원으로 옮겨졌다. 몇 시간 만에 그녀는 죽었고, 당직 인턴이 병원에 남아 있던 장성한 자녀들에게 그 사실을 알렸다. 그들은 소식을 듣는 순간 믿지 못하겠다는 반응을 보이면서 어머니를 보러 갔다. 몇 분 후에 그녀의 방에 다녀온 그들은 어머니가 죽지 않았다고 주장하면서 다른 의사를 요청했다. 그들은 두 번째 의사가 다시금 죽음을 확인한 후에야 현실을 받아들였다.

때에 따라서는 최초의 충격적인 순간이 지난 뒤에도 한참 동안 현실을 부정할 수 있다. 죽음이라는 사태를 현실로 이해하는 일은 실제로 애도 과정이 이어지는 내내 지속될 수도 있다.

대체로 애도의 첫 단계는 비교적 짧은 기간에 지나가며, 그 뒤에 우리는 강렬한 심적 고통을 느끼는 더 긴 단계로 넘어간다. 울고 탄식하고 정서적인 기복과 신체적인 불편함을 겪는 단계, 무기력함과 과잉행동과 의존적인 퇴행이 일어나는 단계, 분리불안과 무력감과 절망과 분노를 느끼는 단계다.

스물여덟 살 때 남편과 딸이 트럭에 치어 죽는 참사를 당한 애니는 당시 자신의 분노를 회상했다.

"제가 얼마나 세상을 증오했는지 아세요? 그 트럭 운전수와 모든 트럭과 트럭을 만들어낸 하나님까지 증오했어요. 모든 사람이 미웠어요. 심지어는 네 살짜리 아들조차 미웠어요. 그 아이가 없었더라면 나도 따라서 죽을 수 있었을 텐데, 아이 때문에 하는 수 없이 살아야 한다는 생각이 들어서요."

우리는 사랑하는 사람을 살려내지 못한 의사에게 분노한다. 그리고 그들을 데려간 하나님에게 분노하고, 심지어는 우리를 위로해주는 사람에게도 분노한다. 도대체 자기들이 뭐라고 시간이 지나면 나아진다느니, 하나님은 선하다느니, 우리가 극복할 것이라는 따위의 말을 하는가?

애도의 과정에는 다른 사람들과 죽은 사람을 향한 분노가 반드시 포함된다는 주장도 있다. 실제로 우리가 주위 사람에게 퍼붓는 분노의 상당 부분은 우리가 그렇게 하도록 허락하지 않는 것일 뿐, 실은 죽은 사람을 향해 느끼는 분노다. 때로는 그것을 직접 표현하는 사람도 있다.

"못된 인간! 감히 나를 두고 죽다니!"

한 미망인은 죽은 남편의 사진에 대고 이렇게 말했다. 그녀처럼 우리도 죽은 사람을 사랑하고 그리워하며 필요로 하고 애를 태우지만, 한편으로 우리를 버리고 떠난 그에게 분노하기도 한다.

우리는 곁을 떠난 엄마를 증오하는 아이처럼 죽은 사람을 증오한다. 그리고 아이가 두려워하듯이 우리도 자신의 분노, 증오와 악함이 그를 떠나게 한 이유일까 봐 겁을 먹는다. 우리가 품은 나쁜 감정뿐만 아니라 우리가 했던 일과 하지 않았던 일에도 심한 죄책감을 느낀다. 비합리적인 죄책감과 정당한 죄책감을 모두 포함해서 죄책감도 종종 애도의 과정이 된다.

가장 사랑하는 관계에서조차 상반되는 감정은 반드시 일어나며, 그런 감정이 생전에 우리의 사랑을 오염시켰던 것은 아닐까 죄책감을 느낀다. 우리는 그 사람이 완벽하지 못하다고 생각했으며 그 사람을 완벽하게 사랑하지 못했다. 어쩌면 그 사람이 죽었으면 좋겠다고 생각한 적이 있을지도 모른다. 그렇지만 이제 그가 죽었기 때문에 나쁜 감정을 품었던 것이 부끄러워지며 그렇게 못되게 군 자신을 책망하기 시작한다.

"더 잘 이해해주었어야 했는데."

"내가 가진 것에 감사했어야 했어."

"어머니께 좀 자주 전화했어야 했는데."

"그 아이는 그렇게 개를 원했는데 내가 절대로 허락하지 않았지. 이제는 너무 늦었어."

물론 죄책감을 느껴야 마땅할 때도 있을 것이다. 피해를 입히고 바라는 것을 들어주지 못해서 느끼는 죄책감도 있다. 그렇지만 그 사람을 최선을 다해 사랑했으면서도 얼마든지 자책할 이유를 찾아낼 수도 있다.

열일곱 살에 죽은 아들을 생각하는 한 엄마의 고백을 들어보자.

"나는 지금도 그 아이를 그리워하면서 나의 모자랐던 점을 떠올리고 내가 얼마나 종종 아이를 실망시켰는가 하는 생각에 사로잡힌다. 아이를 먼저 떠나보낸 모든 부모는 살아 있는 것만으로도 실패한 인생이라고, 자신은 죄를 지었다고 느낀다. 그리고 살아 있는 것 자체마저도 부정하고 싶어진다. 아이의 생명을 구하기 위해서 어떤 방법이든 찾았어야 했다고 생각한다. 아이가 짧은 삶을 사는 동안 부모로서 모든 것을 해주지 못했다는 데 대한 죄책감을 견디기가 너무 어렵다. 조니가 살아있을 때 더 많이 사랑주었다면 얼마나 좋았을까. 물론 우리는 조니를 무척 사랑했다. 조니도 그것을 알았다. 누구나 그 사실을 알았다. 조니를 더 사랑한다는 것. 그것이 무슨 뜻일까? 지금 그것이 무슨 의미가 있을까?"

우리는 사랑하는 사람이 죽었을 때 그 사람을 구하지 못한 데 대해서 죄책감을 느낀다. 부정적인 감정을 품었던 것 때문에도 죄책감을 느낀다. 그리고 죄책감에 대해 방어하거나 그것을 누그러뜨리기 위해서 죽은 사람이 완벽했다고 요란하게 우기는 방법을 취하기도 한다.

"내 아내는 완벽했어요."

"우리 아버님은 솔로몬보다도 현명한 분이셨지요."

이와 같은 이상화는 우리의 죄책감을 억제하는 데 도움이 된다. 그것은 또한 죽은 사람에게 우리가 했던 모든 짓, 또는 우리가 했다고 상상하는 모든 행동을 보상하는 방법도 된다. 죽은 사람을 이상화하고 찬양하는 것은 종종 애도 과정의 일부분을 이룬다.

정신과 의사인 베벌리 래피얼Beverley Raphel은 자신의 저서 『사별의 해부The Anatomy of Bereavement』에서 이상화 현상에 대해 논하면서, 잭이라는 사람의 예를 든다. 그는 49세 된 홀아비로, 사별한 아내 메이블을 부단히 찬미했다. 그는 아내에 대해 "세상에서 가장 위대했던 작은 여인이었다. 최고의 요리사였으며, 그녀는 나를 위해 모든 것을 해주었다."라고 주장했다. 이에 대해 라파엘 박사는 이렇게 말한다.

"그 사람은 아내와 관련해서는 부정적인 이야기를 전혀 할 수 없었다. 그들이 함께했던 삶은 모든 면에서 완벽했다고 주장했다. 그는 아주 강하게 우겼으며, 누구라도 그와 반대되는 사실을 말해서는 안 되는 것처럼 행동했다. 그렇지만 세심히 파고들자 그의 내면에는 다른 목소리가 있었다. 그는 아내가 자신의 삶에 개입해서 그가 힘을 쓰지 못하도록 통제하는 것을 못마땅해하고 있었다. 그는 자유를 무척이나 갈망하고 있었다. 이러한 사실을 인정하자 그는 좀 더 현실적인 방식으로, 슬프지만 유쾌하게 아내의 좋았던 점과 나빴던 점을 이야기할 수 있었다."

분노, 죄책감, 이상화, 보상 심리 등은 우리가 그 사람의 죽음을 인정했을 때 나타나는 반응이다. 하지만 그러면서도 그들의 죽음을 여전히 부정하는 경우도 있다. 존 보울비John Bowlby 는 『상실Loss』이라는 자신의 책에서 그 역설을 이렇게 설명한다.

"한편으로는 죽음이 일어났다고 믿으며 그로 인해 고통과 절망적인 갈망을 느낀다. 그러나 한편으로는 죽음이 일어났다는 것을 믿지 못하며, 모든 것이 다시 좋아질 것이라는 희망과 잃어버린 사람을 찾고 회복시키고자 하는 충동이 일어난다.”

　엄마 곁에서 떨어진 아이는 엄마가 떠났다는 것을 부정하고 엄마를 찾으려 한다고 보울비는 말한다. 남겨진 유족들도 그와 비슷한 심정으로 죽은 사람을 찾는다. 이런 탐색은 의식하지 못하는 가운데 초조하고 무작위적인 행동으로 표현될 수 있다. 그렇지만 어떤 이들은 의식적으로도 죽은 사람을 찾는다.

　배우 제라르 필립프 Gérard Philipe의 미망인 안느는 무덤에서 남편을 찾던 자신의 모습을 이렇게 묘사한다.

　나는 당신을 찾으러 갔어요. 제정신이 아니었지요. 나는 현실 밖에 남겨진 채 그 안으로 들어갈 수가 없었어요. 묘비가 눈앞에 있고 당신을 덮고 있는 흙에 손이 닿는데도 나는 어쩌지 못하고 당신이 보통 때처럼 조금 늦게 올 것이라는 생각에 빠지기 시작했어요. 머지않아 당신이 내게 다가오는 기척을 느낄 것이라고 믿기 시작했어요. 당신이 죽었다고 자신에게 일러도 소용이 없었어요. 당신은 오지 않았어요. 아니, 당신은 차에서 나를 기다리고 있을 거야. 미친 듯이 희망이 생겼지요. 나는 내가 실성했다는 것을 알고 있었지만 그래도 그 희망이 나를 사로잡았어요. 그래, 분명히 차에서 기다리고 있을 거야. 그리고 차가 비어 있는 것을 발견했을 때는 다시 자신에게 유예를 해주면서 한 번 더 자신을 보호하려고 했어요. 언덕에서 산책을 하고 있을 거야. 나는 친구와 이야기하면서 집으로 걸어

내려가는 길에서도 당신의 모습을 찾았어요. 물론 만날 것이
라고 믿지는 않았지요.

죽은 사람을 찾는 과정에서 우리는 때로 그들을 불러내기도
한다. 집 앞길에서 그 사람의 발자국 소리를, 현관에서 열쇠 꽂
는 소리를 '듣는다'. 거리에서 그 사람을 '보고' 열심히 따라간다.
그러다가 그 사람이 돌아서는데 마주치게 되는 것은 낯선 이의
얼굴이다. 어떤 사람은 환각을 동원해서 죽은 사람을 살려내기
도 한다. 죽은 사람을 꿈속에서 다시 불러내는 사람들도 많다.

"나는 어느 날 밤 사랑하는 아들이 다시 살아난 꿈을 꾸었어
요. 아이를 얼싸안으면서 조금의 의심도 없이 살아있는 아들을
안고 있다고 생각했죠. 아들과 죽음에 대해 이야기를 하면서,
아들의 장례식이 말짱 거짓말이었다는 것을 깨달았어요. 잠에
서 깨고서도 기쁨이 남아 있었죠. 하지만 곧 아침마다 나를 깨
우는 조종이 다시 울리기 시작했어요. '아들 모어는 죽었다! 모
어는 죽었어!'라고 소리 내는 그 조종 말이에요."

작가 에드먼드 윌슨Edmund Wilson은 사별한 아내 마가렛을 그
리워하는 꿈을 되풀이해서 꾸고서 이런 글을 썼다.

꿈. 아내는 살아 있었다. 무슨 속임수가 있었던 거지? 아내
는 더 이상 존재하지 않는데 거기 있다니, 그럼 무엇이 우리가

다시 함께 살지 못하게 막았던 것이지?

꿈. 침침한 회색빛 꿈을 꾸면서 나는 다시는 그녀를 볼 수 없을 것이라고 생각했던 게 실수임을 깨달았다. 내가 얼마나 어리석었는지 그녀에게 이야기할 수 있겠다고 생각했다.

꿈. 나는 그녀와 함께 잠자리에 든다. 결국은 우리가 함께하지 못할 이유가 없지 않은가.

꿈. 아내는 병이 들었고 오래 살지 못할 것이라고 한다. 그녀는 우리가 찾아갔던 병원의 침대에 누워 있었다. 거기서 이야기를 하는 동안 아내가 회복될 수 있겠다는 생각이 들었다. 내가 아내를 사랑하고 아내가 회복되기를 바란다는 믿음을 그녀에게 심어줄 수 있다면 가능할지도 모른다는 생각이 들었다.

우리는 때로 죽은 사람을 불러옴으로써 잃어버린 사람이 여전히 여기 있으니 잃은 것이 아니라고 자신을 설득하려고 한다. 그렇지만 분별력 있는 친구가 내게 들려준 오싹한 이야기처럼 때로는 죽은 사람을 불러옴으로써 그 사람이 죽었다는 사실을 스스로에게 납득시키는 일도 일어날 수 있다.

조단은 아내인 알린이 자살한 날로부터 2년이 지난 후, 새로운 연인 마이러와 함께 침대에 누워 있었다. 마이러는 죽은 아내의 친구였고, 조단은 그녀를 알린의 대신으로 생각했다. 마이러는 무척 사랑스러운 여자지만 그는 그 여자가 알린과 같아지도록 압박했다. 그러고도 결국 알린이 아니라는 이유로 그는 마이러와 결혼할 마음을 먹지 못하고 있었다.

어느 날 밤, 그는 침대에서 자고 있는 마이러의 몸을 보면서 기괴한 체험을 했다.

"마이러가 보이지 않았어요. 내가 본 것은 알린의 시신이었죠. 나는 상황을 되돌려놓을 수가 없었어요. 안간힘을 써도 마이러가 있는 현실로 되돌아올 수가 없었죠. 공포에 질린 채 시신과 함께 거기 누워 있었어요."

그는 마침내 침대에서 일어나서 아파트를 뛰쳐나왔다. 그리고 그 뒤 그는 비로소 마이러와 행복한 결혼생활을 할 수 있었다. 조단은 자신이 끔찍한 체험을 했지만, 이를 통해 알린으로부터 스스로를 해방시킬 수 있었다고 말한다.

"그 체험으로 나는 아내를 되살릴 수 없다는 사실을 이해하게 되었어요. 그리고 나는 알린을 또 다른 알린으로 대체할 수 없다는 것도 알게 되었죠. 마침내 그녀가 죽도록 놓아줄 수 있었습니다."

이와 같이 누군가를 떠나보내는 방법에는 여러 가지가 있다. 어떤 사람은 조용히 애도하고, 어떤 사람은 머리를 쥐어뜯으며 극도의 슬픔에 빠져든다. 방법이야 어떻든 우리는 모두 자신의 두려움과 분노와 슬픔 등의 감정으로부터 헤어 나오고자 하고, 어떻게든 길을 찾아가며, 마침내 애도의 종착점에 다다르게 된다.

멍멍한 충격으로부터 시작해서 극심한 심리적 고통의 시기를 지나 우리는 애도의 '완료'라고 부르는 지점을 향해 나아가는 것이다. 비록 애도가 완료되더라도 여전히 죽은 사람 때문에 울고 그리워하고 갈망하는 때가 있을 것이다. 그러나 어쨌든 애도가 완료된다는 것은 현실을 수용하고 적응할 준비가 상당히 이루어졌음을 뜻한다.

우리는 애도 과정을 완료하면서 안정과 희망과 삶을 즐길 수 있는 능력을 다시 회복한다. 여전히 꿈을 꾸고 환상을 가지기도 하지만 죽은 사람이 이번 생에는 우리에게 되돌아오지 않을 것임을 받아들인다. 엄청난 어려움을 겪으면서 달라진 삶에 적응한다. 살아남기 위해 자신의 행동과 기대와 자아의 정의를 수정한다.

정신분석학자 조지 폴락George Pollock은 애도의 과정을 "적응과 성장이라는, 보다 보편적인 현상의 한 형태"라고 언급한다. 성공적인 애도는, 나쁜 상황을 잘 견뎌내는 것에서 나아가서 창조적인 변화로 이어질 수 있다.

하지만 마침내 상실을 받아들이고 적응하고 회복된다 하더라도, 우리는 '기념일 반응anniversary reactions'으로 고통받을 수 있다. 매년 죽은 사람의 생일이나 기일 또는 함께 보냈던 날들이 찾아오면 우리는 되풀이해서 슬픔과 그리움과 절망을 느끼며 애도를 하게 된다. 그러나 이처럼 다시 애도가 되풀이된다 하더라도 결국 그 과정에는 끝이 있다.

다음의 기록이 증언하듯이, 도저히 위로받을 수 없을 것 같았던 슬픔조차 언젠가 끝난다.

나는 한밤중에 일어나서 자신에게 이른다. 어머니는 떠나셨어. 어머니는 돌아가셨다고! 다시는 어머니를 볼 수 없을 것이다. 이 사실을 어떻게 이해해야 할까?

아, 어머니, 저는 먹고 싶지도, 걷고 싶지도, 자리에서 일어나고 싶지도 않아요. 책을 읽고 싶지도, 일하고 싶지도, 음식을 만들고 싶지도, 아이를 돌보고 싶지도 않아요. 아무것도 관심 없어요. 저는 이 슬픔으로부터 마음이 분산되고 싶지 않아요. 저는 죽어도 상관없어요. 매일 잠에서 깨어 제 자신에게 말해요. "어머니는 돌아가셨어!"

나는 온통 슬픔으로 가득 찬 듯하다. 한 순간도 빠짐없이. 마치 임산부처럼 슬픔으로 몸이 부풀어오른 것만 같다. 그렇지만 임신은 끊임없이 무엇인가를 만들어가고 있다는 느낌을 주지만, 애도는 늘 부질없고 허무하다는 느낌을 준다. 오로지 어머니의 죽음만이 내 마음속을 떠돈다.

내 일상은 꺾여버렸고 나는 세상으로부터 격리되어 있다. 세상에 원하는 것도, 세상에 줄 것도 없다. 상태가 아주 나쁠 때는 세상과 그에 속한 사람들도 전혀 느끼지 못한다. 이 땅에서 사는 우리의 삶은 썩어빠진 장난이다. 무(無)에서 왔다가 무로 간다. 왜 우리는 결국은 빼앗길 사람을 사랑하고 마음을 주는가? 사랑의 결말은 고통이다. 삶은 사형선고다. 자신을 그어떤 것에도 내어주지 않는 편이 나을 것이다.

나는 처음부터 시작해서 되풀이해야 한다. 어머니는 돌아가셨다. 마치 그 생각이 처음 떠올랐다는 듯이. 나는 어지러운 조류에 휩싸인 채 익사하는 자신을 본다. 어머니의 손이 나를 붙잡고 해변까지 데려다주기를 갈망한다. 너무나 그립다.

감정이 격해지고 자기 연민이 솟아나서 엄마의 어깨에 기대어 운다. 바람 속에서 울부짖는다. 되돌릴 수 없이 부서지는 파도에 대고 흐느끼며 딸꾹질한다. 그것은 탄식인가. 어머니는 왔다가 가신다. 한때 어머니가 계셨지만 이제는 가버렸다. 그래서 뭐가 달라졌는가?

마침내 나는 치유되고 있는 것일까? 나는 이제 마치 지혈대가 목을 압박하고 기억을 짓누르는 듯한 느낌 없이 어머니의 사진을 볼 수 있다.

나는 조금씩 다시 세상 속으로 들어간다. 새로운 단계. 새로운 몸, 새로운 목소리를 가지고. 새는 날면서, 나무는 자라면서, 개들은 소파에 따뜻한 자국을 남기면서 나를 위로한다. 알지 못하는 사람들의 무심한 움직임이 나를 위로한다. 병으로부터 서서히 회복되는 것처럼 나의 자아가 회복된다. 자유로운 여인이셨다. "가게 해다오."라고 말씀하신다. 좋아요, 엄마, 가게 해드릴게요.

또 다른 구절에서 이 딸은 비록 자신이 어머니의 육체적인 존재로부터 떨어졌지만 "전에 없이 어머니의 존재로 가득 차 있다."고도 이야기한다. 그녀는 정신분석가가 '내면화 internalization' 라고 부르는 과정을 자신의 언어로 표현한 것이다. 죽은 사람을 내면세계의 일부가 되게 함으로써 우리는 마침내 애도의 과정을 완료하는 것이다.

어렸을 때 우리가 자신 안에 엄마를 영구적으로 담아둠으로써 엄마를 떠나보낼 수 있었다는 사실을 기억하기 바란다. 그와 비슷한 방식으로 우리는 사랑했다가 여읜 사람을 우리 안에 받아들여 내면화한다.

정신분석학자 카를 아브라함 Karl Abraham 은 "이제는 내 안에 사랑의 대상을 데리고 다니기 때문에 그는 사라진 것이 아니다."라고 쓴다. 함께 아늑함을 나누던 그 따스한 존재는 이제 우리 곁에 있지 않다. 하지만 죽은 사람을 우리 내면의 일부로 만듦으로써 그 사람을 절대로 잃지 않을 수 있는 것도 사실이다.

동일시는 내면화의 한 형태다. 우리는 동일시를 함으로써 자아를 개발하고, 자아를 더욱 풍부하게 할 수 있다. 그리고 동일시를 함으로써 사랑했지만 이제는 세상에 없는 사람들의 어떤 면을 자신의 자아에 통합시킬 수 있다. 그런 면들은 추상적일 때가 많지만 때로는 놀라울 정도로 구체적이기도 하다.

심리치료사 릴리 핀커스는 원예를 사랑했던 오빠가 죽은 후 원예를 시작하게 된 여동생을 소개한다. 그리고 다소 따분한 사람이었던 아내가 재치 있는 사람이었던 남편이 죽은 후에 갑자기 말재간을 얻게 되었던 사례도 든다. 우리는 죽은 사람의 좀 고약한 면들과도 동일시할 수 있다. 그리고 병적인 동일시를 할 수도 있다. 그러나 죽은 사람을 내면에 받아들임으로써 우리는 그들과 함께하는 동시에 그들을 떠나게 할 수 있다. 그들은 우리가 생각하고 느끼고 사랑하고 원하고 하는 것들의 일부가 되는 것이다.

애도는 바람직한 동일시로 마무리될 수 있다. 그렇지만 애도의 과정은 종종 뒤틀려버리기도 한다. 사랑하는 사람이 죽었을 때 우리는 그의 죽음을 다루는 데 실패하거나 애도 과정에 '갇혀버릴' 수도 있다.

애도가 연장되거나 만성화되는 경우에는 애도의 다음 단계를 넘어서지 못한다. 누그러지지 않는 슬픔의 수렁에 빠져버리는 것이다. 줄어들지 않는 슬픔, 분노, 죄책감, 자기혐오 또는 우울증에 시달리며 남은 삶을 제대로 살아가지 못한다.

사람들에게 애도 과정의 시간표를 정해줄 수는 없다. 누군가에게는 1년이 아니라 2년 또는 그 이상의 시간 동안 애도하는 것이 정상일 수도 있다. 그러나 애도의 기간이 다소 길어지더라도 결국에는 애도의 과정을 완료해야 한다. 슬픔을 놓아줄 수 없거나 놓아주려고 하지 않을 때, 애도의 과정은 병적인 것이 된다.

셰익스피어의 작품 『존 왕King John』에는 필립 왕이 콘스탄스를 이렇게 꾸짖는 장면이 나온다.

"당신은 자신의 슬픔을 마치 자식처럼 사랑하는구려."

이 말에 콘스탄스는 다음과 같이 절박하게 해명한다.

"슬픔은 잃어버린 내 아이의 방을 채워줍니다. 슬픔은 아이의 아름다운 모습으로 나타나서 아이가 했던 말을 되풀이하면서 아이의 기품 있는 부분들을 샅샅이 기억나게 해줍니다. 비어있는 아이의 옷을 아이 모습으로 채워줍니다. 그러니 저는 슬픔을 사랑할 이유가 있지요."

만성적인 슬픔은 소위 죽은 사람의 '미라화'라는 형태로 나타나기도 한다. 그것은 죽은 사람이 한때 소지했던 물건들을 그 사람이 보관했던 장소에 정확히 그 사람이 했던 방식으로 보존하는 행동이다.

예를 들어 빅토리아 여왕은 사랑하는 앨버트 왕자가 죽자 아침마다 그의 면도 도구와 옷을 준비시키고 그의 모든 소지품을 생전에 그가 놓아두었던 대로 보존하게 했다. 그러나 만성적인 슬픔이 집 안에 신전을 만드는 행위로 표현되든, 절망과 슬픔과 마르지 않는 눈물로 표현되든 메시지는 똑같다. "이 슬픔은 세월이 흐르더라도 치유되지 않을 것이다. 나는 절대로 이것을 극복하지 않을 것이다."

상실의 고통을 피하기 위해 애도하지 않거나 미루는 경우에도 병이 될 수 있다. 내가 지금 정서적으로 소원하게 지냈던 사람이 아니라 사랑하는 사람을 잃었을 경우를 이야기하고 있다는 사실을 기억하기 바란다. 나는 슬퍼할 만한 타당한 이유가 있는 상실에 대해서 이야기하고 있다. 만약 그런 상황에서조차 눈물을 흘리지 않고 아무 일 없다는 듯 덤덤하게 대응한다면 그것도 바람직하지 않다. 어쩌면 사실은 그렇지 못하면서 자신이 "아주 잘 받아들이고 있다"며 스스로를 기만하는 것일 수도 있기 때문이다.

어쩌면 자신이 울기 시작하면 결코 멈추지 못할 것이라거나, 무너지거나 실성할 것이라거나, 우리가 느끼는 슬픔의 무게가 주위 사람들을 짓누르거나 몰아낼 것이라거나, 그 이전에 겪었던 모든 상실들이 다시 우리를 덮칠 것을 무의식적으로 두려워하고 있는 건지도 모른다.

그렇다면 우리는 자신이 애도를 억제하고 있다는 사실을 어떻게 알 수 있을까? 보울비는 여러 가지 단서가 있다고 이야기한다. 그런 사람은 경직되거나 조급해하거나 어색하고 형식적인 태도를 보인다. 그리고 억지로 명랑하게 굴거나 위축되거나 지나치게 술을 마실지도 모른다. 어쩌면 정신적인 고통을 신체적인 고통과 맞바꿀 수도 있다. 즉 갑자기 불면증이나 악몽에 시달릴 수도 있다.

정신분석학자들과 셰익스피어는 애도를 억지로 막으면 건강에 해로울 수 있으며, 애도는 아픔을 누그러뜨리는 방법이라고 말한다. 『맥베스Macbeth』의 한 대목을 보자.

슬픔을 토해내라.
말하지 않은 슬픔은 속닥거리며 상심한 가슴을 찢어놓는다.

그러나 슬픔을 삼키든 입 밖으로 토하든, 사랑하는 사람의 죽음은 남아 있는 사람들의 정신적, 신체적 건강에 장기적으로 해로운 영향을 미칠 수 있다. 사랑하는 사람을 잃지 않은 사람들에 비해서 자살하거나 병에 걸리거나 사고를 당하거나 알코올이나 약물에 빠지거나 우울증이나 기타 심리적 질환으로 고통받을 가능성이 높다. 남편이 죽자 자신의 미래가 황량하고 공허해서 마치 커다란 블랙홀 같다고 느낀 한 여인은 계속해서 살아야겠다고 의식적으로 결심을 해야 간신히 지탱할 수 있었다고 털어놓았다. 그녀는 그런 상실을 당한 후에는 누구나 삶과 죽음 사이에서 선택을 해야 하는 기로에 선다고 말한다.

더 이상 살지 않겠다고 결심하는 사람들 중에는 사후에 재회할 수 있다고 생각하는 사람도 있겠지만, 토마스 만Thomas Mann의 소설 『마의 산The Magic Mountain』에 등장하는 한스 카스토르프의 아버지처럼 살아갈 기력이 소진된 사람들도 있다.

우리 아버지 헤르만 카스토르프는 자신이 당한 상실을 감당할 수 없었다. 그는 아내를 무척 그리워했으며, 그다지 꿋꿋한 사람이 못 되어서 결국 아내의 죽음으로부터 제대로 회복하지 못했다. 그의 혼은 고통을 겪었고 내면은 쪼그라들었다. 뇌가 마비되어 일하면서 실수를 저지르곤 했다. 그리고 이듬해 봄에 바람이 거센 부잔교에 세워진 창고를 살피러 나갔다가 폐렴에 걸렸다. 하이데킨트 박사가 백방으로 손을 써봤지만 고열을 견디기에는 심장이 너무 약했기 때문에 아버지는 닷새 만에 숨을 거두었다.

스트레스에 관한 여러 연구에 따르면, 우리는 가까운 가족을 상실했을 때 가장 심한 스트레스를 받는다고 한다. 그것은 대부분의 사람들이 견뎌야 하는 '인생의 중대한 스트레스 요인'이다.

이런 사람들에게는 정신적, 신체적 질환이 발병할 확률도 높다.

그렇지만 그런 상실을 겪는다고 해서 모든 사람들이 똑같이 질환에 취약한 것은 아니다. '무엇이 차이를 만들어내는가', '무엇이 취약성을 증가시키는가'는 흥미로운 질문거리가 될 것이다.

미국의학연구소는 대체로 널리 받아들여지는 대답들을 제시한다. 즉 정신적, 신체적으로 좋지 않은 과거를 겪었던 사람들이 더 위험하다는 것이다. 또한 자살로 인한 죽음을 지켜본 사람들도 위험성이 높아진다. 죽은 아내나 남편과의 관계가 특별히 의존적이었던 배우자들도 위험성이 높다. 사회적인 지원망 없이 상실을 겪는 사람들이 외상을 더욱 극심하게 받아들인다. 그리고 나이가 어릴수록 더 힘들어한다. 어린 시절에 상실을 겪으면 성인이 되었을 때 정신질환에 걸릴 위험성이 높아진다는 연구 결과도 있다.

이 책은 어린 시절의 상실과 분리가 우리 삶에 어떤 영향을 미치는지 살펴보는 데서 시작되었다. 우리는 최초에 겪는 상실이 마치 죽음처럼 느껴진다는 사실을 보았다. 때로는 자신이 사랑스럽지 않고 나쁜 아이이기 때문에 버림받은 것이라고 생각할 수도 있다고 했다. 그럴 때 우리는 무력감, 죄책감, 두려움, 분노 등의 감정으로 반응한다.

아이들도 죽음을 애도하지만, 그들이 애도하는 방식으로는 엄청난 상실의 고통을 해결할 수 없을지도 모른다. 어린 시절의 상실을 그 당시에 완전하게 해소하기는 어려울 수도 있다. 자애로운 어른들이 있는 가정에서 자녀들은 종종 애도가 완료될 때까지 다양한 감정을 표현하도록 지원과 격려를 받을 것이다. 그러나 1장에서 상세히 살펴보았듯이 어린 시절의 상실은 평생 우리 안에 남을 수 있다.

덴마크 작가 토베 디틀레우센Tove Ditlevsen은 어릴 때 양친을 잃는 경험을 했다. 나중에 그녀는 다음과 같은 자서전적인 초상화를 남겼다.

내 방은 빛의 섬이었다.
아침 햇살을 받는 그 방의 벽에는 엄마와 아빠가 그려져 있다.
부모님은 반짝이는 그림책을 내게 주셨다.
나의 한없는 기쁨을 보며 미소 지으셨다.

나는 젊은 두 분이 함께 행복해하는 모습을 보았다.
처음으로 보았으며
또 마지막으로 보았다.
세상은 그 전과 그 후로 영원히 나뉘었다.

나는 다섯 살이었다.
그날 이후 모든 것은 변했다.

어쩌면 토베 디틀레우센은 어릴 때의 특별한 경험 덕분에 서른 두 권의 책을 쓸 수 있었는지도 모른다. 하지만 결국 그녀는 결혼에 세 번 실패했고, 약물에도 빠졌으며 끝내 1976년에 자살로 생을 마감했다.

어린 시절에 엄마나 아빠를 여읜 모든 사람들은 평생 망가진 채로 절망 속에서 살아가야 할 운명인가? 어린 시절에 겪는 심각한 상실은 모두 병을 일으키는가? 많은 연구들이 그럴 위험성이 높다는 사실을 보여주긴 하지만 반드시 그런 것은 아니다. 강한 기질을 타고난 아이들은 상실을 맞아서도 꿋꿋이 버틴다. 약한 아이들도 어른이 곁에서 도와주면 바람직한 방식으로 상실을 애도하면서 현실에 적응해나갈 수 있다.

어떤 정신분석학자들은 애도를 완벽하게 끝마칠 수 있을 만큼 견고한 자아를 가진 아이는 없다고 주장한다. 하지만 보울비를 비롯한 일부 학자들은 그 의견에 반대한다. 죽음 전에 가족과 좋은 관계를 맺고, 죽음 후에 신뢰할 수 있는 보호자가 함께 있으면서 위로해주고, 죽음에 대해 정확하고 신속한 정보를 알려주며, 가족이 슬퍼할 때 함께 참여하도록 권장하면 아이들도 애도를 완료할 수 있다고 주장한다. 물론 이런 조건들이 충족되지 못할 때가 많다고 그들도 인정하지만 말이다.

이런 외적인 조건들이 분명 큰 차이를 가져올 수 있다. 그러나 아이들은 바깥세상에서 살기도 하지만 자기 머릿속에서 살기도 한다는 사실을 잊지 말아야 한다. 마음껏 애도하라는 독려를 받고 사랑을 잘 받고 자란 아이들이라 하더라도, 완벽하게 죽은 사람을 놓아주기란 참으로 어렵다. 어른이 될 때까지, 또 때로는 전문적인 도움을 받지 않고는 죽은 사람을 완전히 보내지 못하는 경우도 있다.

그렇지만 가능한 경우도 있다. 정신분석학자인 래피얼 박사는 다음과 같은 장면을 묘사하면서 어린아이가 제대로 애도를 마치도록 도와줄 수 있는 방법을 제안한다.

다섯 살배기 제시카는 엄마에게 자기가 그린 그림을 보여주었다. 거기에는 먹구름과 어두운 나무와 크고 붉은 반점들이 그려져 있었다.

"이게 뭔지 좀 설명해줄래, 제시카?"

엄마가 말했다. 제시카는 붉은 얼룩을 가리키며 대답했다.

"이건 피야. 그리고 저건 구름이고."

"아, 그렇구나."

엄마가 말했다.

"봐, 나무들이 아주 슬퍼해. 구름은 시커멓고. 구름들도 많이 슬픈가 봐."

제시카가 설명했다.

"걔들은 왜 슬퍼?"

엄마가 물었다.

"아빠가 죽었기 때문에 슬픈 거야."

제시카의 뺨을 타고 눈물이 흘러내렸다.

"아빠가 떠나서 우리들이 슬픈 것처럼 나무와 구름도 슬프구나."

엄마는 말하면서 아이를 꼭 안고 함께 울었다.

어린 시절에 상실을 겪고 제대로 애도하지 못하면 그 후에 겪는 또 다른 상실에는 더욱 대처하기 힘들어진다. 물론 어릴 때 심각한 상실을 겪지 않았다 하더라도, 자녀의 죽음과 같은 큰일을 겪는다면 좀처럼 상실감을 극복하기 쉽지 않을 것이다. 현대 사회에서 살고 있는 대개의 부모들은 당연히 아들이나 딸이 자기보다 오래 살 것이라 기대한다. 사람들은 자녀의 죽음을 참혹한 사건으로, 자연의 질서에 대한 유린으로 받아들인다.

내 주위의 친구 중 무려 열한 명이 사고나 자살, 질병으로 자녀를 잃었다. 그 아이들은 모두 세 살에서 스물아홉 살 사이에 죽음을 맞았다. 부모들은 과연 그런 죽음을 어떻게 애도할까? 과연 그 슬픔이 끝나기는 할까?

내가 여러 책에서 읽은 내용들과 죽은 아들딸들을 그리워하는 부모의 마음으로 미루어 짐작하건대, 부모는 아무리 풍족하고 평안한 삶을 살더라도 잃어버린 자녀로 인한 슬픔을 온전히 놓아주지는 못하는 듯하다. 실제로 사람들은 슬픔에 매달리는 것이 죽은 아이에게 신의를 지니는 것이고 슬픔을 내려놓는 것은 배신이라고 느낀다.

"나는 딸아이의 이름을 떨지 않고 말할 수 있게 되었을 때, 나 자신이 자랑스러웠어요."라고 7년 전에 아홉 살짜리 딸 준을 여읜 베라가 말했다.

베라는 준이 암 진단을 받은 후 몇 달 동안 비현실 속에서 살았다. 그녀는 어린 네 자녀들을 보호하기 위해 진실의 소리를 꺼버렸다. 그녀는 여전히 준이 나을 거라고 생각하면서, 다른 아이들도 즐겁게 해주려고 노력했다. 그녀는 슬픔을 희망과 명랑함으로 '가장했다'. 하지만 준이 죽은 후 베라는 자신이 '걸어 다니는 시체'나 다름없었다고 말한다. 혼자 있을 때는 울었지만, 사람들 앞에서는 연극을 했다.

"저는 제 슬픔이 너무나 커서 강력한 독약이 되어 모든 사람을 쓰러뜨릴 수 있을 것 같다는 생각이 들었어요. 아이들에게는 그 슬픔을 견디고 살 수 있다고 보여주는 것이 제 의무라고 생각했지요. 아이들이 사는 것을 끔찍하게 두려워하지 않도록 보호해주어야 한다고 생각했어요."

그렇지만 5년 반 후에 막내까지 하늘로 떠나자 그녀는 심장에 통증을 느끼기 시작했으며 무척 우울해졌고 늘 울었다고 한다. 결국 도움을 구할 수밖에 없었다.

요즘 그녀는 친구인 우리들에게 지혜와 위안과 힘과 기쁨을 준다. 그러나 기분이 나아지기는 했지만 아직도 자신이 쪼그라든 느낌이 든다고 한다. 그녀의 상실은 너무나 강렬한 상실이었다. 그녀는 딸만 잃은 것이 아니라 자아감까지 잃었다고 말한다. 자신은 항상 아이를 보호하는 사람이었다. 하지만 딸이 죽자 그녀는 자신의 정체성에도 혼란을 느꼈다.

"나는 우리 아이들을 안전하게 지킬 수 있을 것이라는 환상을 가지고 있었어요. 내 본분은 아이들의 든든한 보호자가 되는 것이었죠. 준의 죽음은 그런 제게 패배를 의미했어요. 그 죽음은 제가 한없이 무력하기만 한 존재라는 사실을 가르쳐줬어요. 저는 아무도 구할 수 없었죠. 누구도 보호해줄 수가 없었어요."

그녀는 딸을 애도하면서 잃어버린 자신의 일부분도 애도한다.

상실을 겪을 때 우리는 당사자뿐만 아니라 주위의 인정과 이해도 받을 필요가 있다. 종종 유산을 경험한 여자에게서 이런 이야기를 듣는다.

"사람들은 그건 아무것도 아니라고 이야기했어요. 그렇지만 그건 내 아기였고 내겐 중요했죠."

때로 어쩔 수 없이 낙태를 해야 할 때도 있다. 이때 그것이 아무리 현명하고 필요한 처사라 하더라도, 죽음에 대해서는 반드시 애도를 해야 한다. 사산된 아기의 잔인하게 압축된 삶과 죽음도 분명히 애도해야 하는 것이다.

래피얼은 이렇게 시기적절하지 않은 죽음에 따르는 분노, 죄책감, 이상화, 그리움, 상반된 감정, 슬픔, 절망과 같은 반응이 부모의 삶을 영원히 바꿔놓을 수 있다고 이야기한다. 심지어 부부가 서로를 대하는 관계도 변할 것이다.

딸 소피가 살아있었더라면 서른여섯 살이 되었을 날에, 프로이트는 친구에게 다음과 같은 편지를 썼다.

> 우리는 상실 직후에 따르는 격심한 슬픔의 상태가 가라앉을 것이라고 알고 있지만, 또한 무엇으로도 그 상실을 위로받을 수 없고 대체물을 발견하지 못할 것이라는 사실도 안다. 무엇이 그 공백을 메우든, 심지어 그것이 완전히 메워지더라도 그 공백은 무엇인가 다른 것으로 남을 것이다.

아이가 부모를 잃는 것, 부모가 자녀를 잃는 것만큼이나 큰 상실이 있다. 바로 배우자를 잃는 것이다.

배우자가 죽었을 때 우리는 더 이상 한 쌍을 이루지 못함을 애도할 것이다. 결혼생활에서 배우자가 더 이상 존재하지 않을 때, 우리는 삶의 방식이 송두리째 산산조각 나는 상실을 애도할 것이다. 배우자를 위해 음식을 만들고 보살피는 역할을 하던 사람은 자신의 존재 이유가 사라졌음을 애도할 것이다. 그리고 자신을 인정해주는 배우자의 존재 위에 자아감을 쌓아올렸던 사람은 그 자아가 사라졌음을 애도할 것이다.

린 케인Lynn Caine은 자서전적 저서 『과부Widow』에서 "우리 사회는 남편이 죽으면 대부분의 여자들이 정체성을 잃어버리도록 되어 있다."라고 말했다. 그녀는 남편이 죽은 후에 자신이 "해변에 쓸려 온 소라 껍질 같은 느낌이 들었다. 그 안에 지푸라기를 집어넣고 아무리 쑤셔보아도 아무것도 잡히지 않는 소라 껍질 같았다. 살이 없다. 생명이 없다. 그 안에 살고 있었던 것은 모두 말라비틀어져서 사라졌다."라고 이야기한다.

일레인은 마흔다섯 살에 남편을 잃었다. 남편이 죽기 전 몇 년간 그녀는 남편을 극진히 간호했다. 그녀의 존재는 전적으로 남편의 간병을 중심으로 유지되었다. 남편이 죽었을 때, 그녀는 이제 남편이 없으므로 자신의 삶은 아무런 의미가 없으며 자신이 아무런 쓸모도 없는 존재라고 느꼈다.

독립적이고 강한 정체성을 갖고 있는 여성이라면 상실을 좀 다르게 받아들일 수 있을까? 꼭 그렇지는 않다. 여배우 헬렌 헤이스Helen Hayes는 남편이 죽고 난 후의 2년을 이렇게 표현했다.

"나는 완전히 미쳐 있었으며 지금도 정상은 아니다. 그 2년 동안 나는 온전한 순간을 보내지 못했다. 그것은 그냥 슬픔이 아니었다. 완전한 혼돈이었다. 나는 넋이 나가 있었다."

배우자가 죽으면 남은 사람은 끔찍한 외로움에 직면하게 된다. 과거가 분홍빛 광채에 휩싸여 있었다면, 미래는 칙칙하고 무가치해 보일 수 있다. 그래서 과거에 매달리고 싶을지도 모르지만, 우리는 아프고 추한 모든 감정을 느껴가면서 배우자의 죽음을 애도하고 조금씩 놓아주어야 한다.

지금까지 나는 사랑하는 사람의 죽음에 초점을 맞추었지만, 형태는 달라도 이혼 역시 일종의 죽음이다. 그러므로 결혼의 죽음인 이혼에 대한 이야기도 하고 넘어가겠다.

결혼의 파경은 배우자의 죽음에 비할 만한 상실이며, 사람들은 종종 아주 비슷한 방식으로 애도할 것이다.

몇 가지 중요한 차이점은 있다. 이혼은 죽음보다 더 많은 분노를 불러일으킨다. 그리고 이혼은 죽음과 달리 선택 가능한 것이기도 하다. 그러나 슬픔과 그리움은 배우자의 죽음을 맞을 때만큼이나 강렬할 수 있다. 죄책감과 원망도 똑같이 강렬할 것이다. 그리고 버림받았다는 느낌은 사별보다 이혼 때 오히려 더 강렬할지도 모른다.

이혼도 사별과 마찬가지로 남겨진 사람에게서 자아감을 앗아갈 수 있다. 시몬 드 보브아르Simone de Beauvoir의 소설『파괴된 여인The Woman Destroyed』의 주인공 모니크는 22년간 함께 살던 남편을 잃으면서 생명을 부지해주던 자신의 이미지까지 잃었다.

옛날에 자기 그림자를 잃은 남자가 있었대요. 그 사람에게 어떤 일이 일어났는지 잊어버렸지만 아무튼 끔찍했대요. 저로 말하자면, 저는 제 자신의 이미지를 잃어버렸습니다. 전에 그걸 자주 들여다보지는 않았지만 그것은 모리스가 나를 위해 그려준 그대로 배경에 남아 있었습니다. 직선적이고 솔직하고 진실한 여자, 악의가 없고 타협할 줄 모르지만 동시에 이해심 있고 관대하고 민감하며 사물이나 사람들을 강렬하게 의식하기도 하는 여자라는 이미지였지요. 이제 저는 자신을 더 이상 볼 수가 없어요. 깜깜해요. 다른 사람들은 어떤 모습을 볼까요? 어쩌면 뭔가 끔찍한 모습을 볼지도 모르지요.

최근의 연구를 보면 이혼에 따르는 신체적, 정서적 대가가 배우자의 죽음으로 인한 대가보다 더 클 수도 있다고 한다. 애도를 완료하기도 더 어렵기 때문이다. 이혼을 하면 결혼은 끝이 나도 두 사람 다 살아있다. 래피얼이 언급했듯이 "남겨진 사람이 아직 죽지 않은 사람을 애도해야" 하기 때문에 더욱 힘이 드는 것이다.

나는 많은 이들이 이혼보다는 사별이 차라리 낫겠다고 말하는 것을 들었다. 사별을 한다면 재산과 자녀를 놓고 끝없이 싸우고, 질투에 사로잡혀 괴로워하는 일 따위는 없을 테니 말이다. 사별이든 이혼이든 과거를 함께 나누었던 배우자를 상실한다는 것은 우리 삶을 이루었던 이전의 조건들을 '망가뜨리는' 사건이다.

"세상은 모든 사람을 망가뜨린다. 그리고 대개의 사람들은 망가진 곳을 더욱 단단하게 만든다."라고 헤밍웨이는 썼다. 어떤 사람은 그럴 것이다. 그러나 어떤 사람은 그러지 못한다.

어떤 사람은 배우자를 잃고 영구적인 손상을 입을지도 모른다. 죽지 않기로 선택한 한 과부처럼 "나는 할 일이 많다. 살아 있어서 기쁘다. 그렇지만 남편 없이는 어떤 일을 해도 전처럼 좋지는 않다."고 하는 사람도 있을 것이다.

어떤 사람은 처음으로 직장을 얻을 것이며 데이트를 할 것이다. 그리고 어떤 사람은 죽은 배우자의 특성들을 취하기도 할 것이다. 배우자에게 맡겨버린 어떤 재능이나 강점을 자신 안에서 발견하고 상당히 놀랄 수도 있다.

애도해야 할 대상에는 형제자매도 포함되어야 한다. 특히 어릴 때 형제자매와 사별하면 여러 복합적인 감정에 시달릴 수 있다. 마침내 라이벌을 제거해버렸다는 데서 오는 승리감, 평소 라이벌을 제거하고 싶어 했던 자신의 바람 때문에 느끼는 죄책감, 동료를 잃어버린 데서 오는 슬픔 등 패배의 고통과 승리의 고통이 동시에 몰려올 것이다.

내 기억 한 조각을 꺼내 보겠다. 우리 가족은 배를 타고 바다에 나갔다가 세 살짜리 여동생 로이스를 잃어버렸다. 배 안을 샅샅이 뒤졌지만 찾지 못했다. 아이가 익사했다고 확신한 엄마는 슬픔으로 얼어붙었다. 그러나 로이스와 격한 라이벌 관계에 있었던 두 살 터울의 나는 몹시 복잡한 감정을 느끼고 있었다.

'내가 가장 간절히 바라왔던 사악한 꿈이 실현된 것일까? 나의 가장 소중하고 가장 어두운 소원이 성취된 것일까? 내 마음이 지닌 끔찍한 마술의 힘 덕분에 마침내 여동생을 제거하는 데 성공한 것일까? 아, 너무 끔찍해! 그런데 아, 이 기쁨이란!'

그렇지만 두어 시간 뒤에 결국은 동생이 무사히 발견되었다. 엄마는 공포로부터 해방되자마자 기절해버렸다. 나도 자신이 살인자라는 생각에 시달리고 있었기 때문에 안도감에 휩싸였다. 나는 안도감과 실망에 휩싸인 셈이다.

그러나 우리는 중년이 되었고 이제 서로 사랑하는 친구 사이가 되었다. 오래된 가족사진을 들여다보면서 우리는 함께 추억을 나눴다.

형제자매가 성장해서 집을 떠날 때 그들은 형제관계가 취사선택할 수 있는 관계라는 사실을 깨닫는다. 어떤 사람은 성인으로 살아가는 동안 형제와 강한 유대를 지속한다. 어떤 사람은 아주 최소한의 인연만 유지한다. 나 같은 사람은 성인이 되자 더 자유로워져서 형제자매를 친구와 같은 존재로 생각했다. 시간이 흐르고 부모님이 다 돌아가셔서 직계가족 중 형제자매만 남게 되면 우리는 그들을 동지이자 과거를 함께 나누는 사람으로 소중히 여기기 시작한다. 그리고 그들이 죽으면 몹시 슬퍼한다.

우리가 가장 쉽게 극복할 수 있다고 생각하는 죽음은 천수를 다한 부모의 죽음이다. 그러나 어머니가 여든아홉에 돌아가신 친구에게 "그래도 어머님은 삶을 한껏 누리셨어."라고 위로했을 때, 친구는 화를 내며 대답했다. "나는 사람들이 어머니가 사실 만큼 사셨다고 이야기할 때면 마치 어머니가 돌아가신 것을 슬퍼하면 안 된다고 말하는 것 같아서 싫어. 나는 어머니가 돌아가셔서 무척 슬프거든. 어머니가 보고 싶을 거야."

내 친구 제롬의 아버지는 풍요롭고 열정적인 삶을 사신 후 일흔여덟에 집에서 돌아가셨다. 그러나 그 친구는 내게 말했다. "나는 얼마 전부터 아버지가 돌아가실 것이라고 마음의 준비를 해왔지만, 마침내 그 순간이 오고 보니 여전히 준비가 되어 있지 않아." 제롬은 아버지를 위한 기도문을 매일 밤낮으로 열한 달째 외우고 있다고 했다. "나는 매일 기도하면서 아버지를 생각해. 기도가 나에게는 위안이 돼."

때로는 부모가 평화로운 죽음을 맞이했다는 사실에 슬픔을 누그러뜨리기도 한다. 여전히 부모를 무척 그리워하지만, 그분들이 죽음에 대항해서 힘들게 싸웠다면 우리 마음이 더욱 아팠을 것이기 때문이다. 또한 우리는 사랑과 감사를 표현하고 마무리되지 못한 일들을 매듭짓고 어느 정도 화해할 기회를 가졌다고 생각하면 부모를 애도할 때 위안을 받을 수 있다.

시몬 드 보브아르는 자기 어머니의 죽음에 대해 이렇게 썼다.

"나는 죽음을 앞둔 이 여인을 무척 좋아하게 되었다. 어두침침한 공간에서 이야기를 나누면서 오랫동안 느껴왔던 불행한 감정을 진정시켰다. 나는 사춘기 때 단절된 후 서로의 차이 때문에 하지 못했던 대화를 새롭게 이어나갔다. 영원히 죽어버렸다고 생각했던 어린 시절의 다정함이 다시 살아났다."

성인이 되어서 부모를 상실하면, 아들과 딸들은 보다 성숙한 성인으로 거듭나기도 한다. 죽음이 계기가 되어, 아무개의 아이로만 남아 있었다면 도달하지 못했을 새로운 성숙함에 이르게 된다. 실제로 많은 학자들은 말한다. 어떤 죽음의 경우에도 "얻는 것이 없는 상실은 없다"고 말이다.

랍비 해럴드 쿠시너Harold Kushner는 첫아들 아론이 세 살이 되었을 때 조로를 일으키는 희귀병에 걸렸다는 이야기를 들었다. 아이는 이상 발육을 하여 작은 노인의 모습이 될 것이며 십 대에 죽을 것이라고 했다. 쿠시너는 이토록 부당하고 받아들이기 어려운 죽음으로 인해 얻는 것과 잃는 것의 문제를 언급했다.

나는 아론의 삶과 죽음으로 인해서, 그 일을 겪지 않았다고 가정할 때보다 더 깊이 있고 유능한 상담가가 되었다. 그러나 아들을 되찾을 수만 있다면 당장 그 모든 이득을 포기할 것이다. 선택할 수만 있다면 나는 경험 때문에 얻은 모든 영적 성장과 깊이를 포기하고 십오 년 전의 나로 되돌아가고 싶다. 평범한 랍비이자, 어떤 사람은 돕고 어떤 사람은 도울 수 없는 상담가, 또 밝고 행복한 아이의 아버지가 되겠다. 그러나 나는 선택할 수가 없다.

사랑하는 이의 죽음을 마주했을 때 우리가 할 수 있는 선택은 많지 않다. 그들이 죽을 때 따라 죽을 것인가, 상처를 입은 채 살아갈 것인가, 고통을 극복하고 새롭게 적응해나갈 것인가 정도이다.

우리는 애도를 통해 고통을 인정하고 느끼고 고통을 넘어서 살게 된다. 애도를 거쳐서 죽은 사람을 놓아주며 또 내면에 받아들인다. 그런 상실에 반드시 따를 수밖에 없는 어려운 변화들을 받아들이고 마침내 애도의 끝에 다다른다.

중년에
놓아주어야 할 것들

– "신은 모든 천재들이 마흔즈음 병에 걸리도록
운명을 정해두었다." – 버나드 쇼

우리는 다른 누군가를 잃어버릴 때 애도를 한다. 그러나 자아
도 애도 대상에 포함된다는 것을 종종 잊어버린다. 자아를 상실
한다는 것은 곧 자신에게 내려졌던 이전의 정의나 자아상의 기
초가 되었던 개념들을 벗어버린다는 뜻이다.

몸에 변화가 일어날 때 우리는 자신을 새롭게 정의한다. 다른
사람들이 우리를 인식하는 방법이 달라지면 그때도 자아의 정
의가 수정된다. 그리고 삶의 몇몇 분기점에서 우리는 반드시 이
전의 자아상을 포기하고 앞으로 나아가야 한다.

대부분의 연구에 따르면 인간의 발달과정에는 어느 정도 일
반적이고 예측 가능한 단계들이 있다. 이른바 '안정기'와 '과도
기'가 그것인데, 우리는 대체로 이 단계들을 차례로 체험한다.

안정기에 우리는 중요한 선택을 하고 특정한 목표를 추구하면서 삶의 틀을 마련한다. 과도기에는 그런 틀이 기초하고 있는 전제에 도전하고 의문을 제기하며 새로운 가능성을 탐색한다. 이전에 세웠던 삶의 틀을 허무는 것이다.

심리학자 대니얼 레빈슨Daniel J. Levinson은 이 허무는 행위가 "무엇인가를 종료하는 것이기 때문에 분리나 상실의 과정"이 된다고 말한다. 이런 변화를 거치면서 우리는 유아에서 사춘기 청소년을 지나 성인의 삶으로 단계를 밟아간다. 17세에서 22세 무렵에 찾아오는 '성인 초기 전환기Early Adult Transition'에 우리는 성인기 이전의 세계를 탐색한다.

20대부터는 처음으로 직장과 자신의 생활양식에 전념한다. 20대 말에서 30대 초에 해당되는 '30대 전환기Age Thirty Transition'에는 그동안 선택했던 것들을 재편성하면서 부족한 것을 더하고 수정하고 제외시킨다. 우리는 어딘가에 정착하고 일, 친구, 가족, 공동체 등에 자신을 투자하면서 30대의 대부분을 보낸다.

약 40세에는 초기 성인기에서 중기 성인기로 가는 교량의 시기에 이른다. 이 시기를 '중년 전환기Mid-life Transition'라고 부른다. 대부분의 사람들에게 이 시기는 위기다. 중년의 위기다. 피부는 늘어지고 결혼생활은 시들어간다. 마음은 아직 이팔청춘이지만, 젊은 시절의 수많은 꿈은 쓸려가 버린다.

중년을 밝게만 이야기하려는 사람들이 있다. 인생은 마흔부터라는 이야기가 심심치 않게 들린다. 그러나 이 시기를 긍정적으로 보기 전에, 우선 중년이 슬픈 시기라는 사실부터 인정할 필요가 있다. 우리는 젊었던 자아를 날마다 조금씩 잃고 놓아주어야 한다.

'나는 대학 시절 이후로 별로 변하지 않았다'면서 자신을 위로하려 할지도 모르지만 아마 쉽지 않을 것이다. 대학에 다닐 때는 눈꺼풀이 처지거나 팔자주름이 선명하지 않았다. 또한 마음을 젊게 가지는 만큼 젊게 살 수 있다고 스스로에게 이르기도 하겠지만, 그런 우스꽝스러운 슬로건은 의문만 불러올 뿐이다. 제아무리 마음이 젊다 해도 자기 전에 피자를 먹으면 새벽 두 시까지 소화불량으로 잠을 못 이룰 것이다.

중년에 이르면 자신이 어느 때보다도 섹시해진다고 스스로에게 말할지도 모른다. 물론 정말 섹시할 수도 있다. 그렇지만 다른 사람들과 접하다 보면 이 나이에 존경받을지는 몰라도 욕정은 일으키지 못한다는 사실에 직면하게 된다. 그런데 안타깝게도 우리는 존경으로만 만족할 준비가 되어 있지 않다.

> 내가 젊고 비참하고 예쁘고 가난했을 때
> 나는 모든 여자들이 원하는 것을 원했지, 남편과 집과 아이들.
> 이제 늙어가는 마당에 나는 여성스러운 바람을 품네.
> 내 차에 식료품을 실어주는 저 청년, 날 좀 봐요.

그 사람이 내게 눈길을 주지 않는 것이 당혹스러워라.

찰스 시몬스Charles Simmons는 에세이 『성숙의 시기The Age of Maturity』에서 이 시를 인용하며 남자인 자신도 그렇다고 시인한다. 슈퍼마켓의 여점원이 자신과 시시덕거려주지 않는다고 이야기한다. 그는 길을 가던 젊은 여자가 '자기가 근사해서가 아니라 안전해보이기 때문에' 불러 세워서 길을 묻는다고 불평한다.

그러나 찰스 시몬스처럼 남자들도 아픔을 느끼겠지만 중년이 되어 시들어가는 미모는 남자보다 여자에게 훨씬 더 혹독한 상처를 입힌다. 남자는 주름살이 생기거나 머리가 벗겨지거나 그 밖에 여러 가지로 세월에 따른 손상을 입더라도 여전히 성적으로 매력 있다고 받아들여질 수 있다. 50세의 남자에게 호감을 보이는 30대 여자들도 있다. 젊었을 때는 가지지 못했던 돈과 권력이 중년의 남자에게 있기 때문이다. 잇몸이 좀 내려앉더라도 그런 남자는 자신만만한 태도와 주름 잡힌 눈가, 희끗희끗해진 구레나룻 때문에 과거보다 오히려 더 매력적으로 보일 수 있다.

문학평론가 수전 손택Susan Sontag은 여자들의 경우는 다르다고 말하면서 "매력적인 외모는 여자의 삶에서 훨씬 더 중요하다."라고 이야기한다. 그리고 이렇게 덧붙인다. "젊음과 동일시되는 여자의 아름다움은, 세월이 흐르면 유지되지 못한다. 여자는 남자보다 훨씬 빨리 성적인 자격을 상실한다."

여자들이 노화를 두려워하는 것은 노화가 진행됨에 따라 남자들을 매혹할 수 있는 성적인 힘도 약해지기 때문이다. 하지만 그것만으로는 설명이 부족하다. 만약 젊음이 아름다움과 연관이 있다면, 그리고 아름다움이 여성의 성적인 매력과 통한다면, 또 성적인 매력이 남자를 얻는 데 중요하다면, 나이가 미모에 가하는 타격은 버림받을지도 모른다는 공포를 불러일으킬 수 있다.

"우리 남편은 더 젊고 예쁜 모델을 내 자리에 들여놓을 거야. 그리고 다른 어떤 남자도 나를 원하지 않아서 나는 평생 독수공방이나 하겠지."

여자의 악몽은 이런 식으로 펼쳐진다. 그것은 종종 현실로 나타나기도 하는 중년의 악몽이다. 손택은 이렇게 말한다.

"대부분의 남자들도 나이 드는 것을 두려워한다. 그러나 여자들은 노화를 그 이상으로 고통스럽게 겪으며, 수치심을 느낀다. 남자에게 노화는 인간이기 때문에 반드시 겪어야 하는 운명이다. 여자에게는 노화가 그녀의 운명일뿐더러 취약점이 된다."

그러나 꼭 버림받지 않더라도 젊은 시절의 아름다움이 시들어가는 것은 큰 상실이다. 이는 힘의 상실이며 가능성의 상실이기도 하다. 한때 우리는 낯선 사람이 자기 곁으로 다가와서 자신을 채어갈 것이라는 환상을 품을 수 있었다. 그렇지만 그것은 줄리엣이나 가질 환상이지 줄리엣의 엄마가 품을 환상은 아니다. 우리는 반드시 그런 환상을 놓아주어야 한다.

　중년에는 항시 무엇인가를 포기해야 한다는 느낌이 들기 시
작할 것이다. 놓아주어야 할 것들이 꼬리를 물고 나타난다. 허
리 라인, 활력, 모험심, 시력, 신념, 진지함, 명랑함, 연예인이나
사장이 되겠다는 꿈 등. 심지어는 다이어트나 영원히 기억되는
존재가 되고 싶다는 희망도 버려야 한다.

　중년이 된 우리는 동요한다. 두렵다. 안전하다는 느낌이 들지
않는다. 중심이 든든하게 받쳐주지 못하며 모든 것이 무너져 내
린다. 친구들도 어느 날 갑자기 이혼을 하거나 심장마비나 암에
걸린다. 친구 몇 명은 세상을 떠나기도 한다. 그리고 몸이 여기
저기 아프고 쑤시기 시작하면서 피부과, 정형외과, 비뇨기, 산부
인과, 정신과에서 진료를 받을 필요가 생긴다. 우리는 그 모든
의사들이 내리는 진단에 이런 소견을 듣고 싶어 한다. "걱정하
지 마십시오, 환자분은 영원히 사실 것입니다."

　한 사십 대 남자는 팔꿈치에 약한 통증이 생겼을 뿐인데도 걱
정이 되어 잠이 오지 않았다. 그는 "제 몸이 약해지고 있다고 생
각하니 두려워요. 맨 먼저 팔이 망가졌으니 다음에는 또 뭐가
고장 날까요? 실제로 제가 가입한 생명보험을 꺼내서 들여다보
기까지 했습니다. 물론 저도 팔꿈치가 아프다고 목숨을 잃는 일
은 없다는 걸 알고 있어요."

팔꿈치 통증은 치명적이지 않지만, 그는 그로 인해 인생은 치명적일 수도 있다는 사실을 실감했다.

우리는 온갖 통증과 신체 변화와 능력의 감퇴를 겪으면서 자신이 죽을 운명임을 직감한다. 부모가 노쇠해가는 모습을 보면서 우리는 자신과 죽음 사이를 가로막고 있던 방패를 곧 잃어버리게 될 것이라는 사실을 깨닫는다. 그들이 떠나고 나면 곧바로 우리 차례가 올 것이다.

중년이 되면 우리는 자신이 부모의 엄마 아빠가 되어야 할 운명이라는 사실을 깨닫는다. 우리는 책임감 있는 성인으로서 최선을 다하려고 하지만, 부모의 부모보다는 자식의 부모 노릇을 하는 편이 더 좋게 느껴진다.

그렇지만 자식에게 할 수 있는 부모 노릇도 얼마 지나지 않아 끝이 난다는 사실을 깨달으면 몹시 착잡해진다. 자녀들은 다른 집, 다른 도시, 다른 나라로 떠난다. 아이들은 우리의 통제와 보호를 벗어나서 살아간다. 빈 둥지에도 그 나름의 좋은 점들이 있을 것이다. 그렇지만 운동화가 현관에 온통 흩어져 있는 와자지껄하고 활기찬 가정의 주인이 아니라 달랑 한 쌍의 부부로만 살아가기 위해서는 새로운 적응이 필요하다.

이처럼 우리를 둘러싸고 있던 현실이 무너지면서, 우리는 자신을 지탱해왔던 자아에 대한 정의에도 도전을 받는다. 우리가 누구이며 무엇이 되려고 노력해왔는지, 우리가 영위하는 이 삶 속에서 그동안 이룩한 일과 목표들이 가치가 있는 것이었는지 의문을 제기하게 된다.

우리의 결혼은 의미가 있는가, 우리가 하는 일은 가치가 있을까, 우리는 성숙한 것일까, 아니면 그냥 세파에 다 닳아버린 것일까, 가족이나 친구와 사랑을 주고받는 관계인가, 아니면 절박한 의존성에 근거한 관계인가, 우리는 얼마나 자유롭고 얼마나 강하기를 바라는가.

그리고 감히 자유롭기를 바란다면 당장 용기를 내야 한다는 사실을 깨닫는다. 우리는 이제 살 시간이 얼마나 남았는가를 기준으로 시간을 재기 시작했기 때문이다. 미터기가 계속 돌아가고 있으며 선택의 범위가 점차 좁아짐을 느낀다. 여전히 원하는 것이 많지만 우리 삶의 어떤 소중한 부분들은 영원히 끝나버렸다는 것을 안다. 어린 시절과 젊음은 사라졌으며 우리는 앞으로 나아가기 전에 잠시 멈추고 상실을 애도해야 한다.

어쩌면 이 시기를 쉽게 넘어갈 수 없을지도 모른다. 심리학자 도로시 디너스타인은 이렇게 말한다.

"기한이 지난 것을 포기한다는 것은 긍정적인 일이다. 우리는 중년의 풍요로운 감성과 편안하게 돌보고 배려하는 능력을 얻기 위해 젊음의 날카롭고 희망에 들뜬 흥분을 놓아주어야 한다."

그러나 실제로 고민 없이 그것들을 놓아주는 경우는 거의 없다. 생의 유한성과 죽음의 느낌에 직면했지만, 대신 무엇인가를 얻을 것이라는 기대를 가지고 젊음을 포기하기가 쉽지 않을 것이다. 많은 사람들이 그에 대항해서 줄기차게 싸울 것이다.

그래서 어떤 사람은 절대로 양보하지 않고 경직된 반응을 하며 현상을 유지하려고 한다. 또 어떤 사람은 다시 젊어지기 위해 필사적으로 노력한다. 각종 강좌와 자기 개선 프로젝트로 미친 듯이 정신을 분산시키려고 할지도 모른다.

변화에 저항하는 사람들은 타협하지 않고 자신의 힘에 집착함으로써 시간이라는 현실을 무시한다. 그들은 자녀가 부모의 뜻에 따라 순종할 것을 고집한다. 젊은 직장 후배들에게 제 위치를 알라고 강요한다. 배우자에게 터무니없는 방향으로 튀지 말라고 찍어 누른다. 그런 사람들은 마치 태풍 속에서도 휘어지지 않는 떡갈나무처럼 그렇게 버티다가 건강이나 결혼, 직장생활에 변화가 일어나면 부러져버린다.

젊음을 추구하는 사람들은 현상 유지를 원하는 것이 아니다. 시간을 거슬러 올라가고 싶은 것이다. 그들은 한때 자신이 가졌던 것을 무척 좋아했기 때문에 그것을 다시 가지고 싶어 한다. 그래서 오랜 기간 결혼생활을 했던 많은 남자들은 젊고 새로운 결혼 상대자를 구한다. 또는 적어도 잠시만이라도 처지는 성기나 가슴을 잊어버리는 데 도움이 될 만한 연애를 찾아다닌다.

성형수술이나 화장품, 운동의 도움을 받기도 한다. 나는 대부분의 사람들이 자신을 유지하기 위해 중년에 할 수 있는 일들을 하는 것을 지적하는 것이 아니다. 젊음을 추구하는 사람들은 그 이상의 것, 즉 20여 년 전의 외모와 삶을 원한다는 이야기다.

정신분석학자들은 각 개인이 중년의 위기에 처해서 어떻게 반응할 것인지 확실하게 예측할 수 없다고 시인한다. 그러나 이전 시기에서 중대한 갈등이 해소되지 못하거나 발달단계가 완료되지 못한 채 이 시기에 도달하면, 현재에도 과거의 불안이나 잘못된 해결 방법을 되풀이할 가능성이 다소 높다고 그들은 이야기한다.

예를 들어 성장한 자녀가 떠남으로써 느끼는 상실감이나, 사별 또는 이혼으로 배우자를 상실하는 사건이 어쩌면 어린 시절의 분리불안을 되살리는 계기가 될지도 모른다.

완벽한 부모, 최연소 학장과 같은 대외적인 자아 정의를 상실하거나 수정해야 하는 것도 정체성의 내적인 중심을 확립하지 못한 사람에게는 공포스러운 혼란을 일으킬 수 있다. 그러나 직장과 사랑과 자아감을 갖추었고 과거에 최소한의 상처만 입었을 뿐인 사람도 중년을 고이 지나치기 어려울 것이다.

조지 버나드 쇼는 "신은 모든 천재들이 마흔즈음 병에 걸리도록 운명을 정해두었다."라고 말한다. 평범한 사람도 마흔에 병에 걸린다. 어떤 사람은 무너질 것이다. 그러나 결국 이겨내는 사람조차도, 어쩌면 자신과 사랑하는 사람들에게 큰 고통을 안겨주고 난 후에야 비로소 변화되고 성장할 수 있는 것인지 모른다.

랜디는 양친이 모두 세상을 떠난 후에 "맞아, 나도 언젠가는 죽을 거야."라는 사실을 절감하고는 결혼생활을 깨버렸다. 그는 사십여 년간 무척 착한 사람으로 주위 사람들이 기대하는 것은 무엇이든 다 하면서 살아왔다. 그런데 "부모님이 돌아가시면서 내가 묶여 있던 의무감의 끈이 끊어졌어요, 나는 과거로부터 해방되었으며 계속해서 착하게 살아야 한다는 필요성으로부터도 풀려났습니다."라고 말했다.

그는 그 시점에서 "일과 의무라는 이 끊임없는 고역보다 나은 무엇인가를 찾겠다."라고 결심했다. 변화가 없다면 죽을 것이라고 단호하게 생각했다. 그는 다른 여자와 사랑에 빠질 준비가 되어 있었다. 그리고 머지않아 마리나라는 매혹적인 여성을 만나서 강렬한 사랑에 빠졌다.

지금도 랜디는 마리나가 자기 생애 최고의 열정이었다고 말한다. 그녀는 명석하고 아름다운 여성으로, 재기발랄하고 영리하며 유혹적이었다. 그는 "그런 그녀가 나를 원했습니다. 마치 천 개의 불꽃이 타고 있는 눈부신 방에 갑자기 이끌려 들어간 듯한 경험이었지요. 나는 그녀에게 사로잡혔습니다."라고 기쁨과 자랑스러움을 느끼며 회상한다.

두 자녀까지 딸린 존경받는 변호사는 나이 서른일곱에 가정을 버렸다. 집시 여인과 살기 위해서였다. 그는 "이것이 성적인 행복을 누릴 마지막 기회다."라고 자신에게 일렀다고 한다.

그는 아직도 "그 모든 고통을 겪고 몇 양동이 분량의 눈물을 흘렸음에도, 그것은 내 삶을 가장 고양시켜준 사건이었다. 그것은 삶과 고통과 쾌락과 외로움을 내게 가르쳐주었다. 내 안에 잠재되어 있던 새로운 것에 눈을 뜨게 해주었다."라고 믿는다. 그리고 일 년간 집을 떠나 있었던 끝에, 마침내 그는 자신이 속할 곳은 아내와 자녀가 있는 가정이라는 사실을 깨달았다.

그는 많은 것을 배웠다. 자신은 환희와 고통이 연속되는 관계에 적합한 사람이 아니라는 사실을 알았다. 실은 자신이 버렸던 조용하고 다정한 아내를 더 좋아한다는 것을 깨달았다. 따뜻함과 넉넉한 나눔이 있는 안정된 일상으로부터 단절되었을 때, 짜릿함은 느꼈지만 너무나 많은 것을 잃었음을 배웠다. 언제나 의지할 수 있는 믿음직스러운 남편이라는 역할을 벗어던지고 나서야 그것이 자기가 되고 싶었던 역할이라는 사실을 지각했다. "나는 아주 고통스럽고 힘겹지만 명료한 깨달음을 얻었습니다. 아내 없이는 행복할 수 없다는 사실을 발견했어요. 아내를 무조건 사랑한다는 것을 알았습니다."

그는 아내에게 자기를 받아주면 영원히 그녀 곁에 있겠다고 맹세했다. 아내는 그를 받아주었다. 그는 요즘의 결혼생활에 대해서 이렇게 말한다.

"물론 아내가 몇 가지 면에서 지금보다 좀 더 낫다면 좋겠지요. 하지만 저라고 개선해야 될 점들이 없겠습니까. 과거를 잊어버린 것은 아닙니다. 아직도 불꽃이 튀었던 밤과 낮들을 기억합니다. 그렇지만 저는 아내와 제가 무엇을 가지고 있는지 전보다 더 예리하게 의식하며 지냅니다. 그것을 소중히 간직하고 싶다는 바람을 가지고 삽니다."

랜디처럼 '뭔가 저지르지 않으면 죽을 것 같은 절박함'을 느끼는 사람들이 있기 때문에 중년에 많은 부부가 파국을 맞는다. 지금 말하고 지금 떠나거나, 아니면 영원히 침묵을 지킬 수밖에 없을 것 같은 생각이 드는 것이다. 이제는 이혼을 해도 사회적인 제재가 별로 따르지 않는다. 이혼하더라도 자격을 박탈당해서 사회의 인정과 보상을 받지 못하는 일은 거의 없다. 자신의 내면에서 부과되는 제약, 중년이라는 시기로 인해 더 심화되는 제재만이 있을 뿐이다. 그렇기 때문에 결혼생활이 너무나 기대에 못 미친다는 생각이 들거나, 괜찮은 생활이긴 하지만 더 근사한 결혼생활을 원한다면, 또는 결혼생활에서 사랑보다 증오를 훨씬 더 많이 느낀다면, 우리는 자신이 너무 시들어 말라비틀어지고 엄두를 낼 수 없게 되기 전에 새로운 관계를 찾아보는 것은 어떨까라는 의문을 제기하기 시작할 것이다. 그리고 중년의 이혼이 급증하는 현상이 암시하듯이, 어쩌면 그런 의문에 대해서 '한번 그렇게 해 보면 안 될까?'라는 대답을 할지도 모른다.

남은 시간이 줄어들고 있다는 느낌은, 그동안 부부가 맺어온 암묵적인 결혼의 계약들도 파기하게 만들 수 있다. 결혼생활을 하면서 부부는 서로의 동의하에 '나는 아기, 당신은 부모' 또는 '나는 밟히고 당신은 짓밟는 사람' 등으로 역할을 정하고 지내왔다. 하지만 어느 날 한쪽이 이 합의된 역할을 관둘 경우, 부부의 결혼생활은 위기를 맞을 수 있다. 이때 부부가 결혼생활의 조건을 다시 협상할 수도 있다.

로저 굴드는 중년에 결혼생활을 개조함으로써 얻을 수 있는 큰 보상에 대해 설명한다.

"신도, 엄마도 아빠도, 보호자나 검열자도 아닌 진정한 파트너를 수용할 마음가짐이 생긴다. 온갖 허상들 대신 열정과 분별력과 힘과 약점을 지닌 또 다른 인간을 받아들이게 되는 것이다. 현실적인 우정과 동반자의 관계를 유지하며 의미 있는 삶을 사는 방법을 알아내려고 애쓰는 인간이 비로소 눈에 들어온다. 이렇게 새로운 역동적 관계로부터 다양한 형태의 결혼생활이 자리 잡을 수 있다. 남편과 아내가 관계의 리듬을 따라가면서 이따금씩 만나고 분리되는 삶을 사는 결혼생활도 가능하다. 또는 일과 여가 모든 면에서 일치된 삶을 공유할 수도 있다. 어떤 경우가 되었든 그것은 서열과 지위가 없고 자기를 폐기할 필요가 없는 동등한 관계다."

중년에 성장하고 변화된다는 것은 이전의 합의를 개조하거나 끝내는 것을 의미한다. 그렇지만 어떤 접근방법을 택하든 삶은 이전과 같을 수 없다. 이 시기에는 중년의 위기로 인한 상실과 이익이 내면적으로나 외형적으로 드러날 것이다.

예를 들어 어떤 남자는 직장에서 자기가 이룩한 성취와 한계를 후회와 함께 받아들이기 시작한다. 또 다른 사람은 더 큰 만족을 얻기 위해 지금 직장을 떠나서 새로운 커리어를 시작할지도 모른다. 또는 자신의 마음속에서 일이 차지하는 비중을 줄이고, 개인적인 관심이나 공동체에 더 많은 비중을 둘 수도 있다. 경쟁을 접고 너그러운 멘토가 되어 후배들을 양성하는 여유를 가지는 사람도 있다.

아이들을 기르면서 내내 집안일만 해온 여자들도 어쩌면 그와 비슷하게 커리어를 재편할 것이다. 실제로 많은 중년 남편들이 아내가 최근에 일을 시작하면 보살핌을 받지 못한다고 느낀다. "그저 룸메이트와 사는 것 같다"고 어떤 남편은 불평하기도 한다. 남편이 가정으로 눈길을 돌리는 시기에 오히려 아내는 밖으로 관심을 돌려서 직장을 갖는 경우가 빈번해진다.

이것은 남자가 여자가 되고 여자가 남자가 된다거나, 남녀가 똑같아져서 단성이 된다는 뜻이 아니다. 중년에 이르면 자신에 대한 정의를 수정해서 심리학자 질리건이 '두 목소리'라고 불렀던 양성의 특성들을 모두 자기 안에 포함시킬 수 있게 된다는 뜻이다.

데이비드 구트만David Guttmann은 중년에 이르면 우리가 담당하던 부모 역할이 줄어듦으로써, 즉 "자녀 양육이라는 만성적인 위기상황"이 끝남으로써 이런 현상이 촉진된다고 한다. 그는 자녀들에게는 신체적, 정서적으로 두 종류의 보살핌이 필요한데, 젊은 부부는 분업을 통해 그 두 보살핌을 제공하는 경향이 있다고 한다. 전형적인 남편은 보살피는 역할을 아내에게 넘긴다. "젊은 부모가 한창 양육에 몰두하는 중요한 시기에는, 양육에서 그들이 담당하는 특정한 책무가 양쪽 성의 양식을 다 아우르는 성향 때문에 방해를 받을 수도 있다. 그래서 상대방 성에게 자기 성과 반대되는 양식을 양보한다."라고 구트만은 언급한다. 그러므로 부모 역할에서 요구되는 책무 때문에 우리가 성 역할을 양분하도록 떠밀리는 셈이다.

그렇지만 구트만은 그것은 반드시 영구적인 합의는 아니며 그럴 필요도 없다고 한다.

부모가 중년이 되고 자녀들이 자신의 안전을 스스로 책임지기 시작하면, 부모 역할을 하기 위해 떠안았던 제약은 서서히 사라진다. 중년에 이르면 남자가 지닌 여성성이나 여자가 지닌 남성성을 억압해야 한다는 제약이 줄어든다. 자신이 지니고 있는 반대편 성의 특성들을 직접적으로 표현하는 것이 중년의 삶이 주는 한 가지 긍정적인 결과라고 구트만은 말한다.

중년에 직면하게 될 또 다른 특성은 창조성과 파괴성이라는 이중적 특성이다. 우리는 자신 안에서 이런 이중성을 발견한다. 이 양극을 해소하려는 노력은, 로저 굴드가 '아동기 의식 Childhood Consciousness'이라고 일컬었던 상태로부터 멀어지기 위해 차근차근 해 나가야 할 마지막 과제들 중 하나다.

굴드의 주장에 따르면, 절대적으로 안전한 상태에서 살 수 있다는 환상이 아동기 의식의 핵심을 이룬다. 이러한 절대적인 안전 속에서 산다는 생각은 포기하기 어려운 환상이다. 우리는 어린 시절에 다음에서 소개할 네 가지 가정을 믿음으로써 그런 환상을 유지한다. 하지만 고등학교를 마칠 무렵이 되면 그 가정들이 진실이 아님을 알게 된다. 그러나 지적인 차원에서뿐 아니라 정서적으로 그것을 거부할 수 있게 될 때까지, 그 가정들은 무의식 속에서 번성하면서 성인으로 살아가는 우리의 삶에 엄청난 영향을 미친다.

첫 번째 잘못된 가정은 "나는 언제나 부모에게 속해 있으며 현실을 보는 부모의 견해를 믿을 것이다."라는 점이다. 그것은 십 대 후반이나 약 스물두 살 정도에 표면화되는데, 반드시 정서적으로 도전을 받는다.

두 번째 잘못된 가정은 "의지력을 가지고 끈질기게 부모님의 방식대로 살아가면 좋은 결과를 얻을 것이다. 그리고 내가 좌절하고 혼란스럽고 지치고 무능할 때면 부모님이 개입해서 방법을 제시할 것이다."이다. 이 가정은 스물두 살에서 스물여덟 살 사이에 도전을 받는다.

세 번째 잘못된 가정은 "삶은 복잡하지 않고 단순하다. 내 삶에는 모순되는 현실이 복합적으로 공존하지 않는다."라는 것으로, 이십대 후반에서 삼십대에 도전을 받는다.

중년에 도전을 받는 네 번째 잘못된 가정은 "내 안에 악은 없고 세상에 죽음은 없다. 악마는 추방되었다."는 것이다.

이와 같은 굴드의 이야기는 중년에 이르러 우리 자신 아무리 선하게 살아왔더라도 결국은 죽을 것이라는 사실을 마침내 배운다는 뜻이다. 세상에 안전은 보장되어 있지 않다. 우리는 착하게 굴면 언제나 보살핌을 받을 것이라고 생각했던 어린 시절의 믿음을 포기해야 한다. 죽음과 재난은 죄인과 성자, 선량한 사람과 악한 사람 모두에게 닥친다. 그리고 우리가 죄인이나 악인으로 살겠다고 선택하지 않더라도 이런 깨달음은 우리를 해방시켜서 프로이트의 '원초아'나 굴드가 이야기했던 '어둡고 신비한 중심'과 대면하게 해준다. 그리고 그곳에서 발견한 에너지와 열정을 활용해서 우리는 삶에 활력을 불어넣을 수도 있다.

정리해보자. 어렸을 때 우리는 내면의 분노와 탐욕과 경쟁심이 자신과 자신의 안전을 휩쓸어갈 것이라고 두려워하기 때문에 그런 것들을 깊숙이 묻어버린다. 누가 그렇게 못되고 욕심 많은 아이를 사랑하고 보호해주겠는가? 좀 더 자라서는 자신이 이런 미개한 감정을 억제하지 않으면 통제를 벗어나서 광폭해질지도 모른다고 두려워한다. 그렇게 된다면 누가 우리를 사랑하고 위험으로부터 보호해주겠는가? 그렇지만 중년이 되어 어쨌든 아무도 우리를 위험으로부터 보호해주지 못할 것이라는 사실을 깨닫고 난 뒤부터 우리는 자신의 중심, 자신의 원초아를 탐색하는 데 제약을 덜 받게 된다. 만약 우리가 용기를 내어 위험하고도 짜릿한 탐색에 착수한다면 자아를 변화시키는 발견들을 하게 될 것이다.

예를 들어 자신을 풀어주더라도 우리는 무분별한 감정에 따라 마구 행동하지 않고, 오히려 스스로를 꿰뚫어 볼 수도 있다는 사실을 발견할 것이다. 또 인정하는 감정은 부정하는 감정보다 통제하기 쉽다는 사실도 발견하게 될 것이다. 그리고 우리가 어린 시절에 길들이지 못했던 감정들을 인정하고 통제할 수 있게 된다면, 중년에 보다 활기차고 과감하며 섬세하고 창의적인 사람이 될 수 있다는 사실도 발견할 것이다.

정신분석학자 한스 로왈드Hans W. Loewald는 우리가 지닌 신비한 중심 또는 원초아, 또는 역동적인 무의식이 삶에 활기를 불어넣는다는 주제의 아름다운 수필을 썼다. 그는 "방자한 합리성에 도취되는 것"을 조심하라고 경고하면서 "우리가 무의식 속에 확고하게 닻을 내리지 못하면 혼돈 속에서 자신을 잃을 것"이라는 신념을 표현했다. 굴드도 타고난 원초적 열정을 일깨운다면 중년의 우리는 더욱 완전해지고 생명력이 충만해질 것이라고 말한다.

예술가에 대해 연구했던 정신분석학자 엘리엇 제이크스는 젊음을 넘어서까지 커리어가 지속되었던 사람들의 작품 속에서 중년의 위기와 변신을 발견했다. 그는 젊은 천재들의 경우 불로부터 방금 꺼낸 듯 뜨겁고 급박하게 쏟아지던 창의성이, 원숙한 예술가들에게서는 보다 단련되고 수정되고 다듬어진 창의성으로 발전한다고 말한다. 그리고 젊은 예술가의 창의성이 주로 서정적으로 분출되는 것과 대조적으로, 중년에는 '비극적이고 철학적인 내용'이 떠오른다고 언급한다.

죽음을 인식하고 모든 사람의 내면에 존재하는 증오와 파괴적인 충동을 인정하기 때문에 비로소 천재적인 창의성이 탄생하고 비극적, 철학적인 내용이 떠오르는 것이라고 제이크스는 이야기한다.

레빈슨도 인간이 중년에 이르면서 자연과 자신 안에 존재하는 파괴적인 힘을 의식하는 현상이 나타난다고 말한다.

인간은 중년의 변화를 겪으면서 죽음과 파괴에 전보다 열심히 관심을 기울이기 시작한다. 그는 자신의 필멸성과 다른 사람에게 실제로 닥쳤거나 곧 닥칠 죽음을 더욱 절실하게 체험한다. 심지어 자기가 사랑하는 사람들조차도 그를 향해 악의를 가질 수 있음을 의식한다. 또는 그런 사람들이 종종 선의를 품었음에도 파괴적으로 행동하는 여러 모습을 의식한다. 그는 자신이 부모, 연인, 아내, 자녀, 친구, 라이벌에게 역시 악의에서나 또는 의도적으로 되돌릴 수 없는 상처를 주었다는 사실도 깨닫는다. 동시에 보다 창의적으로 살고 싶은 강렬한 욕구를 느낀다. 자신과 다른 사람에게 가치 있는 무엇인가를 주고 싶어진다. 인간의 복지를 증진시킬 수 있는 공동의 노력에 참여하고 싶은 마음이 든다. 사회의 다음 세대에 보다 충실하게 기여하고 싶은 욕구가 생긴다. 사람은 중년이 되면 인간의 영혼에 공존하는 파괴성과 창조성의 강렬한 위력을 그 어느 때보다도 더욱 분명히 알 수 있고 그런 힘들을 새롭게 통합할 수 있게 된다.

겉보기에 반대되는 경향들을 하나로 모은다는 의미에서의 통합은 중년에 이룰 수 있는 위대한 업적이다. 그렇지만 이는 우리가 이전에도 겪었던 과정이다. 좋은 엄마와 나쁜 엄마 사이의 분열을 메우려던 어린 시절의 노력으로부터 시작해서, 악마 같은 나와 천사 같은 나 사이의 분열을 치유하려는 노력을 거쳐, 누군가에게 밀착되고 싶은 바람과 분리되어 자유롭고 싶은 바람 사이에 균형을 잡기 위한 노력이 있었다. 이제 좀 더 높은 수준에서 그 몸부림은 계속된다.

이제 우리는 여성적인 자아와 남성적인 자아를 통합하려고 애쓴다. 내면과 외부의 파괴성을 알고 있는 자아와 창조적인 자아를 통합시키려고 노력한다. 유대와 불멸을 갈망하는 자아와 혼자 죽을 수밖에 없는 자아를 통합시키려고 시도한다. 그리고 더 현명하고 노련해진 중년의 자아와 뒤에 남기고 떠나는 젊은 자아의 열정을 통합하려고 애쓴다.

그렇지만 중년이 되면 어쨌든 이전에 가졌던 자아상을 놓아주어야 한다. 지금 우리의 계절은 가을이다. 봄과 여름은 지나갔다. 그리고 계절을 다시 처음으로 되돌릴 수 없다. 시간을 멈출 수는 없다.

최근에 오십대인 내 친구로부터 "나는 눈물을 흘릴 만큼 흘리고 나서야 겨우 중년의 상실을 받아들였어."라는 이야기를 들었다. "사실 나는 성숙해졌고 이제는 충분히 적응해서 지금의 내 위치를 진심으로 좋아할 정도가 되었어. 그냥 하느님이 나를 여기 머물게만 해줘도 좋겠어."

중년의 위기를 가까스로 넘길 수 있었던 우리는 노련해진 감각, 열정, 관점과 함께 하고 싶은 일들을 하면서 사랑하는 사람들과 그저 머물게만 해줘도 감사할 것이다. 팽팽하고 불멸할 것 같던 이전의 자아를 포기하면서 이미 삶을 겪을 만큼 겪었다는 느낌이 든다. 우리는 놓아주고 떠나는 일을 이제 마쳤기를 바란다. 그러나 아직 끝나지 않았다.

노년,
의연하게 놓아버리기

– 여전히 무언가를 새롭게 시작할 수 있는 시간

늙어가면서 즐겁게 노래를 부르기란 쉽지 않다. 되돌아볼 입장이 되고 보면 중년의 고뇌는 산들바람에 불과한 것이었다. 떠밀려서든 편안하게든 이제 늙어버린 우리는 50대는 아직 한창이며 60대에 죽은 사람들은 너무나 일찍 죽은 것이었다는 것을 깨닫는다. 어쩌면 무대 위의 불이 완전히 꺼지기 전에 노래 한두 곡쯤은 더 부를 시간이 있을지도 모른다. 그러나 우리는 세월이 흘러 이제 연극의 마지막 장에 이르렀으며 죽음이 무대 뒤에서 기다리고 있음을 안다.

노년은 많은 상실을 안겨준다. 그러나 좀 더 희망적인 관점을 제시하는 사람들도 있다. 그런 사람들은 우리가 노년의 상실을 진정으로 애도할 수만 있어도 해방의 기쁨을 누릴 수 있다고 말한다. 그렇지만 우선 시몬 드 보브아르가 『노년 The Coming of Age』에서 빠짐없이 늘어놓은 안 좋은 소식부터 전하겠다. 그녀는 노화의 슬픔을 탄식한 인류의 많은 기록물들을 낱낱이 훑어가며 한 권의 책을 완성했다. 그리고 노화에 대한 최초의 문헌이 기원 전 2500년에 쓰인 프타호텝 Ptahhotep의 저서임을 알려준다. 노화의 고통은 오랜 세기에 걸쳐 끊임없이 사람들 사이에 회자되고 있는 주제임 셈이다.

노인의 마지막 날들은 얼마나 힘겹고 고통스러운가! 몸이 매일 조금씩 쇠약해진다. 눈은 침침해지고 귀도 먹으며 근력이 소진된다. 심장도 이제는 편안히 뛰지 못한다. 입은 침묵에 빠져서 아무 말도 못 하게 된다. 정신이 점점 혼미해져서 어제 일을 기억할 수 없다. 뼈마디마다 쑤신다. 얼마 전까지만 해도 즐겁게 했던 일들이 이제는 모두 고통스러울 뿐이다. 입맛도 사라졌다. 노년은 인간에게 닥칠 수 있는 최악의 불행이다.

보브아르는 자신의 비통한 주장을 뒷받침하기 위해 가장 저명한 목격자들을 내세운다. 고대 로마의 시인 오비디우스 Pūblius Ovidius Nāsō는 노래하기를 "시간이여, 아, 거대한 파괴자여, 그리고 질투심에 불타는 노년이여, 그대들은 합심해서 모든 것을 파괴하는구려."라고 했다. 철학자 몽테뉴 Montaigne는 "늙어가면서

악취와 곰팡내를 풍기지 않는 인간은 거의 본 적이 없다."라고 했다. 소설가 샤토브리앙Chateaubriand의 표현을 빌리면 "노년은 난파선"이고, 소설가 지드Gide는 "나는 오래전에 존재하기를 멈췄다. 나는 사람들이 나라고 생각하는 자리를 그저 채우고 있을 뿐이다."라고 했다. 보브아르는 "노년은 인생의 역설이다."라고 이 모든 증언을 요약한다.

세월이 우리에게 많은 상실을 안겨준다는 사실을 부정할 사람은 없을 것이다. 건강, 사랑하는 사람, 안식처이자 자랑이었던 집, 친숙한 공동체 안에 있던 내 자리, 일과 지위와 목적과 재정적인 안정, 통제력과 선택 가능성 등을 우리는 상실한다. 몸은 시시각각 기력과 아름다움을 잃는다. 감각이 점점 무뎌지고 반사작용도 느려진다. 집중력도 떨어진다. 그리고 건망증이 생긴다.

노년은 오래 살고 싶으면 어쩔 수 없이 갇히게 되는 감옥이라고 여러 사람들이 입을 모은다. 여든이 넘은 한 지인이 말처럼 "대부분의 사람들은 노년을 춤추면서 통과하지 못하고 절뚝거리면서 지나간다."

노년을 단순히 질병이나 근접한 죽음이라고만 논해서는 안 된다. 강제 은퇴와 노인의료보험과 연금 지급과 지하철의 경로 우대가 공식적으로 노년의 시작을 알릴 수도 있겠지만, 노화에

따르는 중대한 상실의 체험은 그보다 오랜 시간이 흐를 때까지
일어나지 않을지도 모른다.

예를 들어 어떤 노인들은 자신에게 찾아오는 모든 통증과 고
통과 신체적인 쇠락과 한계를 일종의 폭행이나 공격이나 모욕,
또는 참을 수 없는 상실이라고 받아들인다.

반면에 형편을 좀 긍정적으로 바라보는 사람들도 있다. 프랑
스 작가인 폴 클로델Paul Claudel은 "여든이면 상당히 늙은 것이다.
눈도, 귀도, 치아도, 다리도, 숨결도 남아 있지 않다. 그런데도
노인은 그런 것들 없이 놀라울 정도로 얼마나 잘 해내고 있는
가!"라고 이야기한다.

이를 사회과학자인 로버트 뉴턴 펙Robert Newton Peck은 '신체 몰
입body preoccupation'과 '신체 초월body transcendence'의 차이라고 말한
다. 신체적 노화를 적으로 삼을 것인가, 또는 주인으로 여기고
그것과 어느 정도 평화 관계를 유지하며 살아갈 것인가의 차이
라고 보는 것이다.

이러한 신체적인 파괴가 일어날 때, 사람들의 반응은 세 부류
로 나뉜다. 어떤 사람들(건강 비관론자)은 자신이 반쯤 죽었으며 아
무것도 할 수 없다고 인식한다. 또 다른 부류의 사람들(건강 낙관론
자)은 자신의 상황이 장밋빛이며 모든 것을 할 수 있다고 생각한
다. 세 번째 부류의 사람들(건강 현실론자)은 자신의 결핍을 분명하
게 인식하면서도 자신이 무엇을 할 수 있는지 확실하게 안다.

M.V.F.K. 피셔M.V.F.K. Fisher는 자신의 저서 『시스터 에이지Sister Age』에서 노년을 현명하게 맞는 방법으로 "몸이 궁극적으로 붕괴되면서 따라오는 모든 지루한 신체적 증상들"을 인정하고 보살피라고 말한다. 그리고 "손상을 냉정하게 받아들임과 동시에 그 길고도 멋지며 끔찍했던 세월 동안 일어났던 모든 일들을 충분히 활용하라. 마음을 몸으로부터 해방시키고, 좋거나 나빴던 경험들을 이용해서 삶 자체를 민감하고 유쾌하게 음미하라. 그 가운데서 신체적인 불편함을 극복할 수 있도록 하라."라고 촉구한다.

심리학자 플로리다 스콧 맥스웰Florida Pier Scott-Maxwell은 이렇게 이야기한다.

"우리 늙은이들은 고령이 장애 이상의 것임을 안다. 그것은 때로는 감당할 능력을 벗어나는 강렬하고 다양한 체험이다. 그렇지만 소중히 여겨야 할 대상이기도 하다. 나이 듦은 기나긴 패배지만 또한 승리다."

그녀는 또 이렇게 덧붙였다. "새로운 장애가 나타나면 나는 죽음이 왔는지 알아보려고 자신을 살피며 조용히 부를 것이다. '죽음이여, 당신인가요? 거기 도착했어요?' 지금까지는 죽음 대신 장애가 대답하곤 했다. '바보 같기는, 아냐, 나야.'"

노화는 질환은 아니지만 신체적인 기능을 쇠퇴시킨다. 그래서 65세에는 팔팔하고 활기 넘쳤던 노인이 80세가 되어서는 무릎을 끓기도 한다. 우리의 의지와 상관없이 누군가에게 의존하지 않을 수 없는 신체적인 손상이 일어난다. 어떤 기질적인 불치의 두뇌 질환들은 용기나 성격으로도 극복될 수 없다. 그리고 관절염이나 치매, 백내장, 심장질환, 암, 뇌졸중과 같은 여러 질병에 걸리지 않더라도, 몸은 잡다한 방법으로 팔순 노인에게 '당신은 늙었어'라는 현실을 상기시켜줄 수 있다.

맬컴 카울리Malcom Cowely 는 『여든의 눈높이에서The View from 80』라는 책에서 다음과 같은 상황을 맞을 때 자신이 늙었다는 메시지를 받는다고 열거한다.

"전에는 본능적으로 했던 일을 열심히 궁리해서 한 단계 한 단계 해내기만 하는 것도 대단한 성취가 될 때, 뼈마디가 쑤실 때, 약병이 하나둘 늘어갈 때, 칫솔을 서투르게 다루고 떨어뜨릴 때, 계단을 내려가면서 발을 디디기 전에 머뭇거릴 때, 오후가 되면 곤하게 잠에 빠질 때, 머릿속에서 동시에 두 가지 일을 기억하기가 어려울 때, 사람 이름을 잊어버릴 때, 더 이상 밤 운전을 하지 않겠다고 결심할 때, 목욕, 면도, 옷 입고 벗기 등 모든 일에 시간이 더 걸릴 때, 그러면서도 내리막길을 달릴 때처럼 시간이 가속도가 붙어 빠르게 지나갈 때."

노화에는 대개 만성적인 건강문제가 따르는 데다 노인이 젊은이보다 치료에 잘 반응하지도 않는다는 것은 기정사실이다. 게다가 건강한 사람도 65세가 되면 뒷방 노인으로 물러앉아서 산송장과 같은 삶을 살 수 있다.

우리가 희망을 잃지 않고 노년을 맞는다 하더라도 노년을 바라보는 사회의 시선에 맞서서 싸워야 한다는 어려움이 있다.

노년학자 로버트 버틀러Robert Butler는 "사람들은 자애롭고 평온한 조부모, 현명한 노인, 흰머리의 족장과 같은 이상적인 이미지를 그려놓고 번지르르하게 듣기 좋은 말을 한다. 한편으로는 노인이 노쇠하고 썩어 문드러진 사람, 혐오스럽고 품위 없는 의존적 존재라고 깔보면서 비난한다."라고 탄식한다.

맬컴 카울리는 유감스러워하면서 이렇게 언급한다. "우리는 먼저 남들의 눈에 늙어가는 것으로 보이기 시작한다. 그러다가 자신도 점점 더 남들의 판단에 수긍하게 된다."

노년에는 '노년의 욕정은 추하다. 열정의 불꽃은 꺼버리거나 억제해야 한다.'는 암묵적인 메시지 때문에 성적으로 거세당한다. 사람들은 '추잡한' 노인들뿐 아니라 '깨끗한' 노인들도 생의 마지막 세월에 섹스할 수 있고 그러기를 원할 수 있다는 사실을 알아야 한다. 그렇지만 대부분의 사람들은 늙어가는 몸과 호색적인 성행위가 혼합된 이미지를 혐오스러워한다.

로날드 블라이스는 노인에 대한 한 연구에서 사회가 노인들에게서 어떻게 성적인 성적인 요소를 박탈하는지 묘사했다. "노인이 이런 충동을 완전히 억압하고 통제하는 것처럼 보이지 않으면 그 사람은 위험하거나 병적이고, 추잡한 것으로 인식된다. 노인들은 자신이 온전한 삶을 살아가려고 하면 다른 사람들에게 두려움과 혐오감을 줄 것임을 알기 때문에 대개 절반만의 삶을 살아간다. 모든 열정이 7, 80세에 다 소진되는 것은 아니지만 그렇다는 듯 처신하는 것이 노인들에게는 유리하다."

우리는 성욕을 포기할 때 그것이 주는 풍요로움, 즉 감각적인 쾌락과 신체적인 친밀감, 자기 존재감도 함께 놓아버리게 된다. 그리고 노인은 가치가 떨어지는 존재라는 이야기를 여기저기서 들으면서 그에 저항하기가 점점 더 어려워진다.

노년기 초기에 맞는 퇴직은 노인을 더욱 위축시킨다.

"퇴직 생각을 하자 우울해졌습니다."라고 이제 일흔아홉 살이 된 한 의사가 말했다. "내게 무슨 일이 일어날지 확신할 수가 없었으니까요. 너무나 오랫동안 이 자리를 지켜왔거든요. 전문의로서의 진료 업무, 병원 간부로서 출장, 여행, 가르치는 일 등을 했지요. 내가 한때 맡았던 이 모든 일들이 바로 나였어요. 그리고 예순다섯 살에 그것들을 모조리 포기해야 했을 때 정말 막막하더군요."

일은 우리의 정체성을 지탱해준다. 그것은 사적인 자아와 공적인 자아를 고정시킨다. 사회적으로도 개인적으로도 일을 통해 정의가 된다. 그래서 퇴직이 다가오면 불안감이 점점 심해진다. 퇴직과 동시에 가야 할 직장과 교제할 동료와 자신의 능력을 확인해 줄 임무와 그 능력에 가치를 부여하는 봉급이 없어지기 때문이다. 그러면서 '나는 누구인가?'라는 질문을 스스로에게 던지기 시작할 것이다.

사회적으로 중요한 구실을 한다고 인정받다가 은퇴해서 그런 것들을 잃은 사람은 종종 자존감도 상실한다. 물론 어떤 사람은 퇴직하면 여행도 하고 새로운 프로젝트도 진행하고 가족과 더 많은 시간을 즐기며 젊었을 때의 꿈을 실현하기도 한다. 그러나 많은 사람들은 사회적 잣대에 따라 자신을 쓸모없는 존재라고 느낀다.

상실을 제대로 흡수하거나 해소하지 못한 채 오랜 기간 품고 살아온 사람들의 경우에는 묵은 두려움과 슬픔이 은퇴와 함께 되살아날 수도 있다. 그렇지만 그런 과거가 없는 사람들이더라도 수입과 지위의 상실, 고립감과 권태는 절망으로 이어질지도 모른다. 바깥세상에 우리의 흥미와 에너지를 흡수할 만한 대상이 없다면 퇴직은 곧 추방을 의미할 수도 있다. 그리고 노인들은 그런 대상이 사실상 별로 없는 사회에서 살고 있다.

어쩌면 비극적인 주인공 리어왕을 은퇴자의 결정판쯤으로 이야기할 수 있을지도 모르겠다. 그는 땅과 권력을 두 딸에게 넘겨주면서, 딸들이 아버지이자 왕에게 합당한 사랑과 존경으로 자신을 돌봐줄 것이라고 믿었다. 그래서 '죽음을 향해 기어갈 때 부담을 덜 수 있기'를 바랐다. 그러나 '통치권과 영토에 대한 이권'을 빼앗기자 딸들로부터 멸시와 구박을 받는 신세로 전락한다. 리어왕은 "너희들은 내가 언제까지나 포기하고 있을 것이라고 생각하지만 나는 이전 모습을 되찾을 것이다."라고 말하지만, 그 협박을 실현할 수 없는 무력한 노인이 되고 만다.

과거 어떤 사회에서는 노인에게 힘과 명예와 존경을 부여했다. 그리고 오랜 세월에 걸쳐서 도덕가들은 노년의 고귀함을 찬양했다. 그러나 노년이 무력하고 외롭고 비통한 시기라고 묘사하는 메시지도 종종 들리는 것이 사실이다. 호머의 시에서 아프로디테는 신들조차도 노년을 경멸한다고 말한다.

현대에 들어와서 노인은 부담스러운 존재라는 인식이 자리 잡았다. 노인은 가져가기만 할 뿐 줄 것이 없는 사람이라고 여겨지는 것이다. 그들의 지혜가 특별히 현명한 것도 아니며 살아가는 모범도 되지 못한다. 그들의 대화는 지루하고 엉뚱한 곳으로 흘러가버린다. 한 전문가는 "노인들이 사랑받지 못한다는 깊고도 근본적인 문제가 노인의 자아상에 더욱 타격을 가한다."고 말한다.

노인은 사랑받지 못하고 얕보이며 아예 다른 종 취급을 당한다. 아무도 그의 말에 귀를 기울이지 않고 따돌리거나 무시한다. 사람들은 젊음만 숭배하고 노인을 혐오하는 사회에서 살고 있다. 그러면서 사회는 노인을 거부하는 인식을 노인 스스로 받아들이도록 세뇌시킨다.

　사회의 시선에 저항할 만한 낙관적 태도와 에너지가 없다면 스스로도 예순다섯 살을 넘길 즈음부터 자신이 다 살았다고 여기게 될 것이다. 그 시점에 이르면 가장 좋았던 일들은 이미 지나갔으며 최악의 사태만이 닥칠 것이라고 생각할 수 있다.

　실제로 나도 노화가 내게 상실만을 안겨줄 것이라는 견해에 동조했다. 나도 한때는 인생에서 맡을 수 있는 최고의 역할은 오직 예쁘고 젊은 사람의 역할뿐이라고 생각했다. 세월이 나를 밝은 양지로부터 침침한 음지로 끌고 갈 것이라고 생각하고 오직 봄만을 원했다. 나는 아직도 내가 노파가 될 것이라고 상상하기가 어렵다.

　그렇지만 이제는 그 사실이 전처럼 끔찍하게 생각되지는 않는다. 여러 사람들과 이야기를 나누다가 60대, 80대, 나이가 90대에도 인간의 삶이 얼마나 풍요로울 수 있는지 깨달았기 때문이다.

　예순여덟 살 아이린은 내게 지금부터 테니스를 배워도 늦지 않다고 이야기한다. 사실 아이린에게 너무 늦은 일이란 없다. 최근 그녀는 소설을 쓰기 시작했다. 몇 년 전에는 노래강습을 처음으로 받았다. 그보다 전에는 하버드대학교에서 과학강의를 들었다. 그리고 아직도 그림과 악기를 배우고 탭 댄스를 배우고 싶다는 꿈을 꾼다.

"나는 너무 욕심이 많은 게 문제야."라고 아이린은 말한다. 그녀는 세상을 개선하려는 목적으로 평생 피켓을 들고 시위를 했다. 한편으로 43년간 결혼생활을 하면서 가족을 보살폈다. 보통 여자 열 명이 읽은 책을 합친 것보다 더 많은 분량의 책을 읽었고 더 많은 영화와 연극과 시 낭송을 보러 갔다. 그녀는 여행가이자 시인이며, 다양한 배경을 가진 온갖 연령층의 남녀에게 든든하고 충실한 친구다. 그녀는 성적인 욕망도 당당하게 표현한다.

나는 그녀에게 "나이 들면서 한때 당신을 욕정적으로 쳐다보았던 남자들이 그립지 않나요?"라고 물어본 적이 있다. 그녀는 잠시 나를 바라보고는 불쾌하다는 듯이 대답했다. "한때라니? 무슨 뜻이야?"

그렇지만 젊은 한 쌍의 연인을 보면서 다시는 그렇게 될 수 없음을 깨달을 때 그녀라고 목이 메지 않겠는가? 아직도 아이를 낳고 싶다는 생각이 든 적이 없겠는가? 물론 그녀도 때로는 그렇기를 바라지만 "대체로 충만하다고 느낀다. 박탈감을 느끼지 않는다."고 한다. 그녀는 너무나 현실적이어서 요즘은 로맨틱한 공상 속을 헤매지 않지만 '현실에도 경이로움이 들어 있기 때문에' 날카로운 상실감은 느끼지 않는다.

은퇴해서 혼자 살고 있는 팔십 대의 한 영문학 교수 이야기도

해야겠다. 친구, 책, 교수식당에서 먹는 맛있는 식사를 낙으로 살아가는 그녀는 자신을 '복 많은 노파'라고 부른다. 그녀는 이런 말도 했다.

"늙으면 모든 것을 잃어버린다고 누군가가 이야기하려고 하면 절대로 허락하지 말아요. 사실 무척 외롭고 사랑이 사라졌다는 느낌이 들 때도 있지요. 그렇지만 나이 들어가면서 긍정적이고 특별한 선물들도 얻는 것이 사실입니다. 축적된 경험을 통해 개인의 긴 과거사를 되돌아볼 수 있는 시각이 생기고 거기 집중할 수 있다는 것이 그런 선물이지요."

우리는 계속해서 배우고 창조하는 작업을 할 수도 있다. 시인 롱펠로가 상기시켜주듯이 "고단한 심장이 멈추기까지는, 너무 늦은 시간이란 없다." 그는 몇 가지 감동적인 예들을 계속해서 언급한다.

카토는 여든에 그리스어를 배웠다.
팔십여 년 인생을 살고 난 후에,
소포클레스는 위대한 『오이디푸스』를 썼으며
시모니데스의 문장은 동료들의 칭송을 차지했다.
나이팅게일 지저귀는 우드스탁에서
초서는 예순의 나이로 『캔터베리 이야기』를 썼다.
바이마르의 괴테는 여든이 넘은 나이에

마지막 순간까지 고뇌하면서 『파우스트』를 완성했다.

화가 고야Goya는 시력이 나빠지는 악조건에서 노인의 초상화를 그린 뒤 그 위에 "나는 아직도 배우고 있다."라고 승리에 찬 구절을 적었다.

한 몬테소리 교사는 "나는 아흔이 다 되었고 머리끝부터 발끝까지 관절염으로 아프다. 하지만 나는 아직 잘 볼 수 있어서 독서는 한다. 책들, 아, 나는 얼마나 책을 사랑하는가!"라고 말했다.

작가 콜레트는 마지막 몇 해를 침대에 누워 고통 속에 지냈지만 칠십 대에 다음과 같은 계획들을 세우고 그것을 실천했다.

"나는 조금 더 오래 살 계획이다. 좀 고상하게 고통을 겪을 생각이다. 저항하거나 원한을 품지 않고 버티겠다는 말이다. 비밀스러운 것은 혼자 웃어가며, 또 그럴 만한 이유가 있을 때는 사람들 앞에 드러내놓고 웃으며, 그리고 나를 사랑하는 모든 사람을 사랑하면서 견디겠다."

노년을 충실하게 살아내는 단 하나의 '올바른' 방법이 있는 것은 아니다. 사람들은 각자 다른 방식으로 훌륭하게 나이 들어간다. 때로는 남들과 완전히 반대되는 길을 택하더라도 사회학자들이 '삶의 높은 만족도'라고 부르는 동일한 목적지에 이를 수 있다.

예를 들어 소위 '개조하는 사람들reorganizer' 중에 잘 나이 들어가는 사람들을 볼 수 있다. 그런 사람들은 자신의 세계가 축소되어 가는 것에 대항해서 지속적으로 싸운다. 나이 들면서 박탈당하게 되는 것들을 새로운 관계나 새로운 프로젝트로 대체함으로써 매우 활동적인 생활을 유지한다.

'집중하는focused' 부류의 사람들에게서도 잘 나이 들어가는 모습을 볼 수 있다. 그런 사람들은 이전처럼 넓은 영역에 참여하고 관심을 기울이는 대신, 보통 수준의 활동을 하면서 원예나 가사와 같은 한두 가지의 특별한 관심사에 집중한다.

그리고 '한가한disengaged' 부류 중에도 멋지게 나이 드는 사람들이 있다. 그런 사람들도 자기에게만 탐닉하는 것은 분명 아니지만, 내면에 집중하며 축소되어 가는 자신의 세계를 받아들이고 이에 적응한다. 그리하여 명상적이고 조용하고 활동이 적은 삶에서 큰 만족을 느낀다.

자신이 사는 불완전하고 문제투성이인 세상을 평온한 눈으로 바라보며 노년을 지내는 사람들이 있다. 사회 운동에 참여하고 인류의 자유, 정의, 평화를 위해 싸우면서 노년을 만끽하는 사람들도 있고, 세월의 잔인한 타격을 받고도 예절과 도덕을 지킬 수 있음에 자부심을 느끼는 사람들도 있다. 반면에 평생 유지해 왔던 허세와 겉치레를 생의 마지막 10~20년 동안 과감히 포기하는 사람들도 있다.

노년에 우리는 활동적일 수도 있고 한가할 수도 있으며 활기찰 수도 있고 평온할 수도 있다. 체면을 유지할 수도 있고 가면을 벗어 던질 수도 있다. 노년은 우리가 아는 것과 이전에 했던 일들을 통합시키는 시기일 수도 있지만 새롭거나 심지어는 비인습적인 것을 탐색하는 시기가 될 수도 있다. 예를 들어 제니 조지프Jenny Joseph의「경고 Warning」라는 시를 보자.

나는 할머니가 되면 보라색 옷을 입을 거야.
나에게 어울리지 않는 빨간 모자도 써야지.
그리고 내 연금을 브랜디와 여름용 장갑으로 낭비할 테야.
아, 샌들도 사야겠다. 그러면서 버터 살 돈은 없다고 말해야지.
나는 지치면 길바닥에 주저앉아 쉴 거야.
그리고 가게에서 음식을 마구 집어먹고
돌아다니면서 경보기도 울려야지.
지팡이로 길가 난간을 긁고 다닐 거야.
진지했던 내 젊은 날을 몽땅 보상받아야겠어.
비 올 때 슬리퍼 신고 밖에 나갈 테야.
다른 집 정원에서 몰래 꽃을 꺾어야지.
침 뱉는 것도 좀 배워야겠다.

우리가 따분한 사람이 아니거나 좀처럼 지루함을 모르는 사람이라면, 또 좋아하는 사람이나 할 일이 있다면 나이 드는 것이 좀 쉬울 것이다. 유아기로부터 평생 이어지는 사랑과 상실에 대한 학습을 성실히 익힌 사람이라면 이 마지막 상실에 대한 준비가 수월할지도 모른다. 그렇지만 여전히 상실은 힘겨워서 어쩌면 '자아초월'이라는 능력이 발휘될지도 모른다.

자아초월은 다른 사람의 기쁨에서 자기의 기쁨도 느낄 수 있는 능력을 말한다. 자신의 이익과 직접 관련되지 않은 사건에 관심을 가질 수 있는 능력 말이다. 비록 우리는 그때까지 살아서 볼 수 없을지라도 내일의 세상을 위해 자신을 투자할 수 있을지도 모른다,

자아를 초월한다면 우리는 다음 세대에 어떤 유산을 남김으로써 개인적인 한계를 뛰어넘을 수 있다. 조부모로, 교사로, 멘토로, 사회개혁가로, 예술품 수집가로 또는 예술품의 창조자로 우리는 떠나고 나서도 뒤에 남는 사람들의 마음에 닿을 수 있다. 지적, 영적, 물질적, 심지어는 신체적인 흔적을 남기고 싶어하는 이런 노력은 자신을 상실하는 데서 오는 비통함을 다루는 건설적인 방법이 될 수 있다.

현재와 미래를 가치 있게 여긴다면 노년의 삶은 향상될 수 있다. 물론 과거도 무척 중요하다. 사람들은 자신이 지나온 역사 속의 '멋진 장면'들을 기억하면서 삶을 부지할 수 있다. 기억 속에서 언제든 거닐 수 있는 '사라져버린 장소'들의 힘을 빌려서

살아가는 것이다. 또 버틀러가 '인생의 복습'이라고 부르는 과정에 누구나 참여할 수 있다. 과거를 점검하고 요약하고 마지막으로 통합하는 과정을 거치는 것이 그 복습의 수순이다.

이렇게 과거를 살펴보는 것도 에릭슨이 제시했던 노년의 중심 과제에 해당된다. 그리고 이런 점검이 혐오와 절망이 아니라 '통합'으로 이어진다면 우리는 '하나뿐인 삶의 순환'을 수용하게 될 것이다. 모든 불완전함까지도 다 받아들여서 그것을 자신의 삶이라고 인정하고 그 안에서 의미와 가치를 찾게 될 것이다.

에릭슨은 '삶은 본인의 책임이다'라는 사실을 받아들여야 한다고 이야기한다. 노년 또한 우리의 책임이다. 실제로 충분히 건강한 노인이라면 세상의 판단으로부터 면죄부를 받아서는 안 된다. 그들이 따분하고 수다스럽고 자기중심적이며 활기 없고 싸우기 좋아하고 오로지 자신의 위와 장의 상태에만 집착한다면 사람들이 가끔 "정신 좀 차리세요!"라고 따끔하게 말해주어야 한다. 로날드 블라이스는 "당신이 심술을 부리고 시시한 불평만 하면서 지내는데 우리가 어떻게 당신에게 관심을 가질 것인가?"라고 서늘하게 묻기도 한다.

버틀러는 노인을 도덕적인 면에서 거세된 존재처럼 다루어서는 안 된다고 덧붙인다. 그는 노인들이 여전히 해를 끼칠 수 있으며 속죄도 할 수 있다고 말한다. 또한 노인들도 온갖 탐욕과 비행에 빠질 수 있으며, 그런 그들에게 책임감이나 죄책감으로부터 면죄부를 준다면 그것은 '그들의 인간성을 훼손하는 것'이 된다고 말한다.

　노년에 관해 연구하는 많은 학자들은 우리의 성격이 어느 정도는 불변한다는 사실에 동의한다. 그리고 노년에도 우리는 변함이 없으며, 다만 자신의 성격적 특성이 더욱 두드러지게 나타날 것이라고 한다. 학자들은 "노화의 성격과 양식Personality and Patterns of Aging"이라는 연구에서 다음과 같은 사실들을 발견했다.
　"사람들은 오랜 역사를 지닌 양식에 따라 늙어가며, 그 양식은 적응을 거치면서 생이 끝날 때까지 유지된다. 그리고 정상적인 남녀의 경우 나이가 들면서 성격이 급격히 변화되지 않고 오히려 더 일관성을 띠게 된다. 성격적 특성들이 시간이 흐르면서 더욱 분명하게 드러나는 것이다."
　그러나 현재가 과거에 의해서 형성되는 것이 사실이기는 하지만, 아흔에 이르러서도 성격은 변할 수 있다. 우리는 아직도 '완제품'이 아니다. 여전히 자신을 수정해가는 존재들이다. 발달과정은 죽을 때까지 끝나지 않으며 새로운 과제나 위기가 계속 발생할 것이다.
　이전에 살아온 삶의 이력은 노년에 성장할 수 있는 능력을 결정하는 데 중요한 역할을 한다. 그렇지만 나이 든다는 것 자체만으로도 이전 단계에서는 가질 수 없었던 새로운 힘과 능력을 끌어낼 수 있다. 더 지혜롭고 자유로워지며 관점이 개선되고 강인해질 수 있다. 다른 사람과 자신에게 더 솔직해질 수 있다. 또한 우리가 삶에서 어려웠던 시기를 인식하는 방식에도 변화가 일어날 수 있다. 관점이 달라져서 '비극'이라고 생각했던 사건들이 '역설'로 보일지도 모른다.

여기서 비극은 다른 가능성의 여지가 없다고 인식하는 것을 의미한다. 비극은 완전히 포괄적이며 캄캄한 개념이다. 어제는 없다. 내일도 없다. 희망이나 위안도 없다. 도저히 손써 볼 수 없는 끔찍한 지금만 있다. 하지만 역설은 똑같은 사건을 조금 다르게 본다. 역설은 사정이 더 나쁠 수도 있었다고 스스로에게 말할 수 있는 배경을 제공한다. 또한 사정이 나아질 수도 있다고 상상하게 해준다. 이렇게 비극에서 역설로의 관점 변화는 노년이 주는 특별한 선물이다.

융통성과 역설을 동원한다면 우리는 노년에도 계속 변화되고 성장할 수 있다. 비록 프로이트는 비관적으로 이야기했지만, 우리는 노년에도 정신분석이나 정신과 치료를 통해서 변화되고 성장할 수 있다.

노화되면서 시작되거나 강화될 수도 있는 불안, 건강염려증, 편집증, 가장 흔히 발병하는 우울증과 같은 정서적인 문제들은 정신분석을 통해서 완화될 수 있다. 때로 노인을 대상으로 한 심리작업은 전반적이고도 중대한 변모를 불러오기도 한다. 폴락은 그러한 과정을 '애도−해방mourning-liberation'이라고 불렀다.

변화된 자아, 떠나간 타인들, 실현하지 못한 희망과 포부, 그 밖의 현실적인 상실과 변화에 대한 감정들을 파악하느라 애쓰다 보면 현실을 있는 그대로 직면할 수 있는 능력이 자라난다. 과거와 미련으로부터의 '해방'이 일어난다. 새로운 취미와 활동이 생긴다. 새로운 관계가 형성될 수도 있다. 과거는 현재와 미래로부터 구분된 채 진정으로 과거가 될 수 있다. 평온함, 기쁨, 즐거움과 짜릿함의 감정이 생겨난다.

정신분석의들은 정신분석 작업이 노인의 자존감을 되찾는 데 도움이 되었다고 보고한다. 다른 사람들과 자신을 용서하는 데 도움이 되었으며, 새로운 현실에 적응하는 데도 도움이 되었다. 심지어 70대 중반의 한 여자는 그 덕분에 평생 처음으로 오르가슴을 느꼈다고 한다. 60년이 지난 후에야 어머니의 죽음으로 인해 느꼈던 분노를 극복할 수 있었다는 여자도 있다. 그 후로 그녀는 글도 쓰고 안정된 결혼생활을 영위하고 자유로워져서 자신의 죽음도 받아들이게 되었다고 한다. 또한 65세에 6년간의 정신분석을 마치면서 새롭게 자신이 살아있음을 체험했던 남자도 있다. 그는 비록 70세에 죽었지만 마지막 11년이 자기 평생에 가장 행복한 시기였다고 말했다.

한 76세 여자에게 왜 그 나이에 정신과 치료를 받으려고 하는지 물었다. 그녀는 자신의 상실과 희망에 대해 숙고하면서 "선생님, 제게 남은 것은 미래뿐이에요."라는 잊지 못할 대답을 남겼다.

72세에 박사과정에 있는 내 친구처럼 너무나 할 일이 많아서 죽을 시간이 없는 사람도 있다. 어떤 사람은 죽음에 대해 깊이 사색하며, 어떤 사람은 너무 고통스러워서 죽기를 바라고, 또 어떤 사람은 자기만큼은 죽음이 예외가 될 것이라고 그럴싸하게 자신을 설득하면서 부정하고 또 부정한다.

그렇지만 노인들이 특별히 죽음의 공포에 시달린다는 증거는 없다. 실제로 그들은 어떤 상황에서 죽는가가 죽음 자체보다도 더 큰 관심사라고 종종 이야기한다. 그럼에도 89세의 소포클레스가 자신의 희곡에서 표현했던 다음과 같은 통렬한 이야기는 여전히 진실이다.

그는 비록 좋은 세월이 흘러가는 것을 보았지만
때로는 아직도 세상이 자기 것이기를 원할 것이다.

그리고 인간은 죽어갈 때, 죽음 한가운데서 죽음이 무엇을 의미하든 궁극적인 분리에 직면하게 된다는 것도 진실이다.

죽음,
삶의 마지막 단계

– 인간이 존속하는 한 우리는 불멸할 것

우리는 의식적, 무의식적으로 죽음에 대한 생각을 치워놓는다. 죽음을 부정하는 삶을 산다. 그렇다고 인간이 죽을 수밖에 없다는 사실을 부정한다는 뜻은 아니다. 죽음에 관한 이야기가 오가는 가운데서도 정서적으로는 자신의 유한성으로부터 멀찌감치 거리를 두고 살아간다는 말이다. 죽음을 부정한다는 것은, 최종적인 분리를 상상함으로써 일어나는 불안감에 절대로 직면하려 하지 않는다는 뜻이다.

인간은 자기가 죽을 존재라는 사실을 아는 지구상의 유일한 피조물이다. 그 고통스러운 사실을 완전하게 의식하면서 과연 어떻게 살아갈 수 있을까? 어니스트 베커Ernest Becker의 저서 『죽음의 부정The Denial of Death』에 섬뜩하게 표현되었듯이 자신이 '구더기 밥'에 불과한 존재라는 의식을 어떻게 견뎌낼 수 있을까? 죽음을 부정하면 일단은 발밑에 열려 있는 심연에 개의치 않고 밤과 낮을 지내기가 쉬워진다.

　그렇지만 죽음을 부정하면 프로이트나 다른 학자들이 설득력 있게 주장하듯이 삶이 빈곤해질 수 있다. 죽음에 대한 생각과 두려움을 밀어내는 데 너무나 많은 심리적 에너지를 소진해야 하기 때문이다. 죽음에 대한 두려움은 결국 다른 불안들로 대체된다. 죽음은 삶과 너무나 긴밀히 얽혀 있어서 죽음에 대한 생각을 피할 때 삶의 일부분도 닫아버릴 수밖에 없다. 우리가 언젠가는 분명히 죽을 것이라는 사실을 정서적인 차원에서 인식하면 현재 순간에 대한 감각을 민감하게 조절하고 고조시킬 수 있다.

　"죽음이 없는 삶은 무의미하다. 액자 없는 그림이다."라고 물리학자 존 월러는 말한다. 저명한 신학자 폴 틸리히Paul Tillich는 "어떤 사람에게 죽을 능력이 없다면 살 능력인들 있겠는가?"라는 질문을 던지기도 한다. 『메멘토 모리Memento Mori』에서 작가 뮤리엘 스파크Muriel Spark는 주인공의 입을 통해 다음과 같은 말을 한다.

　내가 삶을 다시 한번 살 수 있다면 매일 밤 죽음을 생각하는 습관을 들일 것이다. 죽음 기억하기를 실천하겠다. 삶을 강렬하게 살려면 그보다 더 좋은 방법은 없다. 죽음은 평생토록 삶의 일부가 되어야 한다. 죽음의 느낌이 항시 깃들어 있지 않은 삶은 무미건조하다. 마치 계란을 흰자만 먹으며 사는 것과 같을 것이다.

죽음을 의식하더라도 삶에 대한 사랑만 고조되고 여전히 자신의 죽음을 받아들이지 못할 수도 있다. 죽음의 눈을 똑바로 바라본다면 그것을 몹시 혐오하게 될지도 모른다. 죽음은 우리가 의미 있는 존재라는 느낌을 공격함으로써, 우리가 수고하는 모든 일들을 무의미하게 만듦으로써, 우리의 애틋한 애착조차 누추하게 만듦으로써, 영원히 살 것이 아니라면 왜 태어났는가라는 질문을 함으로써 우리를 비웃을지도 모른다.

어떤 철학자들은 죽음 없이는 탄생도 없다고 이야기한다. 생식한다는 것은 곧 불멸이 불가능하다는 뜻이라고 한다. 지구는 끊임없이 번식을 하고 영원히 사는 존재들을 도저히 감당할 수 없기 때문에, 살아 있는 사람들이 사라져서 새로운 세대에게 자리를 내주어야 한다는 것이다. 아담과 이브는 진정한 인간이 되기 위해 선악과를 먹고 불멸성을 포기할 수밖에 없었다고 말하는 신학자들도 있다. 전도서는 '모든 것에는 때가 있다'고 훈계한다. 태어날 때와 죽을 때가 있다는 것이다. '왜 죽어야 하는가'라는 질문에 대해 그보다 합리적인 대답을 추구하는 과학자들은, 세포의 생명주기에는 한계가 있어서 인간은 유전적으로 죽을 수밖에 없도록 설계되어 있다는 이론을 세운다.

그 밖에도 여러 분야에서 죽음에 대해 다양한 대답들을 내놓지만, 죽음을 받아들일 수 없다고 생각하는 사람들은 이 모든 정당화 역시 인정하지 못한다. 그런 사람들은 죽음은 곧 악이며 자신의 생에 주어진 저주라고 본다. 어떤 사람들은 과학자의 견해를 거부하면서 죽음은 '자연스러운' 현상이 아니라 결국은 치료될 수 있는 질환이라고 우긴다. 또 다른 사람들은 과다 용량의 영양소를 복용함으로써 영원히 살 수 있다는 이야기에 설득당하기도 한다. 생에 대한 사랑과 과학에 대한 무한한 신념에 고무되어 신체적인 불멸을 추구하는 사람들이 분명 있다. 그러나 나는 그런 사람들 대부분은 죽음을 생각할 때 자신이 느끼는 엄청난 공포에 동요되어 그런 태도를 취하는 것이 아닐까 의심한다.

대부분의 사람들은 자신의 죽음에 대해 숙고할 때 두려움을 느낀다. 누구나 소멸을 두려워한다. 미지의 영역으로 들어가는 것을 두려워한다. 자신의 죗값을 치러야 할지도 모르는 사후의 생에 겁을 내고 무력하게 홀로 되는 것을 무서워한다. 마지막 질병의 고통을 두려워하는 사람들, 다시 말해 죽음이 아니라 죽어가는 과정을 두려워하는 사람들도 많다. 그렇지만 버려짐에 대한 두려움은 누구나 마지막 순간뿐 아니라 평생 가슴에 품고 살아가는 것이다.

최초로 분리되는 체험이 우리에게 죽음의 쓴맛을 미리 보여 준다고 주장하는 의견도 있다. 그리고 길 저편에서 다가오는 죽음, 또는 내 방문을 두드리는 죽음처럼 살다가 그 후에 마주치는 여러 죽음들은 최초로 분리될 때 겪었던 공포를 되살려낸다는 것이다.

인간이 자신의 죽음과 고통스럽게 대면하는 모습을 톨스토이 Tolstoi의 『이반 일리치의 죽음 The Death of Ivan Ilych』보다 더 통렬하게 묘사한 글은 없을 듯하다.

소설 속에서 고통받는 주인공은 불현듯 "그때까지 일어났던 어떤 사건보다 중대하고 새롭고 끔찍한 무엇인가가 다가오고 있다"는 사실을 깨닫는다. 자신이 죽어가고 있음을 직감한 것이다.

"하나님! 하나님! 저는 죽어가고 있어요. 지금 이 순간에 죽을지도 모릅니다. 전에는 환했는데 이제 온통 캄캄하군요. 지금까지는 여기 있었는데 이제 저쪽으로 갑니다! 그곳에는 아무것도 없을 겁니다. 이게 바로 죽는 건가요? 아니, 저는 죽기 싫습니다!"

이반 일리치는 오한에 휩싸이고 손이 떨리고 숨이 멎으면서 오직 심장이 뛰는 소리만을 느낀다. 분노와 절망으로 목이 멘 그는 "모든 인간이 이렇게 끔찍한 공포에 시달려야 할 운명일 수는 없다."고 생각한다.

　논리학 책에서 배웠던 '카이사르는 인간이다. 인간은 죽는다. 그러므로 카이사르도 죽는다'는 삼단논법은 카이사르에게 적용될 때는 그럴 듯해 보이지만 자신에게도 해당된다는 생각은 할 수가 없다. 추상적인 인간 카이사르가 죽는다는 것은 전적으로 옳은 이야기지만, 그는 추상적인 카이사르가 아니라 다른 모든 사람들과 확연히 구분되는 이반 일리치라는 존재다. 그는 엄마와 아빠의 어린 바냐였으며 어린 시절과 젊은 시절을 거치면서 온갖 즐거움과 슬픔과 기쁨을 겪은 인간이다. 바냐가 그토록 좋아했던 줄무늬 공의 냄새를 카이사르가 어떻게 알겠는가? 카이사르도 그처럼 엄마 손에 입을 맞췄을까? 카이사르 어머니의 실크 드레스도 그렇게 사각거리는 소리가 났을까? 카이사르도 그와 같이 사랑에 빠졌을까? 카이사르도 그가 했듯이 재판을 주도했을까? "카이사르는 죽어야 할 운명의 존재였으므로 그가 죽는 것은 옳다. 그렇지만 죽음은 이 모든 생각과 감정을 지닌 나, 어린 바냐, 이반 일리치에게는 해당되지 않는 이야기다."

　이반 일리치는 "내가 죽어야 할 리가 없다. 그건 너무 끔찍할 것이다."라고 말하면서도 한편으로는 죽음이 가까이 왔다는 사실을 이해한다. 죽음은 그의 근무 도중에 불쑥 찾아와 "그의 앞에 버티고 선 채 빤히 쳐다본다." 그는 뻣뻣하게 굳는다. 죽음은 그의 서재에도 들러서 "단 둘이 마주"한다. 그는 두려움으로 몸서리친다. 그는 "왜, 무엇 때문에 이런 공포를 느껴야 할까?"라는 질문을 곱씹는다.

이반 일리치의 가족과 친구들은 아무도 그토록 고통스러운 외로움을 덜어주지 못한다. 그들은 그가 죽어가는 것에 대해 이야기하지 않을뿐더러 이반이 그 이야기를 입에 올리는 것조차 막는다. 사실 그들은 그 끔찍한 주제에 대한 언급 자체를 피할 뿐 아니라 그의 면전에서 짐짓 그가 죽어가고 있지 않다는 듯 가장한다.

죽음에 대해 이야기하지 말아야 한다는 금기, 죽음을 둘러싼 그와 같은 거짓말과 기만은 시간이 흐르면서 강력하게 도전을 받아왔다. 엘리자베스 퀴블러 로스Elisabeth Kubler Ross의 저서 『죽음과 죽어감On Death and Dying』과 같은 책들은 불치병에 걸린 사람과 마음을 열고 대화를 하도록 촉구한다. 정신분석학자 퀴블러 로스가 죽어가는 환자들에게 자신의 두려움과 욕구를 토로하라고 장려했을 때, 그들은 무척 편안해했다고 한다. 퀴블러 로스는 그런 대화가 환자들이 죽음을 향해 나아가는 여정을 도와줄 수 있다고 주장하면서, 그 과정을 다섯 단계로 나눴다.

그녀는 불치병의 소식을 접했을 때 최초로 보이는 반응은 '부정'이라고 말한다. "뭔가 착오가 있었을 거야! 그럴 수는 없어!"와 같은 반응이다.

부정 다음으로 '분노'와 '질투'가 이어지는데, 이 단계에서 전형적으로 "왜 하필 나인가?"라는 질문이 제기된다.

세 번째 단계에서는 더 오래 살게 해주는 대가로 무엇인가 내놓겠다는 약속을 하면서 불가피한 죽음을 연기해보려고 시도하는 '흥정'의 반응이 나타난다. 그러나 아들이 결혼하는 것을 볼 때까지만 살 수 있다면 기꺼이 죽겠다고 맹세했던 여자는 그때가 되면 다시 협상안을 들고 나온다. "제게 아들이 또 하나 있다는 것을 잊지 말아주세요."라면서 말이다.

네 번째로는 과거의 상실과 앞으로 올 상실을 슬퍼하는 '우울'의 단계가 찾아온다. 죽어가는 사람은 자신의 죽음을 미리 애도하면서 누군가가 자신과 함께 슬픔을 나눠주기를 바란다.

마지막에는 '수용'의 단계가 나타나는데 그것이 "행복한 과정이라고 착각해서는 안 된다"고 퀴블러 로스는 주의를 준다. 이 단계는 차라리 '감정의 공백'에 가까운 상태이며 투쟁이 끝난 시기라고 한다. 퀴블러 로스는 죽어가는 사람에게 그 전의 모든 단계를 거칠 수 있도록 도움을 주면 그들은 우울해하고 두려워하고 질투하며 분노하거나 화해하지 못한 상태에 머물지 않고 다가올 종말을 '어느 정도 조용히 예상하면서' 응시할 수 있을 것이라고 결론을 내린다.

모든 사람이 이렇게 죽음의 다섯 단계를 빠짐없이 거쳐야 하는 것일까? 퀴블러 로스를 비판하는 사람들은 절대 그렇지 않다고 주장한다. 어떤 사람들은 마지막까지 죽음을 부정한다. 어떤 사람들은 끝까지 분노하면서 길을 갈 것이다.

에드윈 슈나이드먼Edwin S. Shneidman 박사는 "나는 오랜 상담 경험을 통해 퀴블러 로스와는 다른 결론에 도달했다."라고 말하며, "나는 모든 죽어가는 사람들이, 죽는 과정에 포함된 어떤 일련의 단계들을 엄격하게 진행해나간다는 생각을 거부한다. 그와 반대로 살아갈 때처럼 죽을 때도 사람들의 정서 상태, 심리적인 방어기제, 욕구, 자율성과 존엄성을 향한 투쟁, 부정 등 온갖 반응이 나타날 수 있다."라고 진술한다.

그는 죽음의 마지막 단계에서 수용이 이루어진다는 퀴블러 로스의 견해에도 반드시 그런 것은 아니라고 도전한다. 그는 "죽음으로 삶이 봉인되기 전에 인간이 정신분석학적 차원에서 품격을 갖추거나 무엇인가를 완결해야 한다는 자연의 법칙은 존재하지 않는다. 대부분의 사람들은 삶에서 하고자 했던 일들을 마무리하지 못하고 수많은 편린과 실가닥들을 늘어뜨린 채 너무 일찍, 또는 너무 늦게 죽는 것이 냉정한 현실이다."라고 말한다.

그러나 퀴블러 로스의 다섯 단계를 비판하는 사람들 역시 그녀가 제시한 핵심 주제에는 동의하는 것으로 보인다. 즉 우리가 죽음을 피하지 않고 그것에 가까이 다가가야만 각자 자기 안의 이반 일리치가 죽음을 앞두고 그토록 간절히 필요로 하는 것을 발견할 수 있다는 것이다. 그것은 혼자만의 침묵이거나 누군가와의 대화일 수도 있고, 울거나 분노할 자유일 수도 있고, 이심전심으로 오가는 손길과 마음일 수도 있다. 다시 아기가 되려고 할지도 모른다. 죽어가는 사람이 원하면 우리가 곁에 있어 줄수는 있지만 그에게 어떻게 죽으라고 가르칠 수는 없다. 그렇지만 곁에 있으면서 세심하게 주의를 기울인다면 아마 그들이 우리에게 가르침을 줄 것이다.

1984년에 나는 무척 사랑했던 세 여자가 암으로 죽는 것을 지켜보았다. 모두 한창인 50대에 잔인하게도 일찍 생을 접어야 했다. 한 여자는 자신이 죽는다는 것을 알고 자신의 운명을 똑바로 바라보면서 죽음에 대해 이야기하고 침착하게 받아들였다. 죽음이 가까웠다는 것을 알고 죽음의 순간을 스스로 선택하고 싶었던 또 다른 여자는 약을 모아두었다가 자살했다. 태어날 때부터 나의 경쟁자였던 존재, 금발과 푸른 눈의 내 여동생 로이스는 눈을 감는 순간까지 대단히 사납게 죽음과 싸웠다.
어린 시절 강력한 라이벌이자 성가신 존재이며, 내가 가장 사랑하는 존재였던 동생 로이스는 암으로 죽었다. 동생은 집에서 세상을 떠났는데 마지막 순간에 동생을 지켜본 나는, 그 아이가 죽으면서 고통과 두려움에서 해방되었다고 믿는다. 그러나 로이스는 의식이 있는 동안은 죽음에 끈질기게 저항했다. 그 아이는 죽음을 이겨볼 작정이었다.

로이스는 자신이 불치병을 앓고 있다는 사실을 정확히 알았지만 암에게 휘둘릴 마음이 추호도 없었다. 그래서 그녀는 유서를 쓰고 여러 가지 일을 마무리하고 남편과 자녀들과 상의해서 사무적인 세부사항들을 완전히 처리한 후에는 죽음으로부터 돌아서서 삶에 집중했다. 아니, 동생은 그저 생존에 집중한 것이 아니라 점점 쇠약해가는 몸 때문에 즐거움을 방해받는 것을 철저히 거부하면서 즐길 만한 모든 일에 몰두했다.

좋아했던 테니스를 더 이상 할 수 없게 되자 입술을 깨물고 라켓을 치워버렸다. 그리고 좀 더 차분한 활동으로 눈을 돌려서 운동선수처럼 단단했던 몸으로 열심히 뜨개질을 하고 독서를 하고 글을 썼다. 마지막 몇 달 동안 기력이 점점 소진하고 체중이 43킬로그램까지 줄고 시력마저 약해지자 그녀는 또 새롭게 적응하겠다는 계획을 세웠다. 어쩌면 외국어 하나쯤은 새로 배울 수 있지 않았을까? 그녀는 생의 마지막 몇 주 사이에 매운 중국 국수 조리법을 내게 보내주었다. 또 진통제 때문에 몽롱한 상태에서도 잊지 않고 내 안부를 물었다. 그녀는 생애 마지막 주에도 자신의 병과 고통에 집착하지 않았다. 마지막 날 혼수상태에 빠질 때까지 자기가 사랑했던 사람들과의 유대를 끊지 않았다.

동생은 떠날 계획이 아니었기 때문에 작별인사를 하지 않았다. 그녀는 어떻게든 살겠다는 생각이었으며 적어도 힘닿는 데까지 노력하려고 했다. "생존하는 환자들도 있다는데 왜 절망 대신 희망에 집중하지 않겠어?"라고 언젠가 내게 말한 적이 있다. 점점 퍼지는 암과 힘겹게 싸우던 4년간 동생은 언제나 희망에 집중했다.

물론 내 동생에게도 공포와 절망의 순간이 있었다. 구토와 통증 때문에 몸이 엉망진창이 되어서 아무것도 할 수 없었던 때가 있었으며, 성질을 부리고 울고 신음하기도 했다. 어떤 때는 농담 반, 진담 반으로 "내가 뭘 잘못했지? 도대체 어떤 짓을 했기에 이 고통을 받아야 하는 거야?"라고 묻기도 했다. 그렇지만 그녀는 대부분의 시간을 눈물로 보내지 않았으며 죽음을 골똘히 생각하지도 않았다. 살기 위해 싸웠다. 그녀는 정말로 노력하면 영혼이 생물학적인 조건을 이길 수 있다고 마지막 순간까지도 믿었다. 비록 동생은 죽음을 이기지 못했지만 우리는 그 아이가 경기에서 멋지게 우승하는 모습을 지켜보았다.

희망에 매달리고, 살기 위해 싸우며, 의지력과 기적을 믿는 로이스 같은 사람들을 많은 불치병 환자들 중에서 찾아볼 수 있다. 사람들은 "저 환자는 자기가 살지 못할 것이라는 사실을 모르나?"라고 의아해할 수도 있다. 물론 환자들도 그런 사실을 알고 있다. 다만 자신과 사람들에게 "나는 통계치가 아니다."라고 주장하는 것뿐이다.

암으로 고통스럽게 죽어간 서른아홉 살의 한 의사와 그의 아내와 남동생과 성직자들은 살기 위해 벌였던 그의 힘겨운 투쟁을 비디오에 담아서 남겼다. 그는 마지막 몇 주 동안 포기하기를 거부하고 목의 혈관으로 양분을 주입받겠다고 고집했다. 고통이 심해져서 마취성 약물에 의존하자 성격이 변했다. 어떤 의사들은 그가 자신의 병을 주관하겠다고 우김으로써 생명을 '불필요하게' 연장한다고 말하기도 했다. 그러나 죽기 직전에 아내가 그에게 생존을 위한 투쟁이 가치가 있었냐고 물었더니 그는 명쾌하게 '그렇다!'고 대답했다.

내 친구 루스는 다르게 대처했다. 게임에 졌다는 사실, 오직 고통과 죽음만이 기다리고 있다는 사실을 안 친구는 사랑하는 남편과 마지막으로 완벽한 저녁 시간을 보낸 다음 날 혼자 남아 약을 과용했다. 평생토록 예술가적 감각과 통제력을 유지하고 싶어했던 루스는 암이 그녀를 지배하면서 자신을 더욱 황폐하게 만들고 자신을 앗아가는 것을 허락하지 않으려고 했던 것이다.

루스는 마지막 항암요법마저 실패한 후 집으로 돌아가게 되었을 때, 죽음의 시간과 장소를 스스로 정하겠다고 결정했다. 일반적으로 자살이 범죄나 죄악, 또는 용기 없고 병적인 행동이라고 여겨진다는 사실을 알고 있다. 그럼에도 나는 고통받았던 내 친구 루스의 자살이 결단과 용기를 보여준 행위였다고 믿는다.

어쩌면 루스의 자살은, 정신분석학자 K. R. 아이슬러의 표현을 빌리면 '죽음에 대한 반항'이었는지도 모른다. 사형수가 집행관을 속이는 방법이었을 수도 있다. 그렇지만 나는 그 자살이 병적이고 그릇된 행위가 아니라 건강하고 옳은 것이었다는 생각이 든다. 물론 나도 대부분의 자살이 실제로 병적인 것이며 대부분의 자살 기도자들을 그대로 죽도록 놓아둘 것이 아니라 살도록 도와주어야 한다고 믿는다. 그렇지만 나는 또한 특수한 상황에서는 자살이 건전하고 정당한 대안이 될 수도 있다고 생각한다. 불치병의 공포나 노화로 인한 의존과 퇴보에 대응하는 최선의 방편이 될 수도 있다는 말이다.

우리가 자살에 대해 어떻게 생각하든, 사람들은 어쨌든 자살을 한다. 아주 나이 든 부부의 경우, 혼자 남은 처지에 기능은 떨어지고 병이 점점 심해져서 무력해지기보다는 함께 죽겠다는 마음 아픈 결정을 하기도 한다. 85세인 남편 세실과 81세의 줄리아 손더스 부부는 어느 날 점심으로 핫도그와 콩을 먹은 후 자동차를 몰고 조용한 장소로 갔다. 귀에 솜을 막고 창문을 닫은 뒤, 세실은 기다리고 있는 아내의 가슴에 먼저 총을 두 발 쏘고 그다음 자기 가슴을 쏘았다. 그들이 남긴 메모에는 자녀들에게 남기는 말이 적혀 있었다.

"우리는 이 사건이 너희들에게 무척 충격적이고 당혹스러울 것임을 안다. 그렇지만 우리는 이것이 늙어간다는 문제에 대처하는 하나의 해결 방법이라고 본다. 우리를 돌보겠다는 너희들의 마음만큼은 무척 고맙다. 60년간 결혼해서 살아온 우리 부부는 서로를 너무나 사랑하기 때문에 함께 이 세상을 떠나는 것이 옳다는 생각이 든다. 아이들아, 부디 슬퍼하지 말기 바란다. 우리는 정말 잘 살았으며 너희들이 이토록 훌륭한 사람으로 성장하는 것을 보았으니 여한이 없다."

불치병 환자들 사이에서는 스스로 생을 마감하는 것에 대한 관심이 증가하고 있다. 고통받기를 원치 않고, 자신이 삶을 주관하고 싶으며, 사랑하는 사람들에게 병을 앓기 전의 모습으로 기억되고 싶은 바람이 스스로 죽을 시간을 선택하려는 사람들의 동기가 된다. 본능에 따른다면 우리는 그런 사람에게 황급히 구원의 손길을 내밀면서 "제발 죽지 말라."고 간청하고 싶을 것이다. 또 오늘 죽고 싶더라도 일주일 후에는 살고 싶어질지 모른다고 설득하고 싶을지도 모른다. 자살한 사람의 가족이 받을 외상도 우려된다. 그렇지만 우리는 곰곰이 생각해보아야 한다. "그 사람에게 어떤 마음이 드는지 누가 알겠는가? 그것은 그가 처한 입장이다. 어느 날 당신도 그 상황에 처할 수 있다."라고 했던 한 작가의 말을 생각해 볼 필요가 있다.

절대로 자살을 택하지는 않지만 죽음을 해방 또는 구원이라고 여기며 두 팔 벌려 그것을 환영할 사람들도 분명히 있다. 그런 사람들에게 죽음은 적이 아니다. 죽음은 친구가 된다. 짐을 내려놓을 수 있는 기회다. 불치병의 고통이나 노년의 무력함이나 무용함과 외로움은 내려놓기를 갈망하는 짐이 될 수 있다. 또 마크 트웨인이 말했듯이 우리를 공격하는 세상 속에서 "애정과 슬픔과 혼돈을 안고 살아가려고 애쓰는 몸부림"도 죽음을 환영하게 하는 삶의 짐일 수 있다. 트웨인은 자서전에서 끔찍했던 수많은 상실들을 이야기하면서 소멸이 자신에게 전혀 두렵지 않은 이유를 설명한다.

태어나기 억만 년 전에도 이미 겪어보았지만, 그 억만 년 동안 체험했다고 기억되는 것보다 더 많은 고통을 이번 삶, 그 한 시간 사이에 당했기 때문이다. 지금 되돌아보니 억만 년간의 휴가는, 책임감과 근심, 걱정, 슬픔, 혼란이 전혀 없고 깊은 만족과 깨어지지 않는 충족감만이 존재했던 평화와 고요함의 시기였음을 알겠다. 나는 그 시절을 애틋하게 그리워하며, 기회가 된다면 다시 그때로 감사하며 돌아가고 싶다.

이렇게 애틋하게 그리워하고 감사하는 마음으로 죽음을 환영하는 것은 수용의 한 형태다. 한편 체념하는 수용("인간은 이 세상에 올 때처럼 저 세상으로 넘어가는 것도 견뎌야 한다"), 실용적인 수용("나는 자신이 죽어야 할 존재임을 원망할 때마다 앞으로도 매년 이러한 소득신고서를 제출해야 한다는 전망이 그렇게 좋은 건지 스스로에게 묻는다. 그러면 원망을 멈출 수 있다"), **기쁜 수용**("아버지, 어머니, 자매에 대한 회한 없이/또는 저 아래 세상에 대한 기억 전혀 없이/내 영혼 기쁘게 구세주를 영접하네"), **민주적인 수용**("당신은 하나의 커다란 분묘 안에/원시 세상의 가부장들과/이 땅 위에서 막강했던 왕들과/지혜롭고 선한 자/아름다운 자, 오래전 백발의 선구자와 함께 눕는다"), 그리고 창의적인 수용도 있다.

내 친구 캐롤은 죽음을 창의적으로 수용하는 태도를 보여주었다. 그녀는 비통해하지 않고 자신의 운명을 받아들였다. 자신을 독특하게 소중하고 가치 있는 인간으로 인정했다. 그렇게 수용했기 때문에 그녀는 죽어가던 어느 가을 오후에, 자기 장례식에서 어떤 음악이 연주되기를 바라는지, 어떻게 하면 맛있는 요리를 만들 수 있는지에 대해 흥미로워하며 이야기할 수 있었다.

사후세계를 믿거나 집행유예를 전혀 기대하지 않으면서, 그리고 로이스나 루스처럼 신체적인 고통에 시달리는 끔찍한 순간들을 겪으면서도, 그녀는 자신의 침실에 누워 마지막 몇 주간 친구와 가족들에게 작별인사를 하고 놀라울 정도로 침착하게 죽음을 기다렸다. 그녀는 자신의 죽음에 대해 진지한 대화를 나누자고 우리들을 불렀지만 죽음만이 그녀의 마음속을 맴도는 유일한 주제는 아니었다. 그녀는 다가오는 선거나 가장 최근의 스캔들에 대해 우리와 이야기하고 싶어 했다. 세상의 거의 모든 것에 대해서 여전히 유쾌하고 현명하면서도 몹시 도발적인 의견들을 내놓았다. 그녀가 매 순간 집요하게 씩씩하기만 했던 것은 아니다. 자신이 남기고 떠나야 하는 모든 달콤한 것들이 아쉬워서 울 때도 있었다. 한번은 로버트 루이스 스티븐슨Robert Louis Stevenson의 시를 인용하면서 때 이르게 떠나야 하는 소회를 밝히기도 했다.

당신이라면
하늘이 그토록 맑고 푸른데,
너무나 놀고 싶은데,
한낮에 잠자리에 들어야 하는 것이
어렵지 않겠는가?

어렵기는 했지만 캐롤은 죽음에 점점 더 익숙해져 가면서 마침내 한낮에 잠자리에 드는 것도 받아들이게 되었다.

어느 날 우리가 찾아갔을 때 캐롤은 내게 말했다. "나는 전에 한 번도 죽어본 적이 없어." 그리고 덧붙였다. "그래서 어떻게 죽어야 하는지 몰라." 그렇지만 이 침착하고 비범한 여성이 절망하지 않고 죽어가는 모습을 지켜본 나로서는, 그녀가 어떻게 죽어야 하는지 분명히 알고 있었다고 모든 사람들에게 말하고 싶다.

우리는 누가 어떻게 죽어야 하는지에 대해 도대체 무엇을 알고 있을까? 아마 별로 아는 게 없을 것이다. 그러나 삶에서 하고자 했던 일들을 성취한 사람이 그렇지 못한 사람보다 더 만족스럽게 죽는다는 이야기들을 종종 한다. 철학자인 월터 카우프만은 성취에 따르는 만족이 "죽음을 대면할 때 큰 차이를 만들어낸다."라고 주장한다.

살아온 방식 그대로 죽는다는 주장도 있다. 성마른 사람은 성마르게 죽는다. 금욕적인 사람은 최후의 필연에도 저항하지 않고 복종한다. 현실을 부정하는 사람은 죽음을 맞는 날까지도 죽음을 부정할 것이다. 필사적으로 독립을 쟁취하고 그것을 과도하게 보호하는 사람은 죽어가면서 어쩔 수 없이 누구에게 의존하게 될 때 수치심을 느끼고 충격을 받을 것이다. 분리를 겪을 때마다 공포로 가득한 암흑 속으로 들어가는 것처럼 느꼈던 사람은 이 마지막 분리를 극도로 두려워할 것이다.

그러나 때로는 죽음이 우리에게 새로운 기회를 줄 수 있다고 말하는 사람도 있다. 죽음이 성장과 변화의 계기가 될 수 있으며, 정서적 발달의 다음 단계로 도약하도록 촉진할 수도 있다는 것이다. 아이슬러는 "끝이 다가오고 있음을 알거나 어렴풋이 느낄 때, 어떤 사람들은 한 발 물러서서 자신과 삶의 중요한 부분을 겸손하게 바라보게 된다. 세상이 가까이 있고 그 안에서 열심히 살아가고 있는 동안은 너무나 진지하게 받아들였던 것들이 무상하다는 통찰이 일어날 수도 있다."라고 말한다. 깊이 굳어 있던 존재의 방식이 이 마지막 단계에서 풀리면서 '앞으로 나아가는 마지막 한 발자국'이 될 수도 있다고 한다.

가족들 사이에서 언제나 '약한 아이'로 통했던 로이스가 어떻게 죽어가면서 그토록 용감하고 강하게 싸울 수 있었는지 이해해보려고 했을 때 '앞으로 나아가는 마지막 한 발자국'이라는 개념이 도움이 되었다. 그것은 또한 사회사업가이자 저술가인 릴리 핀커스가 언급했던 '완전한 죽음'을 설명하는 데도 도움이 된다. 그 순간까지 무척 의존적이고 불안감에 찌들어 있었던 핀커스의 시어머니가 그렇게 죽었다.

시어머니는 뇌졸중을 일으켰다가 깨어난 후 집안의 모든 사람들을 불러 모았다. 그리고 그들에게 애정 어린 작별인사를 침착하게 건넸다. 그런 후 조용히 눈을 감더니 "이제 자야겠다"고 말했다. 의사가 와서 마지막 잠에서 깨우려고 그녀에게 주사를 놓으려 하자, 그녀는 잠시 정신을 차리고는 평화롭게 죽도록 내버려두라고 의사를 설득했다.

"평생 어려움을 피하려고만 하던 이 연약하고 겁 많은 여인의 내면에 어떤 힘이 숨겨져 있었기에 이런 방식으로 마지막 잠을 방해받지 않고 죽을 수 있었던 것일까?"

핀커스도 아이슬러와 마찬가지 대답을 내놓는다. 다가오는 죽음이 전혀 예측하지 못했던 놀라운 변화를 일으킬 수도 있다는 것이다. 아이슬러는 자신의 죽음을 체험하는 것이 생애 최고의 성취가 될 수도 있다고까지 주장한다.

"깨어 있음이 허락되는 마지막 순간까지 죽음에 점점 가까이 가는 각 단계를 완전히 의식하고 자신의 죽음을 무의식적으로 체험하는 것은 개인으로 살아온 삶에서 최고의 승리가 될 것이다."

그러나 누구나 죽는 동안 자신의 죽음을 숙고할 기회를 가지는 것은 아니다. 사고나 질병은 한순간에 의식을 앗아가기도 한다. 또한 누구나 죽음을 숙고하고 싶다고 바라지도 않는다. 많은 사람들이 죽음을 겪을 때 오히려 정신이 없기를 바랄 것이다.

죽음을 연구한 필립 아리에스Philippe Ariès에 의하면 시대가 변하면서 '좋은 죽음'이라는 개념이 새롭게 정의되었다고 한다. 한때는 격식을 갖춰 떠나는 것이 좋은 죽음이라고 여겨졌고 급사는 저주받은 죽음이라고 인식되었지만, 오늘날에는 오히려 급사는 좋은 죽음이라고 받아들여진다는 것이다. 경고 없이 닥치는 죽음, 잠자는 동안 우리를 조용히 데리고 가는 죽음이 좋은 죽음이 된 것이다.

병원 침대에서 혼자 온갖 기계에 묶인 채 관료적인 실수나 때로는 그보다 더 끔찍한 사태를 겪으면서 서서히 죽어가는 것과 대조해 볼 때 급사는 정말로 크나큰 축복이며 무척 좋은 죽음으로 여겨질 수도 있다. 그렇지만 앞으로는 어쩌면 죽어가는 것을 체험할 시간 여유가 있는 죽음이 좋은 죽음이라고 다시 정의가 바뀔지도 모른다. 나는 따뜻한 보살핌을 제공하고 인위적으로 생을 연장하지 않으면서 고통으로부터 해방되도록 도와주는 호스피스 운동이 죽음에 접근하는 하나의 새로운 방식이라고 생각한다.

우리에게 가장 친숙한 불멸성의 이미지는 아마도 종교에서 주는 이미지일 것이다. 영혼은 파괴될 수 없으며, 사후에도 생은 이어지고, 죽음이라는 최후의 분리는 곧 영원한 결합으로 이어질 것이며, 우리는 모든 것을 잃어버리는 것이 아니라 다 찾게 될 것이라는 약속이 종교적인 이미지에서 얻을 수 있는 것들이다. 그렇지만 심리학자 로버트 라이프턴Robert Lifton이 지적했듯이, 모든 종교가 사후세계나 영혼 불멸에 의존하지는 않는다. 그는 영적인 힘과 연결된다는 느낌이 그보다 더 보편적인 체험이라고 적고 있다. 그런 힘은 자연을 넘어서는 근원에서 비롯된다. 그 힘 안에서 우리는 함께 나누며 보호를 받는다. 그리고 영적인 힘을 통해 다시 태어나서 '죽음을 초월하는 진리'의 영역으로 들어갈 수 있다고 한다.

프로이트는 그러한 종교적인 믿음들이 무력함을 견뎌내기 위해 우리가 만들어낸 환상일 뿐이라고 주장한다. 마치 어린아이가 보호받기 위해 부모에게 의존하듯이 불안한 어른들도 신에게 의존한다는 것이다. 자연이 주는 공포를 없애고 문명이 부과하는 고통을 보상하기 위해 종교를 만들어냈다는 것이다. 그리고 그는 우리가 운명의 잔인함, 특히 죽음에서 드러나는 잔인함과 화해하기 위해 종교를 이용한다고 말한다.

그러나 종교가 사후의 영속성에 대한 이미지를 불러올 수 있는 유일한 대상은 아니다. 종교에 의지하지 않더라도 유대와 영속성을 상상할 수 있는 방법들이 있다.

예를 들어 바다, 산, 나무, 순환하는 계절과 같은 자연을 체험하면서 불멸의 이미지를 얻을 수도 있다. 우리는 죽지만 지구는 계속 남아 있다. 나아가서 우리는 땅으로 돌아감으로써 그렇게 무한한 지속성의 일부가 될 수 있다. W. C. 브라이언트의 『죽음에 대한 명상 Thanatopsis』이라는 시는 그와 같은 생각을 보여준다.

> 그대에게 양분을 주었던 땅이
> 성장한 그대더러 다시 땅으로 분해되라고 할 것이다.
> 그대는 개별적인 존재를 포기하고
> 인간의 흔적을 잃어버린 후
> 영원히 원소들과 섞일 것이다.

우리는 삶이 잔혹하다는 것을 안다. 나는 인간이 처한 조건에서 별로 기대하는 바가 없다. 그러나 바로 그렇기 때문에 인간이 누리는 경사스러운 순간, 부분적인 진보, 거듭 시작하고 계속하려는 노력과 같은 것들이, 끔찍하게 빈번한 질병과 패배와 무관심과 실수를 보상해줄 경이로움이라고 생각한다. 언제든 재앙과 파멸이 일어날 것이다. 비록 책이 썩기도 하고 조각상이 재건되지 못할 만큼 부서질 수도 있지만, 다 사라지지는 않을 것이다. 돌과 벽이 무너진 자리에 다른 돌과 다른 벽이 세워질 것이다. 누군가가 우리처럼 생각하고 일하고 느낄 것이다. 나는 오랜 세월에 걸쳐 불쑥불쑥 나타났던 다음의 계승자들과 간헐적인 불멸성을 감히 믿어보려 한다.

문명을 바꾼 업적들과 함께 오늘날까지 남아 있는 사람들로는 호머, 미켈란젤로, 볼테르, 아인슈타인 같은 사람들을 꼽을 수 있을 것이다. 그러나 반드시 세상을 뒤흔들 만한 일을 해내거나 역사책 속에 등장하는 인물이 되어야만 하는 것은 아니다. 일상적인 일과 개인적인 행위로도 얼마든지 오랫동안 중요한 영향을 미칠 수 있다.

그리고 자녀와 그 자손들을 통해 존재를 지속시키는 생물학적인 연속성도 상상할 수 있다. 또는 좀 더 넓게, 국가와 민족과 인류를 통해 존재를 지속시키는 생물사회학적인 의미도 가질 수 있다. 어떤 사람들은 자신이 과거에서 미래로 끊임없이 이어지는 사슬의 고리라고 생각하기도 한다. 그런 사슬은 과거에 살았고 앞으로 태어날 삶들을 절대로 끊어지지 않게 연결해주며,

인간이 존속하는 한 우리가 불멸한다는 점을 일깨워준다.

그 밖에도 직접적이고 강렬한 초월 체험을 통해 사후의 영속성을 얻을 수 있다. 옛날에 엄마와 황홀하게 융화되었던 상태를 되살려주는 체험, 경계와 시간과 죽음 자체가 사라지는 하나 됨의 체험은 우리로 하여금 "외부세계와 끊어질 수 없이 하나로 연결되어 있다."고 느끼게 해준다. "우리가 이 세상으로부터 떨어져 나갈 수 없다"는 느낌을 갖게 해주는 것이다.

누구나 이러한 일체감을 체험할 수 있는 것은 아니다. "내 안에서는 이런 '대양 같은' 느낌을 찾아낼 수 없다."라고 프로이트는 쓴다. 또한 모든 사람이 종교나 자연이나 인간의 업적이나 생물학적 유대 속에서 불멸성의 비전을 발견하고 죽음을 보다 편안하게 볼 수 있는 것은 아니다. 보브아르는 "불멸성을 천상의 것으로 보든 속세의 것으로 보든, 당신의 생을 사랑한다면 그것은 죽음에 대한 위안이 되지 못할 것이다."라고 말한다. 우디 앨런도 같은 이야기를 한다. "나는 내가 이룩한 일을 통해서 불멸성을 얻고 싶지 않다. 죽지 않음으로써 불멸성을 얻고 싶다." 그리고 자신이 죽었을 때 친구들이 울어줄 것이라는 사실을 알면 위안이 되겠냐는 질문을 받은 한 젊은 불치병 환자는 친구들에게 그와 같이 추상적인 불멸성을 분명히 거부하는 대답을 했다. "너희들의 울음소리를 듣고 의식할 수 없다면, 위안이 되지 못할 거야." 사후의 영속성에 대해 어떤 희망을 품고 있다는 것은, 심지어는 다른 세상을 믿거나 영혼의 불멸을 믿지 않더라도, 언제나 죽음을 부정하는 행위이며 불안감에 대한 방어에 지나지 않는다고 주장하는 사람들도 있다.

우리의 존재는 유한하다. 오랜 세월 각고의 노력과 고통을 거쳐서 만들어낸 자아는 죽을 것이다. 자신의 일부는 영원히 지속될 것이라는 생각, 희망 또는 확신이 우리를 지탱해주기도 하겠지만, 우리는 또한 숨 쉬고 사랑하고 일하는 '나'는 영원히 지워져버린다는 사실도 인정해야 한다.

그러므로 지속성이나 불멸성의 이미지를 가지고 살아가든 그렇지 않든, 우리는 아무리 열렬히 무엇인가를 사랑하더라도, 그 대상이나 자신을 그대로 머물게 할 힘이 나에게 없음을 의식하며 살아야 할 것이다. 무상함을 느끼며 살 수밖에 없을 것이다.

오랜 세월에 걸쳐 시인들은 존재가 찰나에 불과함을 노래해왔다. 이 노래들은 모든 것이 헛되고도 헛되며, 우리가 무대에서 당당하게 활보할 수 있는 시간은 한 시간 남짓할 뿐이고, 포도주와 장미꽃의 나날은 빠르게 사라지고, 우리는 죽을 수밖에 없다는 의미를 아름다운 이미지로 전달한다. 나는 나의 유한성을 생각할 때나 죽음을 계획할 때면 루이스 맥니스Louis MacNeice의 「정원에 내리쬐는 햇살The Sunlight on the Garden」이란 시가 떠오른다. 마지막 떠나는 순간 나도 바로 이렇게 노래할 수 있기를 진심으로 바란다.

하늘은 한껏 날기 좋았다.
교회의 종과 모든 사악한 철제 사이렌들이
전하는 말에
저항하면서.
대지는 재촉한다,
우리는 죽는다, 이집트여, 우리는 죽는다.

다시 들려줄 것이라고 기대하지 않으며
가슴이 새삼스럽게 굳어진다.
하지만 천둥과 비를 당신과 함께 맞아서 기뻤고
정원에 내리쬐는 햇살에도 감사하다.

삶,
아름다운 순환의 법칙 속으로
– 탄생에서 죽음까지, 끝없는 '작별' 여행

    내 막내아들은 자기가 지원한 대학의 합격 통보를 기다리고 있다. 이 아이는 곧 집을 떠날 것이다. 나의 어머니와 동생, 그리고 절친한 친구들은 세상을 떠났다. 나는 골다공증을 예방하기 위해 칼슘제를 먹고 있고, 몸이 펑퍼짐해지는 것을 막기 위해 저칼로리 식단을 유지하고 있다. 우리 부부는 불완전하나마 부부의 연을 유지하면서 25년이라는 긴 세월을 함께했다. 하지만 우리는 이혼과 사별이라는 위협과 언제나 공존하고 있다.

    나는 이 책에서 사랑과 상실을 여러 다른 언어로 이야기하려고 시도했다. 학술적인 용어를 동원하기도 하고 일상적인 언어로 표현하기도 했다. 나는 정신분석학 이론이나 문학을 통해 그리고 낯선 사람들과 친구들이 내게 전해준 이야기에서 여러 가지 계시와 위안을 얻었다. 또한 나 자신의 체험을 깊이 탐색하면서도 많은 것을 발견했다.

나는 우리가 살아가는 동안 사랑하는 것들의 상당 부분을 빼앗기거나 포기하거나 떠나야 한다는 사실을 배웠다. 상실은 삶을 위해 치러야 하는 대가다. 상실은 성장과 고통의 근원이기도 하다. 탄생에서 죽음을 향해 여행하는 동안 우리는 소중히 여기는 것들을 끊임없이 포기하는 고통을 헤치고 나아가야 한다.

우리는 필연적인 상실들을 어떤 식으로든 처리해야 한다. 그리고 그런 상실들이 우리에게 얼마나 유익한지도 이해해야 한다.

엄마와 내가 하나였던 천국을 떠나왔기 때문에 우리는 분리된 자아가 된다. 완전한 보호처와 절대적인 안전이라는 환상을 포기하고 홀로서기를 하면서 불안하나마 승리감을 맛볼 수 있다.

금지된 것과 불가능한 것에 복종할 때 도덕적이고 책임감 있는 성인의 자아가 형성된다. 그러면서 필연적으로 주어지는 한계 안에서 자신이 취할 수 있는 자유와 선택을 발견한다.

불가능한 기대들을 포기하면서 우리의 자아는 사랑으로 연결된다. 완벽한 우정, 결혼, 자녀, 가정생활에 대한 이상적인 비전을 포기할 때 비로소 너무나도 인간적인 관계가 주는 달콤한 불완전성을 받아들인다.

세월과 죽음이 가져다주는 상실을 맞이하면서 자아는 끝없이 애도하고 적응해나간다. 우리는 마지막 숨을 몰아쉬는 순간까지

생의 모든 단계에서 창의적으로 변모할 수 있는 기회를 발견한다.

평생 이어지는 필연적인 상실이라는 관점에서 인간의 발달을 바라볼 때마다, 인간이 체험하는 상극적인 것들이 종종 하나로 수렴된다고 느낀다. 나는 모든 세상사가 '이것' 아니면 '저것'으로 간단히 이해될 수 없다는 사실을 발견했다. '이것인가, 저것인가?'라는 질문에 종종 '둘 다'라고 대답할 수밖에 없음을 깨달은 것이다.

우리는 한 사람을 사랑하는 동시에 미워한다.

나라는 인간은 선한 동시에 악하다.

우리는 비록 자신이 통제하거나 의식할 수 없는 힘에 의해 움직이기도 하지만, 또한 자기 운명을 능동적으로 창작해나가는 저자이기도 하다.

살아가는 동안 우리는 어린 시절에 굳어진 양식을 되풀이할 것이기 때문에 삶이 반복적이고 연속적이라는 말은 사실이다. 과거가 현재를 결정하는 것도 사실이다. 그러나 발달의 각 단계에서 뜻밖의 상황이 찾아와서 오래된 삶의 방식들을 흔들어놓고 새로운 형태를 만들어낼 수 있다는 것 또한 사실이다. 그리고 어느 나이에서든 통찰이 생기면서 흘러간 노래를 지겹게 반복하는 것으로부터 해방될 수 있다.

그러므로 어릴 적 경험이 결정적이긴 하지만, 어떤 결정들은 되돌릴 수 있다. 우리는 지속성이나 변화 중 어느 한 가지만으로는 자신의 역사를 이해할 수 없다. 그 두 가지를 모두 포함시켜야 한다.

그리고 자신의 역사가 외부세계와 내면세계로 구성되어 있다는 사실을 인식하지 못한다면 삶을 이해할 수 없다. 키스는 그냥 키스가 아니다. 그것은 달콤한 친밀감으로 느껴질 수도 있고 난폭한 침해로 받아들여질 수도 있다. 심지어 마음속의 환상일 뿐일 수도 있다. 누구나 외부에서 사건이 일어나면 내면에 반응이 일어난다. 그 두 가지를 모두 포함시켜서 자신의 경험을 이해해야 한다.

천성과 양육이라는 양극도 실제 생활에서는 한데 수렴되는 경향이 있다. 우리가 이 세상에 타고나는 것, 선천적인 특성들, '기질적으로 주어지는 것들'은 항상 우리가 받는 양육과 상호 작용하기 때문이다. 환경이나 유전 한 가지만으로는 발달을 제대로 볼 수 없다. 그 두 가지를 모두 포함시켜야 한다.

상실과 이익에 대해서는, 이미 그 두 가지가 종종 서로 얽혀 있음을 보았다. 성장하기 위해 포기해야 하는 것들은 수없이 많다. 상실의 위험에 노출되지 않고는 그 어떤 것도 깊이 사랑할 수 없다. 상실과 떠남과 놓아줌이 없다면 분리된 한 존재로서 타인과 연결된 책임감 있고 사려 깊은 사람이 될 수 없다.

우리는 헤어짐에
얼마나 서투른가

초판 1쇄 발행 2023년 05월 24일

지은이 주디스 바이올스트
옮긴이 오혜경
펴낸이 최현준

편집부 구주연, 이가영
디자인 김소영

펴낸곳 빌리버튼

출판등록 제 2016-000166호
주소 서울시 마포구 월드컵로 10길 28, 201호
전화 02-338-9271 ㅣ **팩스** 02-338-9272
메일 contents@billybutton.co.kr

ISBN 979-11-92999-03-6 (03180)